映像にやどる宗教、宗教をうつす映像

新井一寛
岩谷彩子
葛西賢太 編

せりか書房

映像にやどる宗教、宗教をうつす映像　目次

序章　映像と宗教　編者一同　8

第一部　宗教とメディアの現在

第一章　中東イスラーム主義運動の映像戦略　34
——イラクとパレスチナを中心に　高岡豊・横田貴之
第二章　東南アジアにおけるイスラーム主義武装闘争派の映像戦略　55
——インドネシアを中心に　見市建
第三章　〈証し〉と〈開示〉　71
——聖地ルルドの映像化にみる「苦しむ人々」の伝え方　寺戸淳子
第四章　リアリティ、真正性、リテラシー　87
——映像と聖なるもの　葛西賢太
映像実践1　信仰を撮る　102
仏教実践のフィールドワークの現場から（小島敬裕）／葬儀映像に見るカリスマ表現の一形態（高尾賢一郎）／『じいちゃんさま』の家——梅佳代の〈批評的〉民間信仰映像（菊

地晩）／公共放送における宗教をめぐる映像実践（新田義貴）／精神文化映像社――十年の星霜（並川汎）／天理教と映像メディア活動（木村成人）

☆寄稿一
映像を超えて 115
――内的経験を記録／再生するということ 蛭川立

映像実践2 映像から考える 133
前衛芸術と映像の真実（石倉敏明）／音が変えるモノの見方――フィールドレコーディングの経験から（柳沢英輔）／〈食べる〉ことから映像学を吟味する――集権的な視覚、文字、そして映像（小田雄一）／映像撮影における方法論としての嫉妬の生かし方（和崎聖日）／民族誌の方法としてのホームビデオ（大石高典）

第二部 映像の宗教性

第五章 霊の増殖とメディア 146
――霊媒、霊媒の映像、霊媒的な映像をめぐって 岩谷彩子

第六章 映像の肉感学 古川優貴 167

第七章　映像技法から見る宗教性
——パイクとヴィオラの場合　榎本香織　186
第八章　映像に「ふれる」こと
——仮面と画面の映像人類学　新井一寛　203

映像実践３　映像を活かす　220
シューティングとモンタージュ（飯田卓）／静止画像からの想像／創造力——インタビューを活性化する写真（田邊尚子）／人類学者と映画祭（分藤大翼）／過去の記録映画から与えられたもの（内田順子）／記録映画フィルムの保存——映画保存会社の現場から（山内隆治）／プロジェクト研究におけるインタビュー撮影と映像資料アーカイブ（レナト・リベラ）／学術映像アーカイブのために（山下俊介）

☆寄稿二
世界／日本の映像アーカイブ事情　石原香絵　236

☆寄稿三
映像人類学の理論と実践、その新たな展開の現在　247
——デジタル映像技術の革新と新しい世紀の映像人類学の課題　宮坂敬造

☆対談

映像表現の最前線と宗教体験　松木靖明×蛭川立　274

序章　映像と宗教

編者一同

はじめに

人類は、その誕生よりさまざまなイメージのなかで生きてきた。思念のなか、夢のなか、記憶のなか……イメージは変幻自在に働きかけてくる。人類はイメージをめぐるさまざまなテクノロジーを手に入れた。持ち運べるほどに身近に映像があふれる現在、科学映像、芸術映像、娯楽映像、猥褻映像……ジャンルをこえて、本書はひろく「映像と宗教」を問題にする。

本書は、映像の研究であり、宗教の研究でもあり、このふたつの接合領域において映像の宗教性を洞察するものである。それを通じて、映像の本質を見極め、また逆照射的に宗教をも再考しようとしている。

宗教の現場での映像の使用があたりまえになった。宗教研究の現場でも映像メソッドの重要さは増している。映像実践そのものがもっている宗教性にも注目したい。さまざまな点で、映像実践は宗教実践と重なり合う。そして何よりも、宗教と映像をつきあわせて考えることは知的刺激に満ちていて面白い。本書は、こうした考えのもと走り出した思考と実践の痕跡である。

一　映像実践と宗教研究

はじめに、なぜ本書が映像研究と宗教研究の接合領域で思考・実践するに至ったかについて、その研究背景を概観する。

(1) 映像による研究の高まり

近年のデジタル映像技術の普及を背景として、日本の社会学・人類学の調査研究において、映像メソッドを取り入れていこうとする潮流が形成されてきている。デジタル映像が一般に普及する少し前、映像人類学のあゆみと今後の方向性に関して論じた『映像人類学の冒険』〔伊藤・港(編) 一九九九〕や『映像文化』〔大森(編) 二〇〇〇〕が既に刊行されていた。しかし、この段階ではまだ、映像機器やフィルムが高価で、映像を専門にする者以外にとって「研究の方法として映像を取り入れる」ことは、現実味を帯びていなかった。それが現実味を帯びてきたのは、廉価な小型デジタル・ビデオカメラが一般にも普及し、映像加工も容易になり、「一家に一台デジタル・ビデオカメラ」という状況になった、ここ数年のことである。

こうした状況のもと、CD-ROMを添付した社会調査研究『マルチメディアでフィールドワーク』〔山中 二〇〇二〕が刊行された。続いて、「現実味を帯びた」世代である若手研究者を中心に映像作品の一部がDVDとして添付された『見る・撮る・魅せるアジア・アフリカ!』〔北村・新井・川瀬(編) 二〇〇六〕、認知科学の知見も取り入れた編集手法について論じた『映像編集の理論と実践』〔金井・丹羽 二〇〇八〕、先にも紹介した映像による調査法を追求してきた山中による『ビデオカメラで考えよう』〔二〇〇九〕などが次々と刊行された。また、この間に、メディアリテラシーの問題をメディア人類学的な見地から検討した『電子メディアを飼いならす』〔飯田・原 二〇〇五〕も刊行されている。[1]

今後ますます、日本の研究者による映像活用は増えていくであろうが、既に、研究の手法として映像を取り入れた若手研究者たちは、研究過程で生まれた映像を研究会やワークショップ、[2]あるいは学術領域に限らない各種イベントで上映したり、ウェブ上で配信・公開したりする動きを積み重ねている。[3]今後こうした動向を反映して、映像利用の実感に基づいた新たな映像論も、ますます盛んに展開されることになるであろう。

二〇〇九年に京都大学で実施された学際的な、相互連動型の映像実践三企画は、そうした新たな映像論の萌芽を如実に表すものであった。その三企画とは、京都大学総合博物館「学術映像博二〇〇九」、学術映像コンペティション、第十三回京都大学国際シンポジウム「学術研究における映像実践の最前線」である。[4]

本章の最後で追記しているが、本書が刊行された背景には、ここまで述べた映像実践の高まりに呼応する形で実施された、映像実践を通じた宗教の共同研究があり、本書の執筆陣のほとんどは、その共同研究に何らかのかたちでコミットした者たちである。

(2) 映像実践

本書で使用している映像実践(ヴィジュアル・プラクティス)とは、現代の急激な映像技術の進歩と普及により活発になり多様化した、映像メディアをめぐる諸実践を包括する概念として用いている。つまり映像実践とは、映像を生み出す撮影行為をはじめ、映像の編集・加工、上映、批評、映像による可視化シミュレーション、映像のアーカイブ構築など、映像をめぐる様々な実践の総称である。これと類似のものとして、既にメディア・プラクティスという概念が提出されている。これは既存の状況にはメディアを介した自らの実践が組み込まれており、その再生産に自らの実践が寄与していることを反省的にとらえ、そしてそのような再帰的実践を通じて状況を組み替えていくような実践を指す概念である［水越・吉見二〇〇〇］。本書で私たちが使用する映像実践には、先に述べたような単なる包括概念としてではなく、このような再帰的な実践としての含意もある。メディア・プラクティスのなかでも、映像メディア、イメージをめぐる実践に特に注目していることを、明瞭にするための概念としても、本書では映像実践を用いているのである。

本書のもとになった、共同研究（本章末の追記を参照のこと）に引きつけて補足しておこう。研究会のメンバーの多くは、映像を鑑賞し批評するだけでなく、自ら映像を撮影、加工、上映し、批判された経験を有している。制作という営みを実践する側であることが、単なる鑑賞者の批評とは異なる映像のとらえ方と、方法論的反省とをもたらす。従って、本書は従来のカルチュラル・スタディーズやメディア・スタディーズを踏まえてはいるが、制作者としての実践感覚に基づく思考やリテラシーを介した再帰的な実践により、鑑賞者としての批評の限界を超えようとする試みでもある。

本書は主として学術領域における映像実践を対象としたものであるが、まずはこの実践を取り囲む、知的状況・再編成の成り行きを自覚・展望する必要がある。たとえば吉見俊哉などがメディア・スタディーズとして行ってきた試みが有意義であろう［吉見二〇〇〇］[5]。そして、映像実践である限り、既存の学術領域を再考・再編成するような再帰的なプロセスに、映像を介して関与していくことが求められる。映像実践の醍醐味とは、メディア技術の進歩に対応する営みであると同時に、学術領域の再編成を駆動し続ける、常に進行中のプロジェクトであり続けるところにある。

日本での試みは萌芽状態にあるが、海外の映像社会学・人類学では、映像実践を取り入れた新しい研究が次々に発表されている[6]。映像人類学者マクドゥーガルの試みは特に注目に値する。彼は、実験的な映像制作と並行して、映像人類学の新たな理論・認識論・方法論を構築しようと試みている。彼は文字とセンテンスを基盤とした人類学的知に従属しない、イメージとシークエンスを基盤とした人類学的知の創出を目指しているのである。[7]

他に、映像社会学・人類学の理論と方法論を用いて、芸術との協働も視野に入れ、映像実践による学術知の再編成を志向するサラ・ピンクの一連の研究も重要である。[8] 芸術との関係でいえば、感覚表現を始めとする、現代アート表現の先進性などから、映像を媒体とした芸術と人類学の協働を志向する研究が近年、散見される。[9] この映像による感覚表現への注目は、当該分野における近年の流行りといえるであろう[10]――映像の世紀ともいえる二〇世紀は、視覚優位の文字文化から、統合的な感覚に依拠した「野生の思考」の復権の時代であるとも指摘されており［ジジェク 一九九七］、各分野で感覚をめぐる探求が進められている。

映像実践を再帰的に施行／思考し続けることによる、文字とセンテンス、イメージとシークエンス、それぞれを基盤とした知の相互浸食は、近年のデジタル映像の一般的なツール化により、既に始まっている。[11] 宗教研究の領域における映像実践を、反省的に活字メディアに痕跡化した本書は、その端緒のひとつである。ひとつひとつの小さな映像実践が自らの研究をとらえ直させ、やがてそれらが既存の研究状況の再編にもつながっていくことを、期待したい。

(3) 映像実践を通じた宗教研究の意義

ここでは、前節までに述べた映像メソッドをめぐる研究動向を踏まえて、宗教研究における本書の意義について述べる。

映像は、宗教を対象とした研究領域においてはどのように応用されているのであろうか。儀礼や祭礼、宗教的慣習などを映像で記録することは、宗教学者よりも、おもに人類学者や民俗学者によりなされてきた。[12] これは、多くの宗教学者が、聖典などの文字テクストを研究対象として重視する傾向があったためであろう。そこでは、映像で見られる外面を、宗教教義・理念や信仰の内面を語る文字テクストに比して、下位におく傾向があったかもしれない。とはいえ、宗教という素材の保存のための、また教材にするための映像内容の検討は、絶えず行われてきた。たとえば、映画に見られる宗教的モチーフを論じた論集『映画で学ぶ宗教文化』［井上（編）二〇〇九］は、教材としての映画活用を意図した編集がなされている。(13)

社会心理学では、特定のメディア報道の映像に込められたメッセージや、メディア・ステレオタイピングの研究、つまり映像メディアを視聴することによって形成される、型にはまった考え方や偏見の研究がなされてきた。単なる印象批評も数多いが、社会心理学的な研究成果を受け、実際のテレビ番組の動向を踏まえた研究として、例えば、テレビにおける宗教イメージのステレオタイプ化について論じた『テレビと宗教――オウム以後を問い直す』［石井二〇〇八］、一九九五年のオウム事件以降のメディアにおける宗教について、スピリチュアリティの台頭や健康ブームから論じた「宗教とメディア報道」［小城二〇〇八］、などがあげられる。(14)

以上のような、宗教を題材としたある特定の「宗教映像」をテクストとして、その意味を読みとる研究視角は、従来の聖画や聖像の図像学的・宗教美術史的研究にも共通している。ただ、ひとつ補足しておくべきは、宗教図像には、一枚に複数の時点を組み込むことによって、映像のように時間軸にそったシークエンス、変化を組み込んだ図像も数多い。たとえば地獄絵図や十牛図、聖書の絵物語などがそうである。映像的なシークエンスが、宗教図像のなかに自然に組み込まれていたことを考えれば、逆に近代的機器である映像が聖者伝（hagiography）や宗教図像（icon）に近い働きかけをする、という見方が興味深く考察されるであろう。

さて、映画を活動写真とはよく言ったもので、静止画像を連続させて時間軸を組み込み、物語へと仕立てることによって、「活」かす、生命を吹き込む映像制作者は、魔術師や聖者、はたまた神のような存在（Creater）である。ただ、それは決して宗教を題材とした映像に限ったことではない。本書の視角は、宗教を題材とした「宗教映像」をテクストとして読むというよりも、そこで読みとられる映像が根源的に有する宗教性、あるいは、ある映像を「宗教映像」たらしめる過程それ自体の宗教性の考察に向かっている。

また、本書の背景にあるのは、近年の映像の一般的なツール化により、映像を見る・見せる、制作するといった一連の映像実践に、研究者自身も自覚的にも無自覚的にも組み込まれているという現状であり、そこでの映像実践自体が内包する宗教性である。ここでは、執筆者の具体的、体験的な映像実践に含まれる宗教性への気づきが必然的に求められてくる。さらに、その実践において映像が宗教性を帯びて立ち上がってくる状況も射程に入っている。

本書では、映像を身近なツールとして研究に取り入れている研究者が、多様な学問分野から執筆者として参加している。彼／彼女たちは高踏な抽象論にとどまらない、具体的な事例研究――これには映像実践をめぐる自己の体験・経験という「事例」も含まれている――の場から映像と宗教の問題に切り込んでいる。ここにおいて、執筆者たちが映像と宗教、宗教研究における映像実践を、自覚的・反省的に思考・苦悩した痕跡――執筆者たちの現在の実践感覚そのもの――が、本書の刊行意義のひとつといえるであろう。

二　映像と宗教

本節では、本書の全体的な見取り図を提示する。また、そのなかに各論文を位置づけることで、本書全体の問題関心・設定と「ねらい」の地図を描く。本節で扱っている具体的な現象や出来事は、各論文で扱っている事例と直接的な関係はないが、包含する問題に通底するものがある箇所に各論文の章番号を括弧内で示し対応させている。また、各論文の理論的視角と関係する箇所も同じく括弧で示している。こうすることで、より同時代的、通地域的、普遍的な視野からも、各論文の見取り図を示すことができると考えた。

第一部と二部の問題関心・設定は重なり合いながらも、方向性の異なる箇所があるのに気がつくであろう。しかし、それらが折衝する地点にこそ、本書の「ねらい」と醍醐味があると考えている。

また、ここではあえて、映画やテレビといった表現をせずに、基本的に映像としてひとくくりに表現している。それは、現在のハイブリッドな映像環境のなかに生きる世代の「映像観」的実感の一端を表している。

（1）映像の氾濫と宗教

今世紀に入り、デジタル映像が一般にも普及すると、「映像の個人化」が急激に進んだ。個人レベルで映像の撮影、編集・加工、上映・配信が手軽にできるようになり、持ち歩けるようにもなった。ここにおいて、人類の身体・知覚……は多様なかたちで拡張し始めた。

映像がまだ個人化されていなかった二〇世紀、映像にはおもに、個々人のズレを不断に解消しマスとしてつなげるはたらきがあり、そこには大きな物語があった。それゆえに、当時の映像論には、世界認識、社会変革への貢献さえ問う、実存主義的様相を帯びた人類的課題の探求をうかがわせるものが多くあった。

しかし、今世紀の映像の個人化は、以前よりも一層、映像を通じた個々人による、個々人のズレの不断の気づき、現実の揺らぎの運動を生み出した。ここでは大きな物語のもとで個人を語る映像論は影を潜めるようになり、そのかわりに、セルフ映像のセルフな実存的映像論が隆盛し始めた。映像の個人化は、宗教の個人化にも似ていた。

この映像の個人化に並ぶ、映像論的転回を誘う今世紀の映像環境の革命的変化は、YouTube に代表されるネット配信映像の普及であるが、これにより、映像は従来とは異なるかたちで個々人を共振させるものとなった。この共振は、個人化された映像が公的な空間に結び付く直接性があまりに強かったために、いびつな「信仰」と「宗教」を生み出し始めた。

配信映像のヒットカウントは、「見えない映像」／「見えない宗教」を「見えるもの」にし、自己のズレよりも、他者とのズレへの気づきと、そのズレの競合と解消のための映像の役割を増大させた。映像の投稿型サイトで、善悪や是非を問わず印象的、扇情的な映像を投稿／提示するものが「神」と呼ばれているのを目にすることがある。映像の個人化は、ネットの普及により映像の氾濫／反乱となり、「神々の氾濫／反乱」を生み出した。「神」と呼ばれる投稿者は多くの場合、多くを語らず映像を投稿する。閲覧者は「神」を称える文句をならべ、次なる映像を「神」に懇願し祈る。映像投稿者―映像制作者は、不可視の超越的地点から映像を投稿し、また映像に時を与え、映像のなかの存在に生命を吹き込んで思いのままに動かす、まさしく「創造神」（creator）の様相まで呈した存在（creature）なのである。それは感覚や感情などを操作する新たな映像の出現でもあり、人々は映像が幻影のように連なる、フラットだが、常に出来事が生起する、いびつな隆起と陥没の出没する世界を生きることになったのである。

また、映像は宗教団体による格好の広報手段にもなってきている。アメリカで二〇世紀に誕生した福音主義的なキリスト教諸団体によるテレビ伝道から、宗教団体が制作し劇場公開された映像――例えば、幸福の科学による教典をアニメーション映画化する試み――に至るまで、あるいは公式サイト上の法話や瞑想実践のクリッピングまで、今日の宗教団体の広報活動に映像は不可欠なものとなっている。

このように、映像があふれかえる現在、これまで映像による聖性の複製に否定的な見解さえとってきた宗教団体のあいだにも変化がみられるようになっている。例えば日本の伊勢神宮の式年遷宮がある。伊勢神宮は、本社を二〇年おきに造り替え、祭神を古い社から新しい社へ移すことを、一三〇〇年の長きにわたり行ってきた。これを式年遷宮と呼ぶが、式年遷宮はこれまで暗闇の中で行われ、部外者は立ち入ることすらできなかった。ところが今度の二〇一三年（平成二五年）の遷宮は、すでに準備段階から、限定つきではあるが撮影が許されている。[15] 映像があふれかえる現在にあって、これは伊勢神宮の隠されてきた聖性を守るのか、それともおとしめるものなのか。いずれにせよ、我々はオリジナルでさえカウンターになりうる時代——映像の氾濫／反乱の時代——を生きているのである（本書一・二・三・四章）。

さらに、世界各地で活発化している宗教復興現象やスピリチュアリティの隆盛は、映像が媒介として有効に作用することで、共鳴・共振の度合いを高めている。そこでは、映像の制作者や発信者の意図を離れて、予想もつかなかったかたちで映像の受容がなされることもある。もはや、特定の地域や宗教団体、個人により生み出された映像を、特定の世界観の反映としてのみとらえることはできない（本書一・二・三章）。

また今後は、このような現在進行形の宗教と映像をめぐる状況の実態を追いながらも、同時に、より広い文脈で、あるいはより本質的に映像そのものがもつ宗教喚起的性格を考えていくことが重要である（本書三・四章→第二部）。映像というメディアの技術革新と浸透によって、どのような現象が新たに宗教の領域に起きているのであろうか。

（2）映像の宗教性

トリノ大聖堂に秘蔵されていたキリストの聖骸布をめぐる騒動は、映像の宗教性を考える上で根源的な問いを投げかけた。この聖骸布はキリストが磔にされ死亡し埋葬されるまでの間にくるまれた布に、その時のキリストの姿が痕跡として残った、と伝えられるものである。その真偽と聖性をめぐる議論が、一八九八年には聖骸布を撮影した写真のネガに、男性像が鮮明に浮かび上がったことで再燃した。近年の科学的検証は偽造という結果を出したが、その結果と関係なくその真正性を疑わない人々が後を絶たない。カトリック教会は、その真偽よりも、聖骸布が信仰心を喚起していることが重要であるとしている……。[16]

像の扱いをめぐる議論はプラトン、アリストテレスの時代から現在に至るまで脈々と続いているが、[17]その創造と管理の人類史は宗教史と密接にかかわっている。[18]聖像の聖性の源泉を問うことは、神／真理の可視化やその技術をめぐる議論につながる。[19]ここでは、神の似姿 (imago dei) ／類似として創造された人間は神の性質をどれだけ分有しているかが問題となっている。イエスや弟子たち、そして聖人たちの像（イコン）／類似は、その聖性をどれだけ分有しているか。こうした、像と類似、聖性の分有をめぐる議論は歴史上、繰り返されてきた。[20]

像から映像へ、近代的技術としての映像により、複製が類似にとってかわり、映像と複製、聖性の分有が新たな問題系として現われる。映像は人間の身体の拡張をもたらしたが、ここにおいて、新たな問題系として「ヴァーチャル・リアリティ」が像の問題と接続することになる。[21]ここで問題になるのは、聖像がどれだけイデアの類似であるか、といったプラトン流の真理追求の踏襲である。現代の映像は「何か」との類似で力をもっているのではない。映像が不断に複製され、その差異としての別の映像を生み、人間の身体に力を行使していく過程――映像が別の映像と連結・連鎖し、人間の身体を再編していく過程――そのものが、ヴァーチャル（実効力のある、実質的な）・リアリティであるとされたのである。[22]

「オリジナル」と複製が変幻自在に差異に戯れ――そもそもオリジナルなどもうない[23]――、実質的に働きかけてくる現在、以前よりも増して、人々は複雑に交錯するリアリティのなかを生きることになる[24]（本書四・五・八章）。ここでは、聖性を問うためのオリジナルとの類似の度合い、オリジナルからの聖性の分有よりも、複製それ自体に内発する「聖性」――複製のアウラ?――が問題となってきているようである（本書六章）。オリジナルとの類似や分有による聖性ではないとしたら、一体どのような問題系で、映像をめぐる宗教性を問うことができるのであろうか。

まず、映像はどのような「力」を人間に及ぼすのかに注目したい。例えば、メディア研究者シルバーストーンは、その「力」をレトリック、ポエティック、エロティックという三つの範疇でとらえようと試みた。映像のレトリックは、「私を信じろ、私が世界だ」と要求する「力」である。例えばテレビ映像は視聴者との同一化をはかるために、視聴者と共通のクリシェやステレオタイプを用い、視聴者に乗り入れ乗っ取る。ポエティックは、超越的な外部からのナレーターの語りや、テクストの相互言及・参照などにより、テクストの真理性を強調する「力」である。[25] エロティックは快楽を喚起する。神秘体験の快、性体験の快、美食の快、人間の欲望を引き出す「力」である。[26]

こうした映像の「力」を編集、加工により操り、人間の身体の在／不在や知覚の再編成までをも引き起こし、人々を一喜一憂、絶叫、驚愕させる映像制作者は、まるで霊媒師、魔術師、はたまた神の媒体としての聖者のようである（本書四・五・八章）。

さて、そこで使用される映像素材が生まれる過程にも注目してみよう。例えば、撮影技法シネマ・ヴェリテの手法を生み出した映像作家ジャン・ルーシュは、映像を生み出す撮影技法を、憑依や呪術の技法と同じであるとしている。撮影者がカメラやマイク、アングルを駆使するのは、被写体をカメラに乗りうつさせ、カメラを通して語らせるための技法なのである［Rouch 2003］［箭内 二〇〇八］（本書五・八章）。

また、機器としての映像のメカニズムそのものにも注目してみたい。例えば、メディア・アーティストのなかには、映像を機制的に存立させているモノとしての技術そのものに神秘性を感得し、あるいは自らの思想を仮託し、そのモノとの相互演出により、それを芸術に昇華する者たちがいる。芸術が生まれるとき、モノが対象に強いインスピレーションをともなって働きかけることがあり、そのモノと相互演出し芸術を仕上げる過程の人間の技法や技術それ自体も神秘性や芸術性を帯びることがある（本書七章）。

これは狭義の芸術家に限ったことではない。人類学者のジェルは、芸術を西洋中心主義的で特権的な美学的、感性的理解から解放し、科学的に理解する方法論（「方法論的俗物主義」）を提案した。彼によれば、ネクサスの網の目のなかで、モノがある関係の中で働きかけてくる、その関係と働きかけにより、ある人にとってモノは芸術性や魔術性を帯びてくる（「芸術的状況」）。そのモノが生み出される過程での技法や技術に魔術性が宿っている／くる――その過程が芸術性を帯びさせる――としている。(27)

このジェルの反美学の立場からの「方法論的俗物主義」の地点においては、芸術に限らず、科学映像、報道映像、娯楽映像、猥褻映像、そして「宗教映像」などといった「外部」からの固定的なジャンル分けは意味をなさなくなる、との極論も可能になるであろう。ここでは、映像は、特定の技法、技術、状況、関係性に定位されず、いつ誰にどのように働きかけてくるのかわからない、変幻自在の生きモノである（本書六・八章）。

……さて、映像により不在が在に、在が不在になり、日常を覆っていた世界の見え方が再構成されることがある。それは、信仰や霊性への気づきにより、世界の見え方が次第に変わり、新たなリアリティが日常に浸食してくることと、どのような関係にあるのか……。

映像の宗教性をめぐる思考はつきないが、あとは本書の各論文を読んでいただきたい。

三　本書の構成

最後に、本書の構成と各論文の概要を示して、本章のまとめとしたい。

第一部では、映像資料を主とした豊富な地域情報と、その情報をめぐる諸アクターの意図と実践、およびそこに生じるズレへの注目により、映像が深くかかわっている現在の宗教動向について考察し、「映像と宗教」の関係について掘り下げている。

第一章の高岡・横田論文は、しばしば報道などでは画一的にとらえられる、イラクとパレスチナにおけるイスラーム主義者を、おもに世俗主義への対応に注目して分類する。また、イスラーム主義者の活動においてネットやテレビでのプロパガンダ映像は、近年重視されているメディア戦略でありながら、配信映像が、彼らの意図とはズレる形で先進諸国に流通することや、デザイン・センスの地域差による新たなかたちの「オリエンタリズム」の出現が指摘されている。

第二章の見市論文は、イスラームがテレビ説教師、歌謡曲、恋愛ドラマ、携帯電話などにより「商品化」されているインドネシアの現状を概観している。その上で、調査情報と現地で入手した出版物、映像資料をもとにイスラーム主義者による映像メディア戦略を考察している。流通しているイスラーム主義者のＶＣＤの内容は説教が多く、まずは言葉が重要である。ただし、感覚に訴える映像は、武装闘争の必要性を喧伝する武装闘争派にとり、極めて重要であるとしている。

第三章の寺戸論文は、「癒し」の聖地として世界的に知られるルルドについて、制作主体・目的などがそれぞれ異なる複数の映像資料の分析から、ルルドが「癒し」そのものではなく、傷病者の巡礼を「見せる」スペクタクルとしての映像に支えられてきた側面を明らかにしている。また、宗教と映像の関係を考えるに際して、宗教と言葉の関係を考える必要があるとし、映像言説としてもよく耳にする宗教言説「『言葉では語れない』という語り」を新たな視点から分析している。

第四章の葛西論文は、論議を呼んだ現代映画『パッション』と、中世キリスト教における聖像の扱われかたを対置しながら、宗教のリアリティや真正性、リテラシーが学習される文脈を示している。図像は、聖なるものを反映しないから忌避されるのではなく、むしろ聖性を保持するがゆえに使用が控えられたのであった。映像によってメッセージを発信していくことの意味を宗教者や研究者、メディア・アーティストの視点から考察している。『パッション』の監督は俳優であり熱心なクリスチャンである。ここではメディアを発信する側と受け取る側のズレに光が当てられることになる。

第二部では、映像とその実践をめぐる媒体、技法、技術などへの注目により映像の宗教性を考察することで、「映像と宗教」について掘り下げている。また、ここでは新たな映像実践の模索の痕跡もみてとれる。

第五章の岩谷論文は、人間がもつ感覚に直接うったえかけ、日常的な意識を撹乱することで人間に備わる世界創出の力を引き出していく媒体として映像をとらえている。具体的には、インドの霊媒を撮影した映像と、生と死をモチーフにした日本の映像作家・黒沢潤による実験的な映像とを比較することで、映像そのものが新たな宗教的磁場を生成する可能性と、従来の宗教メディアと映像のちがい、映像による宗教研究の方向性について考察している。

第六章の古川論文は、映像に対する人の身体的関与に着目し、映像の知的解釈とは異なるアプローチ「映像の肉感学」を提唱している。古川は、ケニアの聾学校の子供による映像経験を議論の出発点にし、いくつかの芸術作品を論じた理論家たちの経験に切り込む。そして、映像を見る側の体験を蔑ろにし、映像の「裏側」のみを探り提示しようとしがちな批評家的態度を批判する。見る側の体験を探求する肉感学が、映像人類学の領域においてより重要になってきていると主張するのである。

第七章の榎本論文は、宗教を題材にした映像を単に「宗教映像」としその内容を分析するのとは異なる視点を提示している。その映像が生まれる過程に宿る宗教性に注目しているのである。二人のメディア・アーティスト、ナムジュン・パイクとビル・ヴィオラの作品、バイオグラフィーから、彼らが魅せられた映像技術に宿る宗教性と、その産物としての「宗教映像」を考察している。彼らの作品には、禅や生死に関わる神秘体験・思想と映像技術とが不可分に結びついている。

第八章の新井論文では、スーフィー教団の研究をめぐる映像経験の断片と、その経験からイメージの連鎖として想起された体験の断片が、いくつかの「自己」と「他者」による「ふれる」に関するエピソード、画面と仮面、カメラと仮面をめぐるアナロジカルな思考を経由しながら交錯する。そこでは、文字とセンテンスを基盤とした知と、イメージとシークエンスを基盤とした知が、浸食し合う過程そのものが「映像的記述」として実験的に提示されている。

また、本書では、多数のコラムが現在進行中のさまざまな映像実践のかたちとして紹介されている。各コラムの内容は、豊富な経験を踏まえ映像について時間をかけて思索を深めているものから、本書（あるいは本書のもととなった追記の共同研究）を契機として自らの映像実践を反省的に思索したものまで、さまざまである。また、研究者だけではなく、報道関係者や宗教実践者、宗教文化を扱うオルタナティブ・メディア事業者の映像実践も紹介している。

さらに、三本の寄稿論文と一本の対談を掲載することで、映像をめぐる方法論の未来に向けての試みを行った。蛭川論文は、外面を撮影した映像では、十分に宗教経験を表現することはできないとし、ＣＧやｆＭＲＩなど最新の可視化技術に言及しながら、内的体験の可視化、表現の必要性と可能性について論じている。石原論文は、近年、その構築が急務とされ注目されている映像アーカイブの実情について、世界的潮流と日本の現状をともに解説、論じている。宮坂論文は、映像人類学の歴史的展開を踏まえ、映像により文理融合を志す独自の視点から映像人類学論を展開している。また若手研究者の昨今の活動に注目し、今後の日本の映像人類学の可能性についても述べている。特別対談では、映像業界の第一線で活躍するＣＧ映像クリエイターの松木靖明が、聞き手である蛭川立に、自身の臨死体験のエピソードなどを交えながら、神秘的体験をいかに映像化するか、という課題について語る。

本書におけるコラムと特別寄稿・対談の内容は、本書のメインテーマである「映像と宗教」、すなわち映像をめぐる宗教の動向や、宗教をめぐる映像実践の諸相、映像の宗教性に関する考察などに限定されず、多彩なものとなっている。また、この多彩さは現在の映像をめぐる複雑な状況を物語っているといえるであろう。本書を手にする人々から、新たな映像実践が生まれていくことを触発できれば幸いである。なお本書の原稿は基本的にすべて二〇〇九年度中に執筆されたものである。

追記

本書は、二〇〇八年度から二年間実施された、京都大学地域研究統合情報センター全国共同利用研究「映像実践による現代宗教復興現象の解明を通じた地域研究手法の開発」の成果でもある。執筆陣のほとんどはこの共同研究の共同研究員か、研究会での発表者・コメンテーター、あるいは一般参加者として研究会に参加し、その後に深くコミットした人たちである。執筆者の多様さが、コラムと特別寄稿の内容の多彩さにつながっており、それこそが本書の源泉となっている。最後に、共同研究の運営において、同センター教授の押川文子先生にご尽力をいただいた。また、池田有日子さん、南出和余さんにも大変お世話になった。この場を借りて心よりお礼を申し上げげたい。

※この共同研究については、次のウェブサイト（作成・丸山大介、運営管理・高尾賢一郎）を参照のこと。
http://www013.upp.so-net.ne.jp/religion_media/home.htm

【註】

（1）こうした動向を反映するものとして、日本社会学会の学会誌『社会学評論』六〇号では、映像社会学の特集「ムービング・イメージと社会——映像社会学の新たな研究課題をめぐって」［石田 二〇〇九］が掲載された。また日本文化人類学会では、二〇〇六年の第四〇回研究大会以降、民族誌映画の上映会が実施されている。

（2）ここ数年、国立民族学博物館、京都大学、大阪大学、一橋大学などで映像人類学関連のワークショップが実施されているのが目立つ。二〇〇七年、二〇〇八年に一橋大学で実施された連続ワークショップ「映像と人類学Ⅰ・Ⅱ」は、理論的・認識論的・方法論的な問題関心がとりわけ尖鋭であった。また、芸術機関である多摩美術大学芸術人類学研究所では、芸術と人類学の協働のために映像に注目している。芸術、人類学、映像でいえば、二〇〇九年に慶応義塾大学で、本書に論文の掲載がある宮坂敬造が組織した国際シンポジウム「人類学的表現の新地平を求めて――映像とアートが紡ぐ記録と表現の新たな関係」が実施された（http://www.art-c.keio.ac.jp/event/log/312.html）。また、伊藤公雄・石田佐恵子を中心に二〇〇八年に実施されたシンポジウム「『あつめる』から『ひらく』へ――ポピュラー文化の資料アーカイブズをめぐって」は、映像アーカイブズを中心に、分野横断的に映像実践を検討したものとして画期的なものであった（http://ucrc.lit.osaka-cu.ac.jp/movie/Sympo2008/profile.html）。

（3）学術機関レベルでも、MITやハーバード大に続くように、大阪大学、東京大学、京都大学、慶応義塾大学、明治大学ほか、いくつかの大学で、学術知の解放を旨とするOCW（オープン・コースウェア）により、大学の講義やシンポジウムを一般公開で動画配信する動きが出てきている。また、次世代のための研究資料として、映像をアーカイヴする試みも、国立民族学博物館（http://htq.minpaku.ac.jp/databases/av/movcat.htm）や国立歴史民俗博物館（http://www.rekihaku.ac.jp/research/material/lending_dvd.html）、東京大学大学院情報学環・学際情報学府（東京芸術大学大学院、記録映画保存センターとの共同）（http://www.kirokueiga-archive.com/index.html）、京都大学（http://www.rra.museum.kyoto-u.ac.jp/avs/index.html）など、様々な学術機関で始まっている。宗教関係では、宗教情報センター（http://www.circam.jp/）や、宗教情報リサーチセンター（http://www.rirc.or.jp/）が、日本のテレビ番組や宗教教団の映像の収集に努めている。民族文化映像研究所は日本の民俗儀礼の映像資料が豊富である（http://www31.ocn.ne.jp/~minneiken/films.htm）。ただし、映像アーカイブ一般の問題として、アーカイブされた映像の研究利用については（特に所属以外の研究者による利用）、著作権・肖像権の処理や、保存の自己目的化、予算と専門知識を持ったスタッフ確保、などの問題から、利用に際して不便であることが多い。これが、研究上の映像活用の普及にとって致命的な障害となっている。

（4）映像実践三企画については、各ウェブサイトを参照のこと。京都大学総合博物館秋季特別企画展「学術映像博二〇〇九」（代表・大野照文）（http://inet.museum.kyoto-u.ac.jp/japanese/event/expo/index.html）。学術映像コンペティション（代表・伊藤公雄）、次のウェブサイトから選考結果・講評などが掲載されたカタログもダウンロードすることができる（http://inet.museum.kyoto-u.ac.jp/japanese/event/

competition_jp/)。第一三回京都大学国際シンポジウム（KUIS-13）「学術研究における映像実践の最前線」（代表・田中耕司）（http://gaia.net.cias.kyoto-u.ac.jp/visual-media.practices/jp/index.html）。このシンポジウムのプロシーディングも刊行されている（*New Horizons of Academic Visual-Media Practice*, Proceedings of the 13th Kyoto University International Symposium, Kyoto University, 2010.）。

（5）関連するアプローチとして、例えば、メディアによる身体の拡張について論じたマクルーハン［一九八七、二〇〇二］、「メディオロジー」提唱者のドブレ［一九九九、二〇〇〇、二〇〇一］、視覚の制度化の問題に光を当てた視覚文化研究のフォスター［二〇〇七］、映像によってもたらされる社会的事実「メディア・イベント」について論じた今村［二〇〇三］、その「メディア・イベント」を提示し、オーディエンスとメディアの多様な相互演出のあり方を考察したロスとナイチンゲール［二〇〇七］、海外における学際的な映像研究であるニュー・メディア研究やイメージの科学の成果をふまえて、他の媒体との関係のなかで表現形式が相互に規定されるメディアの「間ミディウム性」に着目する北野［二〇〇九］、また世界の「スペクタクル化」を看破し、「スーパーモダニティ」を提唱する人類学者オジェ［二〇〇二］、などの研究がある。

（6）当該分野での分野横断的な研究動向も見られる。例えば次を参考のこと［Leeuwen & Jewitt 2001］［Rose 2007］［Grimshaw and Ravetz 2004］。こうした動向を象徴した映像メソッドの国際会議（1st International Visual Methods Conference）の第一回が、二〇〇九年に、イギリスのリーズ大学で開催された。詳細については、次のウェブサイトを参照のこと（http://www.education.leeds.ac.uk/research/visual-methods-conference/）。ここで中心的な役割を果たしていたのが、本文中で紹介したサラ・ピンクである。彼女は、精力的な執筆活動とネットワーキングにより、近年、世界的に活躍が著しい映像社会学・人類学者のひとりといえる。

（7）この主張については［MacDougall 1997］を参照のこと。マクドゥーガルは、学術雑誌*Journal of Media Practice*［2000—］に関わっている。この雑誌は、先行の*Visual Studies*や*Visual Anthropology Review*や*Visual Anthropology*などに比べて、日本ではほとんど知られていない。しかし、近年のデジタル化の普及による映像実践の高まりを反映して、実践感覚にあふれる論文が掲載されており、必要に応じてＤＶＤの添付もある、日本では類を見ない学術雑誌である。この雑誌からもマクドゥーガルのそうした志向性がわかる。

（8）サラ・ピンクの単著には、例えば次がある［Pink 2006, 2007, 2009］。
（9）映像人類学と芸術との協働可能性については、［Schneider & Wright（eds.）2006］［Brutti 2008］参照。
（10）感覚（センス）をめぐる映像人類学については、［Stoller 1997］［MacDougall 2005］［Pink 2009］。この分野の研究は、ハーバード大学において盛んであり、同大学の the Department of Anthropology は、The Department of Visual & Environmental Studies と共同で、The Sensory Ethnography Lab (SEL) (http://sel.fas.harvard.edu/index.html) を立ち上げている。
（11）例えば、デジタルの普及による学術的転回について論じた［Rice & O'gorma（eds.）二〇〇八］参照。
（12）例えば二〇〇七年の「宗教と社会」学会の研究大会で、宗教研究における映像メソッドの有効性について問う分科会「映像宗教学の射程」が、宗教人類学者を中心に実施されている。
（13）同じ井上編によるシンポジウム記録『映画の中の宗教文化』は、やはり教材としての映画の活用がテーマではあるが、視聴する学生のリテラシーや映像制作の文法にも踏み込んだ意欲的な試みである。
（14）映像による宗教の研究（宗教とメディア研究、宗教イメージをめぐるフィルム・スタディーズ）は、海外では既に盛んである。例えばニューヨーク大学 The Center for Religion and Media の次のサイトが参考になる（http://crm.as.nyu.edu/page/home）。
（15）伊勢神宮式年遷宮広報本部公式ウェブサイト（http://www.sengu.info/index.html）を参照のこと。
（16）この騒動のあらましは、［ハルス 一九九八］［Cline 2008］を参照。
（17）像（idol）とは、ギリシャ語で死者の幻影、亡霊を意味するエイドローンに由来。これは、像が不在を在にする媒体（medium）＝霊媒であったことも意味する。死者の顔を蠟でかたどった似像（imago）は、イメージ（image）の語源でもある。像は原初から「宗教的」であった［ドブレ 二〇〇二］。
（18）像は、古くから哲学者や宗教者の関心を集めてきた。プラトンは、神の造形物を模した二次的な産物として芸術に批判的であった。彼は絵画や詩といった創作活動は真実の描写ではなく、「そう見えるところのもの（写像）」である影像（エイドローン）とし、一方、アリストテレスは、模倣する技術であるところの芸術の意義を認めた［プラトン 一九七九］［アリストテレス 一九九七］。イメージ（image）や像は、単なる模倣（ラテン語で imitari）の産物なのか、新たな価値の創造をともなう行為（ギリシャ語で mimesis）の痕跡なのかといった問いは、現代の映像論に至るまで見られる問いである。
（19）例えば、キリスト教の聖像の扱いについては［マイルズ 二〇〇八］［佐藤 二〇〇九］、仏教における仏像の扱いについては［中村・奈良・佐藤 二〇〇〇］参照。偶像崇拝を禁止するイスラームでは、現在において預言者ムハンマドを描くことは禁忌であるが、それにも歴史的な変遷がある（一六世紀のムハンマド像の変遷については次を参照のこと。http://www.metmuseum.org/toah/ho/08/nc/hob_1974.294.2.htm と、http://www.metmuseum.org/toah/hd/isla/ho_55.121.40.htm）。

（20）キリスト教神学思想史の事例のみをここでは紹介しておく。創造神の似姿として（創造神をかたどり、創造神の生命（息）を吹き込まれて）造られた人間が、堕落して楽園から追放された、という旧約聖書『創世記』の物語を出発点に、被造物たる人間が創造神の聖性をどれだけ分有し得ているか、聖性はどのように、またどれほど分有しうるかが問われた。本書の議論に即せば、聖なる存在を模して造られた聖像に、オリジナルの持つ聖性がどれほど分有されうるかという問いになる。西洋思想史の中で、文学から医学や天文学生物学に至る議論については、［ラヴジョイ 一九七五］を参照。聖像の聖性分有については、［マイルズ 二〇〇八］を参照のこと。

（21）コンピューター上でシミュレートされた身体感覚やコミュニケーションへの没入によって得られる「別の（複数の）自己」の感覚は、一九九〇年代のメディア論においては「ヴァーチャル・リアリティ」と呼ばれ、その宗教的な次元が議論されてもいる［西垣 一九九五］［ケオー 一九九七］。

（22）映像によるヴァーチャルな実行力の萌芽的な例として、関一敏は、鉄道ができたからこそ列車幽霊のエピソードが生まれ、写真技術が登場したからこそ心霊写真やＵＦＯ写真が広まったとし、最新の技術が「自ら不可思議をうみ落す器械として登場してくる」とした［関 一九九三］。

（23）ボードリヤールは、現代社会におけるモノを、オリジナルのない複製（シミュラークル）であるとした［ボードリヤール 一九八四］。

（24）映像メディアに限らず、Twitter に見られるように、政治・文化・社会、あらゆる領域がメディアの利便化にともない反応・コメントしあう、「総インタラクティブ化」する現在の状況は、こうしたリアリティの複雑な交錯を如実に表している。政治的政策決定のあり様、ファン投票で決まるアイドルの行く末、調査内容に対する被調査者の関与など、あらゆることで、見る側―見られる側の境界が溶解しつつある。

（25）テクストの相互参照としては、新約聖書で語られるイエスの受難の意味を見いだすのに、旧約聖書のイザヤ書五三章五節にあるイエスを予期したかのような文章を引き合いに出すこと、などが例となる。

（26）ここで紹介した［シルバーストーン 二〇〇三］の他にも、こうした「力」についての研究は、メディア・スタディーズ、リテラシー研究、フィルム・スタディーズ、認知科学によるアプローチを取り込む研究など多岐にわたり見られる（例えば、［マクルーハン 二〇〇二］［ジアネッティ 二〇〇三、二〇〇四］［金井・丹羽 二〇〇八］）。また、この手の「力」を操る映像制作関連の実践マニュアル本も多く見られる。

（27）ジェルの研究については、主に次などを参考にした［Gell 1992, 1998］［Macfarlane 2003］［内山田 二〇〇八］［渡辺 二〇〇八］。

【参考文献】

アリストテレース 一九九七 『詩学』（松本仁助、岡道男訳）、岩波書店。

飯田卓、原知章（編） 二〇〇五 『電子メディアを飼いならす――異文化を橋渡すフィールド研究の視座』、せりか書房。

石井研士 二〇〇八 『テレビと宗教――オウム以後を問い直す』、中公新書ラクレ。

伊藤俊治、港千尋（編） 一九九九 『映像人類学の冒険』、せりか書房。

井上順孝（編）二〇〇九 『映画で学ぶ宗教文化』、弘文堂。

―― 二〇一〇 『国際研究フォーラム 映画の中の宗教文化 報告書』、科学研究費補助金基盤研究（A）「大学における宗教文化教育の実質化を図るシステム構築」・第二グループ。

今村庸一 二〇〇三 『映像情報論』、丸善株式会社。

内山田康 二〇〇八 「芸術作品の仕事――ジェルの反美学的アブダクションと、デュシャンの分配されたパーソン」『文化人類学』七三（二）、一五八―一七九頁。

大森康宏（編） 二〇〇〇 『映像文化』、ドメス出版。

小城英子 二〇〇八 「宗教とメディア報道」『現代宗教――特集：メディアが生み出す神々』（国際宗教研究所編）、秋山書店、九一―一〇六頁。

オジェ、マルク 二〇〇二 『同時代世界の人類学』（森山工訳）、藤原書店。

金井明人、丹羽美之（編） 二〇〇八 『映像編集の理論と実践』、法政大学出版局。

北野圭介 二〇〇九 『映像論序説――〈デジタル／アナログ〉を越えて』、人文書院。

北村皆雄、新井一寛、川瀬慈（編） 二〇〇六 『見る、撮る、魅せるアジア・アフリカ！――映像人類学の新地平』、新宿書房。

ケオー、フィリップ　一九九七　『ヴァーチャルという思想――力と惑わし』（嶋崎正樹、西垣通訳）、NTT出版。

ケルコフ、ドゥ・デリック　一九九九　『ポストメディア論――結合知に向けて』（片岡みいこ、中沢豊訳）、NTT出版。

国際宗教研究所（編）　二〇〇八　『現代宗教――特集：メディアが生み出す神々』、秋山書店。

佐藤啓介　二〇〇九　「モノを否定する、モノが否定する――現代キリスト教形象論からみた『否定的』フェティシズムの可能性」『フェティシズム論の系譜と展望』（田中雅一編）、京都大学学術出版会、六五―八九頁。

ジアネッティ、ルイス　二〇〇三　『映画技法のリテラシーⅠ』（堤和子、堤龍一郎、増田珠子訳）、フィルムアート社。

――　二〇〇四　『映画技法のリテラシーⅡ』（堤和子、堤龍一郎、増田珠子訳）、フィルムアート社。

シルバーストーン、ロジャー　二〇〇三　『なぜメディア研究か――経験・テクスト・他者』（吉見俊哉・伊藤守・土橋臣吾訳）、せりか書房。

関一敏　一九九三　『聖母の出現――近代フォーク・カトリシズム考』、日本エディタースクール出版部。

ドブレ、レジス　一九九九　『メディオロジー宣言Ⅰ』（西垣通監修・嶋崎正樹訳）、NTT出版。

――　二〇〇〇　『メディオロジー入門』（西垣通監修、嶋崎正樹訳）、NTT出版。

――　二〇〇一　『一般メディオロジー講義』（西垣通監修、嶋崎正樹訳）、NTT出版。

――　二〇〇二　『イメージの生と死』（西垣通監修、嶋崎正樹訳）、NTT出版。

西垣通　一九九五　『聖なるヴァーチャル・リアリティ』、岩波書店。

ナイチンゲール、バージニア／ロス、カレン　二〇〇七　『メディアオーディエンスとは何か』（児島和人・高橋利枝・阿部潔訳）、新曜社。

長尾真、遠藤薫、吉見俊哉編　二〇一〇　『書物と映像の未来――グーグル化する世界の知の課題とは』岩波書店。

中村元、奈良康明、佐藤良純　二〇〇〇　『ブッダの世界』、学習研究社。

ハルス、トリスタン・グレイ　一九九八　『トリノの聖骸布』（五十嵐洋子訳）、主婦と生活社。

フォスター、ハル（編）　二〇〇七　『視覚論』（榑沼範久訳）、平凡社。

プラトン　一九七九　『国家　下』（藤沢令夫訳）、岩波文庫。
ベンヤミン、ヴァルター　一九九五　「複製技術時代の芸術作品」『ベンヤミン・コレクション一　近代の意味』（浅井健二郎編訳、久保哲司訳）、ちくま学芸文庫。
ボードリヤール、ジャン　一九八四　『シミュラークルとシミュレーション』（竹原あき子訳）、法政大学出版局。
マイルズ、マーガレット　二〇〇八　「イメージ」（葛西賢太訳）『宗教学必須用語二二』（奥山倫明他訳）、刀水書房。
マクルーハン、マーシャル　一九八七　『メディア論――人間の拡張の諸相』（栗原裕、河本仲聖訳）、みすず書房。
マクルーハン、マーシャル／マクルーハン、エリック　二〇〇二　『メディアの法則』、NTT出版。
水越伸、吉見俊哉（編）　二〇〇三　『メディア・プラクティス――媒体を創って世界を変える』、せりか書房。
箭内匡　二〇〇八　「イメージの人類学のための理論的素描――民族誌映像を通じての「科学」と「芸術」」『文化人類学』七三（二）、一八〇―一九九頁。
吉見俊哉（編）　二〇〇二　『メディア・スタディーズ』、せりか書房。
ラヴジョイ、アーサー　一九七五　『存在の大いなる連鎖』（内藤健二訳）、晶文社。
渡辺文　二〇〇八　「芸術人類学のために」『人文學報』、九七、一二五―一四七頁。
Brutti, L. 2008, "Aesthetics versus Knowledge : An Ambiguous Mixture of Genres in Visual Anthropology", *Review in Anthropology*, 37(4), pp. 279-301.
Cline, W. D. 2008, "The Right Date for the Wrong Part of the Shroud of Turin",『大阪女学院短期大学紀要』三八号、pp. 45-56.
Gell, A. 1992, "The Technology of Enchantment and the Enchantment of Technology", in J. Coote & A. Shelton (eds.), *Anthropology, Art and Aesthetics*, Oxford University Press, pp. 40-63.
——. 1998, *Art and Agency : An Anthropological Theory*, Oxford University Press
Grimshaw, A & Ravetz, A. 2004, *Visualizing Anthropology*, Intellect L & DEFaE.
Leeuwen, T. V & C. Jewitt. 2001, *Handbook of Visual Analysis*, Sage.
MacDougall, D. 1997, "The Visual in Anthropology", in M. Banks & H. Morphy (eds.), *Rethinking Visual*

Anthropology, Yale University Press, pp. 276-295.

——. 2005, *The Corporeal Image: Film, Ethnography and the Senses*, Princeton Univesity Press.

Macfarlane, A. 2003, Alfred Gell, *The Proceedings of the British Academy*, 120, British Academy, pp. 123-147.

Pink, S. 2006, *The Future of Visual Anthropology : Engaging the Senses*, Routledge.

——. 2007, *Doing Visual Ethnography : Images, Media and Representation in Research*, Sage.

——. 2009, *Doing Sensory Ethnography*, Sage.

Rice, J & M. O'gorma, 2008, *New Media/New Methods: The Academic Turn from Literacy to Electracy*, Parlor Pr.

Rose, G. 2007, *Visual Methodologies : An Introduction to the Interpretation of Visual Materials*, Sage.

Rouch, J. 2003, *Cine-Ethnography*, University of Minnesota Press.

Schneider, A & C. Wright (eds.). 2006, *Between Art and Anthropology : Contempoary Ethnographic Practice*, Berg Pub.

Stoller, P. 1997, *Sensuous Scholarship*, University of Pennsylvania Press.

第一部　宗教とメディアの現在

第一章　中東イスラーム主義運動の映像戦略　イラクとパレスチナを中心に

高岡豊・横田貴之

はじめに

　昨今のインターネット技術の発達の中で、様々な映像を通じて情報を手に入れることができるようになった。わたしたち日本人は自宅にいながら、遠く離れた地の出来事に、身近なものとして接することができる時代に暮らしているが、アラビア語圏である中東の情報についてはとりわけ映像の影響力が大きい。

　本章では、中東、特にイラクとパレスチナにおけるイスラーム主義運動やイスラーム過激派(1)と呼ばれる人々が、制作・発信している映像を分析対象として取り上げるが、こうした画像も筆者らが日本にいながら収拾できた資料である。読者の方々は、日本や欧米の報道機関・通信社を通じて、イスラームに関する情報に接することがほとんどであろう。しかし、そうした情報の多くは、イスラーム主義運動やイスラーム過激派を一様に扱い、それぞれの差異を無視し、彼らがいかなる主義・主張を掲げているのかを正確に伝えていない。実際には、イスラーム主義運動やイスラーム過激派と呼ばれる人々は、それぞれ異なる大義の下で、異なる目標のために活動している。彼らは、そうしたマスメディアでは流されない自分たちの主義・主張をより多くの人に訴えかけようと、言語が異なる社会にもメッセージを伝えやすい映像を有効活用しながら、様々な情報を独自に発信しているのである。

　イスラーム主義運動やイスラーム過激派が、他宗教に比べてもインターネットを活用した世界規模での映像メディア戦略を展開していることは有名である。イスラームが偶像崇拝を禁じていることから、イスラーム主義を信奉する個人や団体が映像メディア戦略に長けていることに疑問を感じる読者もいるかもしれない。しかし、イスラーム主義運動やイスラーム過激派は、世俗主義の広まりによるイスラームの役割低下の危機を、伝統墨守的なイスラームに対する革新志向により払拭しようとする傾向が強い。そのため、彼らは、最新の技術と表現方法を積極的に用いるのである。彼らが映像の被写体として忌避するのは、彼らがイスラーム的でないとみなす服装（例えば、肌の露出など）をした女性のような少数の例に限られる。その場合でも、女性の顔にぼかしをかけるなどの加工をして対応しており、女性を被写体として全く用いてはいけないといった、ステレオタイプのイスラームの解釈をしてはいない。

イラクでは、二〇〇三年四月の米軍による占領以降、これに対し武装闘争を挑むイスラーム主義運動の諸団体が乱立し、今日に至るまで多様な映像メディア戦略を展開している。また、パレスチナでも、ハマースを中心にイスラーム主義運動がユニークな映像メディア戦略を展開している。

本稿は、このイラクとパレスチナにおけるイスラーム主義運動の映像メディア戦略について論じるものであるが、その際とくに、その戦略が両国における世俗的なナショナリズムとどのような関係にあるのかに注目する。それは、両国の映像メディア戦略が、ナショナリズムとの関係において、その独自性が顕著に見られるためである。

本稿の構成は次の通りである。本稿は高岡と横田の共同執筆によるものであるが、高岡が担当する第二・三節では、イラクのイスラーム主義運動を扱う。第二節では、乱立するイラクのイスラーム主義運動を主にナショナリズムへの対応の相違から三つの諸派に類型化する。第三節では、その三つの諸派の映像メディア戦略の特徴をそれぞれ明らかにする。横田が担当する第四・五節では、パレスチナを代表するイスラーム主義運動ハマースを中心に、パレスチナの事例を扱う。第四節では、ハマースにおける映像メディアの意義・位置づけを検討する。第五節では、実際にハマースが放映した映像作品について解説する。

一　イラクの対米武装闘争諸派とイスラーム

イラクでは、米軍による占領以降イスラーム主義、バアス主義、その他さまざまなイデオロギーを掲げる武闘派組織が乱立し、米軍をはじめとする連合軍や、米国と協力するイラクの統治機構、諸外国の外交団・民間人を盛んに攻撃するようになった。これらの諸団体は武装闘争を行うだけでなく、短期間のうちに多種多様な文書・画像・音声・映像を製作し、インターネットを通じて世界中に流布させる能力を確立した。彼らの製作物の多くは、インターネット上の掲示板サイトやファイルのアップローダーを通じて、短時間のうちに世界中に流布するようになった。諸外国から技術力のあるムジャーヒドゥーンと呼ばれる戦闘員が多数流入したことを考慮しても、このような技術的進歩は特筆すべきことである。なぜなら、イラクは米軍が侵攻する以前十年以上にわたり国連の経済制裁を受け、技術や機材の取得が著しく制限されていたためである。

こうしたインターネット上での広報活動は、政治的な配慮や番組制作上の制限がある報道機関を通じるよりも、諸団体の活動や主張をダイレクトに民衆に伝えることができる点で格段に有効であった。彼らは、短期間で、大量かつ広範囲に、外部規制のない情報を流布させるため、インターネットにいち早く注目したのである。その一方で、インターネットを通じた情報の発信には欠点もあった。それは、彼らが立ち上げた広報用サイトの掲示板に、彼らの活動やイメージ戦略にとってマイナスとなる虚偽の文書や画像を投稿したり、他の団体が製作・発信した映像を盗用し偽った情報を掲載したりする投稿者が現れたことである。しかし、こうした投稿者に対しては、事情に詳しい掲示板の一般読者から非難が集中し、サイト運営者も虚偽投稿を行う者の排除に努めたため、現状では事態は沈静化している。

また、米軍やイラク政府に対し武装闘争を行う諸派の広報活動がインターネット上で盛んになると、イラクではイスラーム過激派、外国人テロリスト、地元の抵抗運動など多種多様な団体が活動していることが判明した。ナショナリズムへの立場を基準に、それらの整理を試みた場合、イラクで活動した／している武闘派諸派は、大きく以下のように分類できる。

A　イスラームのみに立脚し、いかなるかたちのナショナリズム（世俗主義）も完全に拒否。

B　イスラームに依拠しつつ、イラクのナショナリズムにも訴える。

C　イラクのナショナリズムに依拠しつつ、イスラームとの連帯も示す。

A　イスラームのみに立脚し、いかなるかたちのナショナリズム（世俗主義）も完全に拒否

この諸派は、現在のイラク国境や政体を原則として認めていない。この立場で米軍やイラク政府と闘う者は、イスラーム世界が米国・イスラエルが率いるシオニズム十字軍や、それに協力するシーア派（＝イラン）に侵略されており、イラクはその前線のひとつであるというスンナ派イスラームの宗教的動機に基づいている。そして、イラク在住のムスリムだけでなく、全世界のムスリムが自分たちを支援すべきであると主張している。彼らは、自分たちのイラクでの闘いをパレスチナやアフガン、北アフリカ、ソマリア、その他イスラーム世界全体のなかでの十字軍との闘いとして位置づけているのである。そのため、自分たちの闘争も他地域での対十字軍闘争を支援するものであるとして、イラク域外での軍事作戦や攻勢を実行することがある。

1　「イラク・イスラーム国」の「国旗」

2　「アンサール・イスラーム団」広報部門のロゴ

　この立場の代表格は、アブー・ムスアブ・ザルカーウィー（一九六六年—二〇〇六年。ヨルダンのザルカー市出身で、本名はアフマド・ハラーイラ。アフガニスタンでのジハード活動に携わった後にイラクに潜入。大規模な自爆攻撃や、外国人らの誘拐・処刑事件を指揮したとして著名になった。二〇〇六年に米軍の爆撃により死亡した。）が結成し、ビン・ラーディンに忠誠を表明して、アル＝カーイダに加入した団体を前身とする「イラク・イスラーム国」と、米軍のイラク侵攻以前からイラク北部での活動実績がある「アンサール・イスラーム団」である。両派とも、日本人を含む外国人の誘拐・処刑や殉教作戦と称する自爆攻撃を用いる戦術が有名である。両派の最大の特徴は、ナショナリズムをはじめとする世俗的な思想・信条、および制度を異教として完全に拒絶し、イラクをはじめとする、現在の中東・イスラーム世界

3　「イラクのイスラーム軍」のロゴ

4　「ジハードと変革戦線」のロゴ

に存在する政治的国境とそれに基づく諸政体を認めない点にある。

画像1と2は、両派がそれぞれ声明を流布させる際に使用しているロゴである。いずれも実際の活動地域であるイラクを連想させないロゴを使用している点に特徴がある。彼らの全活動は、支持者や資源の動員を含めて、イラクという国家領域ではなく、イスラーム世界全体を志向しているのである。

B　イスラームに依拠しつつ、イラクのナショナリズムにも訴える

この諸派は、イラク国境をそもそも認めないAとは異なり、十字軍とそれに共謀するペルシャ（イラン）がイラク領域を侵略しているという状況認識に立っている。そのため、彼らが米軍やイラク政府と闘う動機には、スンナ派イスラームに依拠する宗教的動機と、イラク領域に対する帰属・防衛意識とが混合している。彼らは、パレスチナ問題のような重要問題について発言することはあるが、Aのように、イラクを足がかりに対イスラエル攻撃を行うといった、イラク域外に関する戦略構想を表明することはない。イラク域外の問題に呼応してイラク域内で軍事行動を行うことがあっても、その影響が域外に波及するようなこともない。彼らは、イラク国家の存在を所与のものとし、イスラーム一辺倒のAと違い、国家内部の政治的・社会的・宗教的関係にじゅうぶん配慮している。

画像3と4は、それぞれ、この諸派の代表格である「イラク・イスラーム軍」と、「ジハードと変革戦線」が用いているロゴである。同変革戦線は約一〇の団体による連合組織で、イラク国内のスンナ派イスラーム法学者に示す敬意・連帯意識が強い点に特徴がある。両派ともロゴの中にイラク領域を示す地図を取り込んでおり、両派の標榜するジハード（一般的には「聖戦」と訳される）がイラク領域を重視した活動であることが示されている。

彼らはイラク外部に向けて意見表明や宣伝を行うことがあっても、Aと違い、支持者や資源の動員を期待した呼びかけは原則として行っていない。彼らは、イラク国内でのみ支持者と資源の動員を行っている。

C　イラクのナショナリズムに依拠しつつ、イスラームとの連帯も示す

　この諸派が米軍やイランと闘う動機には、バアス主義やアラブ民族主義、イラク・ナショナリズムといった世俗思想が根本にある。そのため、彼らは、イスラームを支持者や資源の動員のために、道具的に用いる傾向が強い。彼らは、米軍によるイラク占領とその後の情勢を、米国帝国主義やシオニズム、両者と共謀する

5　「ナクシュバンディー教団のリジャール軍」のロゴ

6　「ジハードと解放のための最高司令部」のロゴ

イランによる、アラブに対する侵略、資源収奪であるとみなしている。この諸派は、おおむね「バアス党」の軍事部門か、旧イラク軍の継承を自称する団体であり、大半は連合組織である「ジハードと解放のための最高司令部」に参加している。同司令部が発表する声明などを分析すると、彼らは自身を「愛国的抵抗運動」と規定している。

　彼らは、AとBのようなイスラーム勢力については、米国を筆頭とする侵略者と闘うための連携相手として位置付けている。しかし、AとBは、彼らを世俗主義として敵視している。イスラーム過激派のシンパによって運営されている掲示板サイトからも、彼らは排除されている。そのため、Cは、対米闘争のための国際的な広報活動において、孤立した独自の展開を行っている。

　画像6は「ジハードと解放のための最高司令部」のロゴ、画像5は同司令部傘下の「ナクシュバンディー教団のリジャール軍」のロゴである。リジャール軍は、名称の通りイラクで勢力を誇るスーフィー教団であるナクシュバンディー教団を母体としている。しかし、同派は、教団やイスラームといった宗教よりも、活動地域の諸部族との関係を重視している。ロゴの特徴は、両

派ともにイラク国家やアラブ民族主義を示す、地図や国旗、徽章が採用されている点にある。ただし、彼らは、アラブ民族主義を標榜しているとはいえ、Bと同様に、国外のアラブ人、あるいは彼らからの資源動員を目指していない。彼らによる国外のアラブ人やその団体への呼び掛けは、あくまで言論上での連携を求めるものが主である。

二 イラクで活動する諸派の映像メディア戦略

(1) 映像メディア戦略の目的

前節のA・B・Cに属する諸派は、どのような映像メディア戦略を展開したのであろうか。まず彼らには、戦略上の重要な共通認識がある。それは、彼らが、米軍やイラク政府を直接軍事的に打倒・制圧するよりも、「戦場の半分は広報」という戦略のもと、敵方の背後にある世論に恐怖感や厭戦気分を与えることにより、それぞれの目標を実現しようとしていることである。彼らは世界規模の視聴者を想定した、映像メディアによる世論操作を、戦略上、非常に重視しているのである。そこで、映像はアラビア語圏ではない敵方の世論に影響を与えるのに格好のツールとなっている。以下では、彼らの映像メディア戦略が具体的にどのような目的のもとで、どのように展開されているのかについて述べる。

一 自派の活動が事実であることの証明

前述の通り、イラクで活動する諸派がインターネット上で運営する掲示板サイトにおいて、一時期、彼らを称した者による虚偽情報の貼りつけや、盗用した映像を大量流布し彼らの活動を偽る行為などが生じた。そのため、彼らに、自らが発信する情報、および自派の活動が虚偽ではないことを視聴者に納得させる必要が生じた。そこで、諸派は作戦の戦果発表などの重要事項を公開する際には、極力、証拠映像を同時に流すようになった。また、その証拠映像が盗用でないことを強調するため、ロゴマークや解説字幕をその映像に挿入するなどの入念な加工を行うようになった。このような映像制作をとりわけ熱心に行ったのは、イラクの外の世界から支持や資源を集める必要性が高かったAであった。なぜなら、彼らの支持層はイラクの外におり、そうした人々はイラクでの戦闘状況を、メディアを通じてしか知ることができなかったからである。

二　自派の政治・社会・宗教的主張を知らしめる

イラクで活動する諸派は、それぞれの主張を宣伝するために、組織の代表者や政治部門・宗教部門の担当者による演説、視聴者から寄せられた意見・質問への回答を題材とする映像をインターネット上で頻繁に配信した。イラクも地方や社会階層によっては例外ではないが、中東・アラブ地域においてもアラビア語の識字率が低い地域があり、また演説を演説者の姿とともに臨場感あふれるかたちで伝えられるなど、インターネット上で配信する映像は自分たちの主張を広範囲に伝えるのに非常に有効なのであった。視聴者が最も活発に意見や質問を寄せたのはBにであった。その理由は、イラク国内の事情に疎い、国外のインターネット利用者にとって、イスラームだけでなくイラクのナショナリズムや社会関係にも配慮するBの立場が分かりにくかったためである。意見・質問を受けた団体は、それらを無視したり、不適切な回答をしたりすることにより、インターネット上で誹謗・中傷を受けるリスクを回避するために、積極的に対応した。

三　自派の攻撃性を誇示

こうした意図が最も色濃く反映されているのは、Aがインターネット上で映像を公開し話題になった、日本人を含む誘拐された人々の斬首映像である。こうした自分たちの攻撃性や暴力性を映像により生々しく誇示することで、支持者に対しては自派の威信向上・引き締めを、敵方の世論に対しては恐怖心・厭戦気分の醸成を狙ったと思われる。しかし、極端に残虐で生々しいリアリティについては、視聴者による反感があまりにも高まったので、諸派の映像制作部門も忌避したと思われる。ここでいう生々しいリアリティとは、未編集で流された犠牲者の断末魔や首の切断音を含んだ場面などである。斬首や処刑の映像が繰り返し発表される中で、視聴者が極度に不快感を覚えた音や音声の入った場面が編集によりカットされるようになった。時には、そうした音や音声のみが、不快感を減少させるために消されるか加工されることもあった。このように、彼らは、視聴者の反応を非常に重視し、迅速かつ柔軟に対応していたのである。

四　報道機関や政府機関の広報への対抗的イメージ戦略

欧米諸国やイラク政府は、イラクで活動する諸派に不利になる様々な成果・政策の発表、諸派に対する離間工作と思われる情報の流布を盛んに行った。その結果、諸派は支持者や他の団体に対し、報道や政府機関の発表、政治・外交上のできごとに対する見解などの事実関係を説明する必要に迫られた。ここでも、諸派は映像を積極的に用いた。例えば、欧米諸国からの「テロリストによる無差別殺戮」との非難に反論するため、彼らは、民間人保護のために爆破を中止した場面の映像などを公開した。また、彼らは、イスラームの祝祭のときなどに諸派の活動家・戦闘員が一般の住宅や小学校を訪問し、贈り物をする場面など、諸派がイラクの一般市民と友好関係にあることを強調する映像も公開した。こうした映像の活用は、イスラームやナショナリズムに対する立場の違いを越えて、イラクで活動する諸派のほとんどが行ったものである。

(2) 映像メディア戦略の展開

以上のように、イラクで武装闘争を行う諸派は、様々な目的で多様かつ広範囲の視聴者を対象に映像を流布していた。そのなかでもインターネット上での映像メディア戦略に最も早くから取り組んだのはAであった。これは筆者にとって当初意外なことであった。それは、彼らの活動動機やイデオロギーの拠り所がもっぱらイスラームにあるため、偶像崇拝を禁じるイスラームの教えに則り、彼らは映像の使用を嫌うのではないかと、筆者が予想していたためであった。しかし、実際には、彼らこそが熱心にインターネット上で映像メディア戦略を展開したのである。こうした筆者の予想を裏切る事態が生じたのは、前述のように、Aがイスラーム世界全体のなかで自分たちの闘争を位置づけており、他のBとC以上に、イラク国外の人々の支持が重要であったからである。

また、イラクで活動する諸派のインターネット上の活動が長期化すると、映像の受け手の質に重要な変化が生じた。それは、諸派の掲示板サイトの視聴者に、「ジハード・ファン」とも呼ぶべき人々が多数、出現したことである。彼らは、Aを好む傾向がある。彼らの大部分は、Aのラディカルな原理主義的一貫性、過激性、攻撃性などにひかれた者たちであった。従来の視聴者は、諸派が発表する映像などを広報目的で別の掲示板サイトに転載するといった、ジハードの一環とみなされる協力を積極的におこなったりしていた。しかし、「ジハード・ファン」は、そのような形でのジハード参加には何ら興味がなく、協力活動は一切おこなわない。自らの欲求を満たすために、無責任な書き込みを繰り返すのが、彼らの特徴である。人質の処刑を急かす、自爆攻撃の実行場面の映像公開を急かすなどが、そうした無責任な書き込みの一例である。これがエスカレートすると、「ファン」である以外の特定の団体を「裏切り者」、「スパイ」、「背教者」などと誹謗中傷するまでになる。特に彼らによる誹謗中傷のやり玉に挙がったのはBであった。

Bは、イラク国内の社会関係への配慮もあり、ナショナリズムを完全否定するイスラーム主義諸派Aと合流したり、その指揮下に入ったりすることを拒む。こうした姿勢が、「ジハード・ファン」の欲求充足にあわず、あるいは中途半端なかっこう悪い連中として映り、インターネット上では「イスラーム的でない」として、彼らの激しい非難の対象になったのである。BがAとは異なり、イラク国外からの支持にさほど依存していないとしても、「イスラーム的でない」とのレッテルが、インターネットを介していずれイラク国内の支持者にも蔓延する可能性を考えると、これはBにとって深刻な問題であった。そこで、Bは自らがイスラーム的であることや、自らの立場がイラク情勢に合致しているなどの見解を広く国内外に宣伝し、自らを正当化するために、Aに遅ればせながら、映像の製作・配信に積極的に取り組むようになっていった。

こうした動きに対し、映像メディア戦略への取り組みが立ち遅れたり、あまり目立たなかったりしたのはCであった。その主な理由は、Cはイラクのナショナリズムをイデオロギー上の基軸としているため、Cにとってイラク国外から支持を募ったり、イラク国外での評判に配慮したりする必要性が乏しかったためである。また、前述のようにCがイデオロギー上の相違が原因で、イスラーム主義運動とイスラーム過激派による広報活動から排除されていたことも、その要因のひとつであろう。しかし、少なからずCの中にも、次第に映像の制作・配信をするようになった団体はある。彼らの映像の特徴は、AとBとは明らかに異なっていて、戦闘場面のBGMとして楽器使用の音楽を採用したり、編集手法も劇画的であったり、イスラームに配慮した音楽の忌避（極端なイスラーム解釈では音楽や楽器を否定している）や敬虔さといった宗教的配慮が見られない点である。(2)

以上、ナショナリズムに対する立場を基準に分類した三つのイラク武装闘争諸派が、分類ごとに映像メディア戦略の動機や目的、展開の仕方などを異にしていることが分かった。イラクでは、二〇〇七年以降ナショナリズムを完全否定するAが急速に衰退した。これは、イスラーム過激派の掲示板サイトに対する警戒・取り締まりが、世界規模で強化されたことと無縁ではない。自らの活動をイスラーム世界全体に位置付け、国外からの支持者や資源の動員をメインとしていたAにとって、インターネット世界が規制により狭まることは死活問題であったのである。このように、映像メディア戦略をめぐる状況に注目することにより、イラク情勢の新しい流れを見出すことができるのである。しかし、規制が厳しくなってきたとはいえ、イラクの諸派は現在でも映像のネット配信による広報を続けており、その映像はイラク以外のイスラーム主義運動やイスラーム過激派に大きな影響を与えているようである。言語が異なる文化間でも通用性の高い映像を分析することは、こうした地域相関的な現象を解き明かすうえでも重要である。イスラーム世界全体のイスラーム主義運動・過激派の動向を把握する上でも、イラク諸派の映像メディア戦略の展開には今後も目が離せない。

三　ハマースにおける映像メディアの意義

（1）パレスチナ解放と映像メディア戦略

本節および次節では、パレスチナを代表するイスラーム主義運動であるハマースの映像製作について、アル＝アクサー衛星放送の子供向け番組『明日の開拓者』を中心に、その目的・意義を考察する。最初に、映像製作・発信者であるハマースの思想と活動について概観し、次に映像製作・発信という営為が組織内においていかなる位置づけにあるのかを検討する。

世界の耳目を集める今日のパレスチナ問題を簡単に言い表すならば、パレスチナという土地をめぐるアラブ人とユダヤ人の争いである。すなわち、パレスチナ問題は、ユダヤ人のパレスチナへの移住が本格化する二〇世紀、あるいは早くとも、ユダヤ人国家樹立を目指す政治的・世俗的なシオニズム運動が現れた一九世紀後半以降のきわめて現代的な問題である。このパレスチナの地をめぐる争いを解決しようという試みが中東和平である。一九九三年のオスロ合意[3]締結以降、和平プロセスによってパレスチナ問題の解決が試みられてきた。

オスロ合意以降の和平プロセスに反対し、イスラエルに対する抵抗活動を継続している組織のひとつがハマースである。ハマースは一九八七年に勃発したインティファーダ（民衆蜂起）に際して、アフマド・ヤースィーンという人物を中心に、ムスリム同胞団(4)（以下、同胞団と略す）の闘争部門として設立された。ハマースは、イスラエルの存在をイスラーム的に許されない「不義」として、イスラームの教えに立脚して祖国パレスチナを解放し、国家を樹立することを目標としている。ハマースが和平プロセスに反対する理由は、それがヨルダン川西岸地区とガザ地区に限定された「ミニ・パレスチナ国家」に依拠しているためである。ハマースは、現在のイスラエル領も合わせたパレスチナ全土（旧イギリス委任統治領パレスチナに相当）解放を主張している。そのため、西岸・ガザ両地区というパレスチナの一部のみを領土とするミニ・パレスチナ国家、そしてそれに立脚する暫定自治と和平プロセスに反対している。彼らの全土解放路線は、パレスチナの地にイスラエルが存在することを認めないということを意味し、自爆攻撃による「殉教作戦」などの対イスラエル武装闘争の根拠となっている。つまり、ハマースの唱えるナショナリズムでは、「不義」なるイスラエル占領からのパレスチナ全土の解放と、その解放地におけるパレスチナ国家建設の二点が中核をなす。

ハマースは、草の根レベルの社会奉仕活動を社会に広く展開している。モスク、クルアーン暗誦学校、ザカート委員会、病院、看護学校、相互扶助組織、学校・幼稚園、青少年スポーツ・クラブの運営、孤児支援活動、イスラーム的な文化活動、貧困家庭支援活動などが代表的である。こうした社会活動を通じて構築した社会ネットワークを土台に、軍事部門「カッサーム軍団」などによる対イスラエル武装闘争が行われている。ハマースは祖国解放のためには、ジハードを行うべしと主張する。ここでいうジハードとは、武装闘争のみならず、祖国解放に貢献する社会活動も含まれる。映像製作という一見すれば祖国解放や抵抗活動と関係ないような行為も、この考え方の中で検討する必要がある。

ハマースでは、広報活動が祖国解放のためのジハードの一環として位置付けられている。例えば、二〇〇六年パレスチナ立法評議会（ＰＬＣ：日本の国会に相当）選挙に際してハマースが発表した選挙綱領第十部「文化・情報政策」では、次のように述べられている。「文化と情報は、市民の心性と思想の形成、そして国家が持つ特性の確立において重要な役割を担うと考えられる」。「メディアの活性化、派閥主義からの解放、番組における職業専門性と透明性の強化」に努める。「公営メディアをパレスチナ社会の覚醒と堅牢性の強化、そして抵抗活動の強化へ方向付ける。祖国に関する諸原則を侵さない限りにおいて、政治家・思想家・報道関係者がそれぞれのテーマについて語る機会を与えるとともに、メディアをパレスチナ人の《祖国解放》の戦いとその大義の高尚さを偽りなく示すための演壇とする」［横田二〇〇六：一四］。ここで示されているのは、祖国解放の大義のために様々なメディアを積極的に活用するというハマースの戦略である。

(2) アル＝アクサー放送と『明日の開拓者』

ハマースのメディア戦略としては、イラクの事例で見たようなインターネット上での広報活動がこれまで知られていた。公式ウェブサイトともいえるパレスチナ情報センター[5]や、カッサーム軍団のウェブサイトなど[6]が多数存在する。しかし、世界的に耳目を集めたハマースの広報活動としては、本稿で取り上げるアル＝アクサー衛星放送が挙げられよう。欧米諸国からテロ組織とみなされるイスラーム主義運動であるハマースが衛星放送チャンネルを所有していることは、意外に感じられるかもしれない。しかし、ハマースに先行する衛星放送チャンネルとして、レバノンのシーア派イスラーム主義組織ヒズブッラーのマナール・テレビも放送されており、決して珍しいものではない。

アル＝アクサー衛星放送は、二〇〇六年一月から三ヶ月間の試験放送が行われ、その後本格的な放送が始まった。ハマースのPLC議員ファトゥヒー・ハムマードが最高責任者とされる。運営・製作スタッフの多くは、ハマースやその母体の同胞団のメンバーである。イスラーム主義者が先端技術を扱うということに違和感を持つ読者もいるかもしれないが、一般的に、イスラーム主義者には理系大卒者が多く、映像関連技術に精通した者も多い。彼らは、映像メディアがハマースの組織戦略において大きな役割を果たすことを確信する人々なのである。アル＝アクサー衛星放送は、ナイルサットとアラブサットによる配信が行われている。これら二つのアラブ系放送衛星は通常日本では受信が困難とされており、日本に住む我々が直接に視聴することは難しいようだ。なお、チャンネルの名は、エルサレムのハラム・シャリーフ（イ

スラーム の聖域）にあるアル＝アクサー・モスクに由来し、イスラームの伝承では預言者ムハンマドがマッカからこのモスクまでの旅（夜の旅：イスラー）をしたとされる。
　画像7は、アル＝アクサー衛星放送のホームページ[7]の画像であり、このサイトでは、映像以外の活字ニュースの配信が主に行われている。ホームページの右下には、『明日の開拓者』の番組案内が掲載されている[8]。番組ホームページでは、「この番組では子供達と様々な事柄についてインタビュー、対話、議論を行う。また、パレスチナ、アラブ世界、イスラーム世界の子供達とコミュニケーションをとり、彼らの心にイスラームの教えの諸原理を堅固なものとする」と述べられている。ハマースの立脚するイスラームの教えを広めることがここでは述べられている。また、実際の番組放送では、先述の二〇〇六年PLC選挙綱領に掲げられた祖国解放の義務も訴えられている。

7　アル＝アクサー放送のウェブサイトにおける番組案内

　『明日の開拓者』は二〇〇七年四月に始まった子供番組である。番組の司会を務めるのは、ハマースのガザ地区スポークスマンのファウズィー・バルフームの姪のサラー・バルフームである。彼女がイスラームの教えやパレスチナの直面する問題について、着ぐるみのキャラクター達と掛け合いのトークを行うというのが番組の基本的なスタイルとなっている。スタジオでの収録が多くを占めるが、野外ロケに出掛ける回もある。この着ぐるみキャラクター達が欧米や日本のアニメのキャラクターに酷似していたため、この番組が世界的な注目を集めることとなった。

　着ぐるみキャラクターは、二〇〇九年八月に至るまで四代が登場した。初代はファルフール（画像8）という。名の由来は、アラビア語の「ネズミ」や「小鳥」とされている。二〇〇七年四～六月に計五回登場した。ファ

8　ファルフール

9　ナフール

10　アスード

11　ナスール

ルフールは、ディズニーのミッキーマウスに酷似したその外見や、その外見と落差のある発言の「過激さ」により、日本を含む世界各地のニュース番組で取り上げられ、注目を集めた。

二代目はナフール（画像9）といい、アラビア語で「蜜蜂」を意味する。これは、ファルフールの従兄弟という設定で、日本のアニメの『みつばちマーヤの冒険』の主人公マーヤに類似したキャラクターであった。二〇〇七年六月～二〇〇八年二月に計五回登場した。

三代目は、ナフールの兄弟という設定で、アスード（画像10）というバッグス・バニー似のキャラクターが登場した。その名は、アラビア語の「ライオン」に由来するとされ、視聴者の子供から電話相談で、ウサギなのになぜライオンという名前なのかと質問をされたこともある。二〇〇八年二月～二〇〇九年二月に計六回登場した。

また、二〇〇八年一二月～二〇〇九年一月のイスラエルのガザ攻撃によりアル＝アクサー衛星放送の建物も破壊されたが、その後の二〇〇九年二月に、カッサーム旅団に入隊するためにガザに来たというテディーベア似のナスール（画像11）が四代目のキャラクターとして登場している。これらの他にも、番組制作責任者のハーズィム・シャアラーウィー自身が、「ハーズィムおじさん」として登場し、イスラームの教えについて解説を行うこともある。

四　ハマースのナショナリズムの映像番組への投影

（1）『明日の開拓者』の放送内容

上述のキャラクター達が番組を通じて視聴者に伝えようとしたことは、イスラームに立脚した祖国解放・国家樹立というハマースの主張である。彼らは、主な視聴者であるパレスチナの子供達に対して、平易な言葉遣いや具体的な事例によって、イスラームの教えや祖国愛、そして祖国解放について解説を行ったのである。

二〇〇七年四月のファルフール初登場の回は、イスラームの教えを正しく理解し実践することの重要性を説くものであった。ファルフールは英語をしゃべっているところを見つかってしまう。ハーズィムおじさんがその理由を質問したところ、ファルフールは先進的な言語である英語を話しているのだと答えた。これに対してサラーは、クルアーンを暗誦し、イスラームの教えを正しく理解・実践するためには、フスハー(9)の修得が重要であると彼に説明する。そして、ムスリムの大いなる遺産であるアラビア語に誇りを持つことの必要性、そしてイスラーム文化が世界的にも卓越した文化のひとつであることが説かれる。次いで、ハーズィムおじさんは、イスラームを正しく理解し実践することにより、祖国パレスチナの栄光が回復され、イスラエルによる占領からの解放が可能になると解説する。これは、イスラーム主義組織であるハマースがしばしば繰り返す主張でもある。

子供達にハマースの祖国解放活動を平易に解説するために、身近な具体例が用いられることもある。例えば、二〇〇七年五月の放映で、ファルフールは学校のテストでカンニングがばれて、先生や他の出演者から叱責される。これに対して彼は、イスラエル軍に家を壊されてノートも教科書も見つからないと答える。イスラエルによる一般住居の破壊はパレスチナで実際に見られる光景であり、占領者イスラエルの「不義」や「不正」として子供達にも身近なものとして共感されうる。こうした共感を通じて、ファルフールはテレビの前の子供達に語りかけるのである。

具体例による訴えかけの別例としては、イスラエルのガザ封鎖に対する批判も挙げられよう。二〇〇七年八月の放映はガザの動物園での屋外ロケによるもので、ナフールが檻の中にいる猫を投げたり、檻の外からライオンに石を投げたりして、動物をいじめる。これに対してサラーは、そのようなことをしてはいけないとナフールを叱責する。二〇〇七年六月、ハマースはファタハとの争いの中で、ファタハをガザ地区から追放し、ガザ地区を支配下に置いた。これに対して、イスラエルはガザ封鎖を強化した。この封鎖によりガザ住民は困窮状態のまま閉じ込められているとハマースはイスラエルを批判している。ナフールの動物への「蛮行」は、ガザ住民に対するイスラエルの封鎖行為を暗示するものである。サラーはそのような行為は「不義」であり、やってはいけないとナフールを咎めるのである。

歴代キャラクター達が登場、最終回で「殉教」するという設定も、パレスチナの現状を強く映し出すものであろう。ファルフールは二〇〇七年六月放映で、第一次中東戦争（一九四八年～一九四九年）時の難民である彼の祖父から、故郷の土地の権利書と家屋の鍵を託される。それを聞きつけたイスラエル当局から、ファルフールは土地の権利書を売り渡すように迫られる。しかし、彼は祖国解放後に故郷で暮らすために権利書と鍵は必要であり、「テロリスト」である占領当局には決して渡さないと拒む。その結果、彼はイスラエル当局の担当者によって撲殺されてしまう。かつて暮らした家屋の鍵や土地の権利書は、パレスチナ難民にとって故郷への帰還の権利の象徴とされている。ここでは、イスラエルとの共存を認めるミニ・パレスチナ国家構想ではなく、現在のイスラエル領を含むパレスチナ全土解放路線を堅持し、難民の故郷への帰還権を放棄しないというハマースの主張がうかがえよう。

ファルフールの後を継いだナフールはガザ包囲による医薬品不足で病が重篤化し、隣国エジプトでの治療を図るも出国できず、死亡してしまう。三代目のアスードは、二〇〇八年一二月～二〇〇九年一月のイスラエルのガザ攻撃によって死去する。このように、歴代キャラクター達がイスラエルの「不義」により死亡するという構図は、視聴者の子供達に共感と悲しみをもって受け止められた。

以上のようなハマースの製作映像からは、彼らの主張する祖国解放路線に立脚するナショナリズムを随所に見出すことができ、彼らの積極的なナショナリズムの動員の姿勢を指摘できよう。また、視聴者である子供向けにハマースの主張を伝えるという点において、様々なキャラクターが登場する番組構成は大きな成功を収めたと評価できよう。

（2）視聴者によるハマース番組の受容

ハマースの主張するナショナリズムでは、イスラームの教えに立脚してパレスチナ全土を解放し、そこに国家を建設することが最大の目標である。彼らのイスラエルによる占領への抵抗活動はパレスチナ内に限定されるものであり、第二・三節で見た対米「ジハード」を目的とする「アル＝カーイダ系」組織とは活動方針が異なる。

こうした目標をパレスチナの人々に訴えかけるための手段として、製作映像などによる広報活動を行っているのである。『明日の開拓者』での着ぐるみキャラクター達は、視聴者の子供向けにイスラームの教えや祖国解放の重要性について、身近で時宜を得た事例を引き合いに、平易に説明するものであった。実際に、パレスチナの子供から電話相談が寄せられるなど、キャラクター達は一定の人気の獲得に成功していた。そして、パレスチナにおいて彼らの主張は、衛星放送を受信するパレスチナ人の間で、その意図したところを受容されていたとも考えられよう。

しかし、日本など衛星放送を受信することのできない地域では、製作者であるハマースの意図しない形での受容がなされていることが指摘できる。衛星放送が受信できない地域では、主に、イスラエルに本部を置くパレスチナ・メディア・ウォッチ（PMW）か、米国に本部を置くメムリ（MEMRI：中東メディア研究機関）により編集され英訳を付されたものを、両者のウェブサイト上[10]などで閲覧することとなる。両機関の編集版は彼らが重要と判断する箇所のダイジェスト版であり、実際の放送の全てを網羅するものではなく、ハマースの主張の全てが必ずしも述べられている訳ではない。日本を含む世界各地への配信という点では、両機関により切り刻まれた編集版が主流となっており、ハマースのオリジナルの放送は我々には中々届かない。しばしば指摘されるイスラエルとパレスチナの非対称的な関係［臼杵 二〇〇一：七三］が、こうした情報発信の面においても見られ、製作者の意図とは異なる受容のされ方を引き起こす可能性も指摘できよう。

日本での『明日の開拓者』の受容のされ方も、ハマースが意図しないものであったといえよう。日本では、ファルフールが「ハマースのミッキーマウス」としてワイドショーで取り上げられ、二〇〇七年前半に一時大きな注目を集めた。しかしそれは、質の悪いミッキーマウスのそっくりさんが過激な扇動を行うということで、いわば失笑の対象としてとらえられていた。その頃はちょうど、中国の石景山遊園地[11]でのドラえもんやディズニー・キャラクターの偽物が話題となっていた時期で、ファルフールも同様にそっくりさんの「悪ふざけ」として失笑をもって受容されていたのである。

ハマースが製作映像の受容先として想定していたのは、主にパレスチナや通常受信が可能なアラブ諸国の視聴者であろう。そのため、対象外の欧米諸国・日本などでは編集版の流通も相まって、ハマースの意図する、あるいは欲する「正確さ」を欠いて受容されるという状況にあると考えられる。ここではハマースの投影したナショナリズムが製作映像から完全に脱落しており、映像がいわば製作者の意図から独立して一人歩きをしているという現象を指摘できよう。映像による地域相関性などを考える場合には、情報発信技術・能力の地域格差により、発信側の意図から離れて映像が影響力をもつ可能性を十分に考慮する必要がある。

おわりに

イラクでは、イスラーム主義、バアス主義など様々なイデオロギーを標榜する過激派団体が乱立し、それぞれがそれぞれの目的で独自の映像メディア戦略を展開していた。ナショナリズムに対する立場を基準とした分類では、乱立する団体は三つに分けることができ、映像メディア戦略の特徴もその分類に従っていた。特に、その分類のひとつであったナショナリズムを完全否定するイスラーム主義諸派については、活動に必要な支持者や資源の動員をイラク国外に頼っていたため、他のふたつ以上に、インターネット上での活動を重視しており、通文化的に通用性が高い映像メディアの利用に力を入れていた。この諸派は三つの分類のなかで、イスラームにもっとも妥協を許さない原理主義的な傾向をもっているため、当初は偶像崇拝との関係もあり映像利用を避けると予想されていたが、実際はその逆であった。ここに、科学技術などを積極的に取り入れるイスラームの特徴である現実主義的な側面がみてとれる。また、イスラーム主義者には理系エリートが多く、デザイン的なセンスなどはさておき、今後も最新の映像技術を随時取り入れていくことについて困難はないであろう。また、映像メディア戦略への取り組みは、本書の見市論文にあるように、イラク以外の場所で活動するイスラーム主義運動やイスラーム過激派の団体にも広まっており、そこにはイスラーム主義「本家」の中東発の映像の影響が垣間見られるようである。広報製作物、とりわけ言語が異なる文化間でも通用性の高い映像・音のような視聴覚に訴えかける製作物を対象とする分析の意義は、世界規模での地域相関的な宗教現象を解き明かすうえで、今後一層高まるであろう。

パレスチナのハマースの映像メディア戦略は、イスラームに立脚する祖国解放・国家樹立というナショナリズムを、パレスチナ社会に広く訴えかけるものである。ハマースが配信する映像には、全般的に祖国愛に基づくナショナリズムが色濃く投影されているが、子供向け映像番組にもこの傾向が強く反映されていた。これについては、大戦時にみられた子供をも巻き込む「挙国一致体制」下のプロパガンダとの強い類似性を指摘できよう。本章で取り上げたハマースが提供する映像番組『明日の開拓者』では、視聴者である子供を対象に、イスラエルによるパレスチナ占領の「不義」や「不正」について、子供が親しみやすいイメージ・キャラクターを介して解説されていた。これは、ナチスドイツをはじめ、大戦時に、軍部が主導権を握った国々によくみられた光景であった。パレスチナのハマースをはじめ中東のイスラーム主義者が制作する映像においても、ふしぶしにこうしたプロパガンダ性との類似点を見出すことができるかもしれない。ハマースの子供向け番組は、パレスチナやアラブ諸国以外では、往々にして「時代錯誤」あるいは「後進性」にも受け取られるものでもあった。日本や欧米諸国では、ハマースが映像メディアに投影したナショナリズムは欠落し、こうした「時代錯誤」、「後進性」が失笑の対象となるなど、製作者の意図から離れて一人歩きをした。映像による地域相関性などを考える際には、情報発信技術・能力の地域格差、あるいは、それ以上にデザイン・センスの地域差、非対称性により、「ベタ」な映像が「ネタ」化するなど、発信側の意図から離れて映像が受容される可能性にもじゅうぶん注目する必要があるであろう。こうした「デザイン格差」による地域情報の「ネタ」化は、オリエンタリズムの現在的なあり方も示唆しているといえよう。

【註】

（1）主に非イスラーム世界の研究者により分析概念として用いられている「イスラーム主義運動」や「イスラーム過激派」という用語には、明確な定義が存在しない。通常、本章で取り上げるような組織・運動は「イスラーム主義」や「イスラーム過激派」と自称することはほとんどない。彼らは、自らの宗教理解・実践は「純粋なイスラームの教え」に基づいていると考えており、特に「主義」や「派」という言葉を使う必要性を感じていないのである。一方、現在の外交政策や報道では、個別の活動家や団体ごとにイスラームの解釈のあり方や行動様式が非常に多様である点を捨象し、全てを同一視する傾向が多く見られる。また、「イスラーム過激派」についても、武装闘争を行う動機や相手について考慮することなく、一律に「テロリスト」扱いする分類として用いられがちである。

(2) イスラームの教えを厳格に解釈すると、楽器を用いる音楽は「歌舞音曲」として忌避される場合がある。このため、イスラームをイデオロギー上の基軸として活動する諸派は、男声コーラスのみからなる曲をBGMとして使用することが多い。

(3) 米国の仲介により、パレスチナ解放機構議長アラファトとイスラエル首相ラビンとの間で調印された和平合意。「和平と領土の交換」の原則に基づき、PLOとイスラエルの相互承認が行われた。また、パレスチナ暫定自治と最終地位交渉（エルサレムの帰属、パレスチナ難民の帰還権、ユダヤ人入植地、国境画定に関する交渉）のタイムテーブルが定められたが、本稿執筆現在、いまだ紛争解決には至っていない。

(4) 一九二八年にエジプトでハサン・バンナーによって創設された現代アラブ世界最大のイスラーム主義運動。イスラーム法（シャリーア）施行とイスラーム国家樹立を目的に、イスラームの教えに基づく漸進的な政治・社会改革を目指している。現在、多数のアラブ諸国に支部・系列組織を有する。

(5) http://www.palestine-info.info/ar/

(6) http://www.aqsatv.ps/ar/

(7) http://www.aqsatv.ps/arabic/index.php

(8) 二〇〇八年六月二八日の閲覧時には、詳細な番組紹介のコーナーがあったが、二〇一〇年七月九日閲覧時では改訂のため存在していない。よって、番組紹介に関しては、二〇〇八年六月二八日閲覧時の情報を用いる。

(9) クルアーンおよびハディースに見られる用法に基づき確立された正則アラビア語。日常生活では、地域ごとの口語（アーンミーヤ）が用いられる。

(10) http://www.pmw.org.il/（PMWウェブサイト）、http://memri.org/（メムリ・ウェブサイト）

(11) 中国・北京郊外にある遊園地。二〇〇七年前半、日本や欧米諸国のアニメ・映画などのキャラクターに類似した着ぐるみによるアトラクションが無許可で行われていた。このため、世界各地のニュースでその様子が報道され、知的財産権をめぐり国際的な問題となった。

参考文献

臼杵陽　二〇〇一『世界化するパレスチナ／イスラエル紛争』、岩波書店。

髙岡豊　二〇〇七「イラクの治安情勢と「武装勢力」についての考察」『中東研究』、四九六号。

横田貴之　二〇〇六『中東諸国におけるイスラームと民主主義——ハマース二〇〇六年立法評議会選挙綱領を中心に』、日本国際問題研究所。

第二章　東南アジアにおけるイスラーム主義武装闘争派の映像戦略

インドネシアを中心に

見市　建

はじめに

東南アジアではアメリカ同時多発テロ、いわゆる九・一一事件の一年後である二〇〇二年の一〇月に、インドネシアのバリ島で大規模な爆弾テロ事件が発生し、武装闘争によって欧米社会と敵対し、世界的なイスラーム国家樹立を目指す、イスラーム主義武装闘争派の存在が明らかになった。その後、ジャカルタの米系高級ホテルやバリ島のカフェなど欧米権益や外国人観光客を標的とした爆弾事件が起こっている。どのような人々が、どのような思想に基づいて、これらの事件を起こしているのかは、当局の捜査やいくつかの詳細なレポートによっておおよそ明らかになっている。

武装闘争派の活動は国境を越えて展開されているが、本章はもっぱらインドネシアにおける活動について議論する。一九九九年の民主化以降のインドネシアは欧米諸国を含めても、世界でも異例な出版の自由があり、極めて急進的なイスラーム主義者によって、執筆・制作された書籍や映像が流通している。イスラーム主義武装闘争派、あるいはそうしたイデオロギーに賛同する人々は、インターネットに流布している文章や映像をインドネシア語に翻訳し、また映像を加工してCDに収めるなどして販売している。武装闘争派の出版物は大手書店チェーンにも流通し、ビジネスとして成立している。出版社は海外における武装闘争の状況を伝えるニュースサイトを運営し、さらに個人のブログやユーチューブ（動画投稿サイト）など、武装闘争派が活用するメディアの範囲や、そのコンテンツは多様化している。

本章ではインドネシアのイスラーム主義武装闘争派による「宣教」と、そのなかにおける映像の役割について考察し、武装闘争派がインドネシア社会のなかでいかなる立場にあるのかを明らかにする。過激なイスラーム政治運動は、多くの場合セキュリティの観点からのみ注目されるが、急進勢力は必ずしも社会から隔絶しているわけではない。彼らも他の政治勢力と同様に、「市場」の動向に気を配り、書籍や映像という「商品」を加工し、販売している。本章は、武装闘争派が形成するネットワークや、そのイデオロギーの内容よりも、彼らがそれをいかに加工し、頒布や販売しようとしているか、それがどのように流通しているのかを検討する。

一　インドネシアのイスラーム主義武装闘争派

まずインドネシアにおけるイスラーム主義武装闘争派について、最低限の説明を加えておく必要があるだろう。映像の分析をする上で、ひとまずここで重要なのは、武装闘争派の社会的位置づけである。

イスラーム主義とは社会の諸問題に対して、「イスラーム的解決」を提示する政治的イデオロギーである。イスラーム的な宗教規範を個人から社会へと拡大し、宗教的な政治指導者による政治権力を確立、イスラーム法を適用する国家を建設することである。しかし、こうしたイスラーム的な社会や国家の理想像やそれに至る方法論は多様である。[1] 大半のイスラーム主義運動のモデルとなっているエジプトのムスリム同胞団は、[2] 非合法化されているものの、議会選挙に参加し、事実上の野党勢力を形成している。パレスチナのハマースやインドネシアの福祉正義党も、[3] 同様に議会を通じて自らの要求を実現しようとしている。こうした「穏健派」はイスラーム法（とりわけ刑法）の適用などにより、清廉潔白さや社会正義といった価値観の実現を、社会に訴えかける。

他方で一部の急進派は、議会制民主主義は西洋の作り出した反イスラーム的な制度であると断じる。武力によってイスラームと敵対する西洋を倒し、世界的にイスラームを代表する政治権力を樹立することを目指す。仮に指導者がムスリムであってもその多くはアメリカの傀儡であり、「反イスラーム的」政権とみなされ、やはり打倒の対象となる。そうした考え方を代表するのが、九・一一事件を起こしたアル＝カイーダであり、東南アジアにおいてはジャマーア・イスラミヤ（ＪＩ）である。ＪＩは一九五〇年代に鎮圧されたインドネシア・イスラーム国家樹立運動（ダルル・イスラーム）を発祥とするが、一九八〇年代末頃に、マレーシアを拠点としてアフガニスタンにおける対ソ闘争に人員を派遣し、訓練を受けていた。その後、フィリピン南部ミンダナオに訓練キャンプを移動、現在までミンダナオとの行き来があるとみられている。一九九八年にインドネシアが民主化すると、海外に逃れていた指導者が帰国、二〇〇〇年以降数々の暴力的な事件を起こしている。二〇〇人以上の死亡者を出した二〇〇二年一〇月のバリ島における事件を筆頭に、主として欧米人やその権益を攻撃対象としている。インドネシアのムスリムはパレスチナのように軍事的に抑圧されているわけではなく、広範な政治的自由がある。イスラーム主義武装闘争派は世界中で抑圧されているムスリムに目を向け、抑圧者たるアメリカやシオニストおよびその手先とみなされる国家や組織と敵対する。インドネシアにおいては表現や出版の自由を背景に、抑圧されているムスリムの被害とそれに対抗する武装闘争派の「活躍」を強調し、国内における闘争を鼓舞している。

ＪＩには全盛期に約二〇〇〇人のメンバーがいたとも言われるが、爆弾事件等で一〇〇人以上が逮捕され、別組織による立て直しが試みられている。主流派は武装闘争が得策ではないとの現状判断をしており、ジャマーア・アンソール・タウヒード（ＪＡＴ）という組織を設立して、「宣教」による会員の獲得とイデオロギーの浸透を図っている。[4] 近年の爆弾事件は一部の分派が起こしたと見られている。しかしＪＩがイデオロギー的に転向したわけではなく、ＪＩの精神的指導者といわれるアブ・バカル・バアシルは武装闘争を続けるメンバーは依然として「テロリストではなくムジャヒディン（ジハードを行うもの）である」と擁護している［Abu Bakar Ba'asyir 2009 : 22-23］。[5] なお二〇一〇年前半にはナングロ・アチェ・ダルサラーム州において軍事訓練を行っていた超組織のグループが摘発され、十数人のメンバーが射殺、五十人以上が逮捕された。このなかにはＪＡＴのメンバーも含まれていた。

武装闘争派の思想を支持する人々は少数派であるが、彼らは必ずしもインドネシア社会のなかで「異端」とみなされているわけではない。アブ・バカル・バアシルが逮捕されたときは、当時のハムザ・ハズ副大統領を始め、ムスリム政治家が刑務所への面会に訪れた。一連の爆弾事件が（アメリカやインドネシア政府の諜報機関による陰謀ではなく）、ＪＩないしその一部による犯行であるという合意ができたあとは、ほとんどの政治家はイスラームと暴力の関係を否定するようになった。とりわけ「誤解」を受けやすい福祉正義党はJIやその他の急進派から距離を置くようになった。しかしJIの方法論が誤っていると指摘されこそすれ、彼らがイスラームを逸脱する異端であると断ぜられることは依然として稀である。イスラームにおいて異端とされるのは、ほとんどのムスリムに合意がある一日五度の礼拝の義務を否定したり、預言者ムハンマド以降に預言者を自称するものを崇めたりするような集団である。

アブ・バカル・バアシルらが一九七〇年代前半に設立し、多くのJIメンバーを生み出した宗教学校は通常どおり開校されており、数千人の生徒を集めている。中ジャワ州ソロ郊外にあるこの学校は厳しい校則とハディース（ムハンマドの言行録）学、アラビア語の語学教育に定評がある。過激なイデオロギー教育はカリキュラム外の講話会で行われる。卒業生のうちごく一部は地下組織に入るが、大多数はイスラーム学校の教師でなければ一般の職業に就く。一般の大学に進学して医師になるものや、在学中から学校新聞などの執筆活動が奨励されていることも影響してか大手メディアの記者や大学教員になったものもいる。ある近隣都市のバスターミナルを仕切るヤクザはこの学校の卒業生ともいわれるが、このような場合彼らの紐帯となるのはイデオロギーよりも同窓生としての意識であろう。

二　「宣教」のツール——映像の位置づけ

イスラームにおける宣教（ダアワ）とは他宗教の信者をイスラームに改宗させることよりも、ムスリムがより自覚的で「正しい」信仰を持つことを促すことを指す。JIのような政治組織であれば、宣教とは自らの主張をより浸透させ、その賛同者や地下組織のメンバーを増やすことを意味する。

インドネシアでは特別な宗教教育を受けていなくても、少年期に礼拝所で共同生活をする習慣がある地域や、断食月に連日モスクで開催される講話会への参加などによって、イスラームの知識が共有され拡大されてきた。高学歴化や都市化が進んだ一九七〇年代以降は大学や職場、公共の施設にモスクが建設されるようになり、さらにテレビの普及によってイスラームの学識が広く認められている人物が視聴者の疑問に答える番組がこうした役割を果たすようになった。さらに、大衆に人気のある

「一〇〇万人の説教師」ザイヌディン・MZが一九八〇年代からテレビや映画に出演した。二〇〇〇年頃に人気を得たアア・ギムの登場以降は「テレビ説教師」の著しいエンターテイメント化が進んだ(6)。

リアリティショーやオーディション番組など、番組制作のあらゆる流行にイスラーム的要素が付け加わり、イスラームを扱うテレビ番組のコンテンツは従来の宣教番組の枠組みから大きく踏み出した。二〇〇八年に大ヒットした映画『愛の章句（Ayat-ayat Cinta）』（MD pictures、二〇〇八年）はエジプト留学生の恋愛物語で、その後は信仰と恋愛をめぐる映画やテレビドラマが数多く制作されるようになった。急進派はこうした状況に批判的で、冒涜的だとすら考えている。しかし以下に述べるように、彼らもまた市場動向に配慮し、自らの「商品」を販売するための工夫をしている。

さて本節の冒頭で述べたように、宣教とは「正しい」信仰や教義の浸透と自らの運動への賛同者を増やすことである。JIのような地下組織では後者の宣教は当然ながら秘密裏に行われる。ほとんどの場合、リクルートされるのは特定の学校の生徒や卒業生、家族的なつながりがある人物である。コミュニケーションの手段として重視されるのは直接的な対話であり、具体的には学校のカリキュラム外で行われる勉強会や講話会、より個人的な勧誘などである。映像はそうした宣教において限定的、補助的に使われる。国内外のムスリム同胞が被害に遭っている様子や抑圧者に対する攻撃を収録したビデオなどによって、武装闘争を行うべき理由が明確に提示される。

海外からの映像はインターネットからダウンロードしたものを加工、CDにコピーされて流通している（インドネシアでは廉価であることと、パソコンでの再生の容易さから、DVDよりもVCDが普及している）。なお、映像は一般消費者向けの商品としては、書籍や雑誌に比べて、あくまで副次的なものであることを留意しておきたい。インドネシアには非常にリベラルな思想から呪術的なもの、武装闘争派のそれまで、あらゆる種類のイスラーム思想の書籍や雑誌が発行されている。年々規模が拡大している「イスラーム本展示会」には、思想傾向を問わず数十の出版社が、展示・販売ブースを設ける。二〇〇九年三月にジャカルタで行われた展示会では、同年一月に処刑された二〇〇二年のバリ島テロ事件実行犯三人の自伝の発売を記念して書評会が開かれた。この三人の自伝の発行元であるアル＝ラフマ（慈悲）・メディア（以下、アルラフマ社）は武装闘争派最大手の出版社の一つであり、武装闘争派のＶＣＤの最大の供給元である。

　イスラーム主義武装闘争派の書籍はその大半がインターネットからダウンロードされたもので、後述のように多くの場合これらの書籍を発行している出版社が、ＶＣＤも制作・販売している。書籍は思想の体系を言語で表現し、ビデオの映像は感覚に訴える。ほぼ無制限に出版の自由があるインドネシアでは、政治的自由が制限されている中東諸国はもちろん、国外ではほとんど認められない武装闘争派の書籍が多数書店に並んでおり、コーランの章句やその古典的解釈を引用して武装闘争の理論的な根拠を示している。(7) それに対し、映像が伝えるのは、世界各地の武装闘争派の「活躍」である。アルラフマ社は書籍やビデオの出版だけでなく、インターネットでＣＮＮやアルジャジーラのような国際ニュースサイト（http://www.arrahmah.com/）を運営している。

　同ホームページは以前から国際ニュースを流していたが、二〇〇八年末頃から充実した内容となり、メーリングリストを毎日発行して世界中の「ムジャヒディン」による武装闘争の様子を伝えている。なおこのニュースサイトでの映像利用は極めて限定的である。インドネシアのニュースサイトで映像を多用しているのは、やはりテレビ局が運営しているサイトで、こうした事情は先進国とほとんど変わらない。(8)

1　イスラーム本展示会の様子（解放党によるイスラーム経済論についての書籍の書評会）

三　映像の変遷とその位置づけ

　ではどのような内容の映像が、誰によって、どのような目的で、制作・配信されているのだろうか。内容の変遷を考慮しながら順に検討していきたい。

（1）国内紛争

インドネシアでは二〇〇〇年前後に、マルク州アンボンと中スラウェシ州ポソを中心とした、ムスリムとキリスト教徒住民間の紛争が起き、数千人の死者と数十万人の国内難民を出した。一九九八年以降の民主化による同地域の経済的・政治的な権力争いの激化が紛争の背景とされる。この紛争では、キリスト教徒の国際的な支援によって、ムスリムが虐待されているとの言説が流布し、ジャワ島など紛争地域外から多数のムスリムが支援に乗り込んだ。この際、ムスリムの被害を強調し、連帯を訴えるために映像が多用された。すなわち、ムスリムがキリスト教徒ないし治安部隊に虐待や殺害をされた場面が収録されたビデオが作成され、紛争地域外で上映されたり配布されたりした。両地域から千キロ以上離れたロンボク島では、二〇〇〇年にこうした上映会に焚きつけられた暴動が発生している [International Crisis Group 2003: 19]。

筆者は二〇〇八年になって、JIメンバーとして武装闘争に関わっていたB（仮名）にこうしたVCDの提供を受けた。その内容はやはりムスリムの被害を強調したものであったが、キリスト教徒との対決よりも治安当局による弾圧を強調したものであった。JIは二〇〇〇年のクリスマスに全国九都市でキリスト教の教会を攻撃する爆弾テロを行ったが、アンボンとポソの地域紛争への関与を除けば、その後の標的になっているのは欧米権益や欧米人である。敵はキリスト教徒よりも、アメリカとシオニストであり、そうした政治権力に支えられたムスリム政権である。(9) Bは一時ビデオ制作会社を運営していた。次項で取り上げる海外における武装闘争の様子を収録したVCDを発行していた。彼のVCDはJI関係の雑誌に広告が載せられ、インドネシア国内の紛争地でも売られた。しかしBは国内紛争そのものについてのビデオは発行していない。Bやその仲間たちは「グローバルな」闘争により魅力を感じ、またその方が売れるからであろう。

反キリスト教のビデオはJIとは直接関係のないグループによって制作販売されていると思われる。『キリスト教民兵侵入の事実――CIA工作員による告白（Fakta Penyusupan Laskar Kristus）』（ARIMATEA, 発行年不明）、『地震被害者のキリスト教化の事実――ジョグジャカルタと中ジャワの地震被害者の改宗活動を暴露する（Fakta Kristenisasi Korban Gempa）』（Syiar Production、二〇〇六年）といった典型的なタイトルは、キリスト教に敵対的な説教師などのインタビューを中心に構成されている。[10] インタビューを受けている説教師は、一般的にはほとんど知られていない人物であり、アブ・バカル・バアシルへのインタビューがセールスポイントになっている。

武装闘争に直接の関連はないが、異端に対して厳しい姿勢を取るサラフィー主義（別称ワッハーブ主義、サウジアラビアの公式宗派）の潮流からは、異端的なムスリム組織を攻撃する内容のＶＣＤも発行されている。イスラーム・ジャマーア（ＪＩとは無関係、排他的だがスハルト期に与党ゴルカルの庇護を受けていた）を攻撃する『イスラーム・ジャマーアの逸脱は続いている(Penyimpangan Islam Jamaah[LDII])』（Pustaka Al-Kautsar，発行年不明）は、イスラーム・ジャマーアの元指導者と異端に詳しい説教師による演説を中心としている。このＶＣＤの発行元はユースフ・カラダーウィーなど中道派の著作を数多く出版しているアル＝カウサール社である。同社からは二〇〇二年のバリ島テロ事件実行犯のイマム・サムドラ（二〇〇九年に処刑）の著作『ぼくはテロリストと闘う！（Aku melawan teroris!）』（Jezera，二〇〇四年）とその反論『彼らがテロリストだ！（Mereka adalah teroris!）』（Pustaka Qaulan Sadida，二〇〇五年）、反論を諌める『誰がテロリスト？ 誰がハワーリジュ派？（Siapa teroris? Siapa Khawarij?）』（Pustaka al-Kautsar，二〇〇六年）の三冊の書評会のビデオも発行されている。[11] 以上のように、敵を「論理的」に攻撃することを目的とする場合には、討論会など言語によるコミュニケーションを撮影した映像が活用されている。

（２）海外における「ムジャヒディン」の活動

武装闘争派によって配信されている映像のうち、種類においても量においても圧倒的に多いのが、インドネシア国外における武装闘争の様子を記録したものである。これらは制作者にとってはインターネット上での入手が比較的容易で、またインドネシアにおける武装闘争の動機付けにおいて重要であり、勇ましい映像は「消費者」たる若年男性たちの需要も高いと思われる。なおジハードの宗教的な論拠については、数多くの書籍が翻訳・出版されている。「ムジャヒディン」の映像の内容は大半が、戦闘や彼らのなかで英雄視されている武装闘争の指揮官の様子を撮影したものである。イラクであれば、米軍などの車両が地雷によって破壊されたり、狙撃される米兵らを遠方から撮影したりしたもの、「イラク・イスラーム国家」の指導者や、それを讃える兵士や「市民」の様子が、威勢の良い音楽にあわせて紹介される。他方で、インターネット上に流布している人質の殺害場面など残虐な光景は収録されていない。あまりにも残虐な映像は当局の介入を招く恐れがあり、またおそらく消費者の多くは生々しい映像を望んでいないだろう。もっとも、武装闘争派のなかでは、こうした映像もダウンロードして鑑賞されていると思われる。前述のBは著者にそのような映像を見せてくれたことがある。

こうしたビデオの制作者（より正確には編集者）たちは、そのほとんどがJIメンバーないしその支持者である。最大の生産者は先にニュースサイトの運営について述べたアルラフマ社である。同社を実質的に運営しているムハンマド・ジブリルの父アブ・ジブリルは、JI創設者の一人アブ・バカル・バアシルが袂を分かったムジャヒディン評議会の代表をしているが、バアシルとの仲は悪くないようである。アルラフマ社のホームページは二〇〇二年のバリ島テロ事件実行犯イマム・サムドラのインタビューを掲載したり、冒頭にも述べたサムドラ他三人の死刑囚の自伝を出版したりしている。三人の処刑時は一週間あまり更新を停止して、二人の死顔を掲載するなどJIの武装闘争派への支持を示してきた。ムハンマド・ジブリルは二〇〇九年七月一七日にジャカルタで起こった爆弾テロ事件から一ヶ月以上経った八月末に指名手配され、逮捕された。爆弾事件に使われたとみられる中東からの資金調達の中心人物だったとの嫌疑をかけられている。ムハンマドは一九九〇年代に三年間パキスタンに滞在し、JIの海外セル「アル＝グラバ（外国人）」のメンバーだった。このセルは後述のアブドゥルラヒム・バアシルに率いられ、JIの中核メンバーでアル＝カーイダとのコンタクトとして知られるハンバリの弟グングンも属していた。グングンはパキスタンで逮捕され、インドネシアに移送後四年の禁固刑を受けた。

さて、著者が二〇〇九年初頭までに購入したアルラフマ社の作品には次のようなものがある。『反撃するイラク（Iraq fighting back）』（二〇〇六年）、『マンハッタンの襲撃——九・一一事件の真実（The Manhattan Raid:The true story of 9/11）』（二〇〇七年）、『ジャミル——チェチェンの土地における天国の若者（Syamil: Pemuda surge di bumi Chechnya)』（二〇〇七年）、『アフガニスタンにおける殉教者のキャラバン――天国の風の香り（The caravan of Syuhada in Afghanistan land: Seharum angin surge)』（二〇〇八年）、『Drアブドゥラ・アッザーム――剣が最後の解決手段（Dr.Abdullah Azzam: Pedang solusi terakhir)』（二〇〇八年）、『ムジャヒディン・フロントライン（Mujahidin Frontline)』（二〇〇八年）、『ジハード国家――放たれた矢（The state of jihad: panah yang meleset)』（二〇〇八年）などである。これらは、イラクやアフガニスタン、チェチェン、そして九・一一事件における武装闘争派の活躍や勝利を称える内容となっている。アブドゥラ・アッザームはアフガニスタンにおける対ソ連闘争を率い、オサマ・ビン＝ラーディンの師とも称される人物であり、彼の著作は十数冊のシリーズを始めＪＩ関係者によって数十冊が翻訳出版されている。なお、最後に挙げた『シャミル』は珍しいアニメの吹き替え版である。また、これらのほとんどに英語のタイトルが付けられており、パッケージの写真やイラストも洗練されている。アルラフマ社はウェブサイトにカラシニコフ銃（ＡＫ‐４７）やアメリカ軍の硫黄島上陸の像をパレスチナのハマースに代えたイラストなどパソコン用の壁紙のダウンロードサービスを提供している。「ジハード」を格好良いイメージで売っているのである。

アブ・バカル・バアシルの息子で地下活動のキーマンであるアブドゥルラヒム・バアシルはムリア・メディア（「高貴なるメディア」、旧名ブミ・カルヤ・メディア）社を経営している。アブドゥルラヒムはＪＩの新組織ジャマーア・アンソール・タウヒード（ＪＡＴ）の中心人物であり、父親とともにポンドック・グルキの一角に居住し、簡素なオフィスを構えているが、武装闘争を続ける一派とも連絡を続けていると見られる。アブドゥルラヒムには逮捕歴はないが、パキスタン留学中にアル＝カーイダとの接触があり、また資金調達をしていたといわれる。同社が製造・販売しているもので、著者が入手できたＶＣＤは、『血によって歴史を刻む子どもたち（二〇〇四年）、『ハッターブ――イスラームの剣（Khatthab sang pedang Islam)』（二〇〇六年）、『ロシアの地獄（Neraka Rusia)』（二〇〇七年）、『ジハードの国における知の痕跡――シェイフ・アブ・オマル・サイフ（Tilas ilmu di negeri jihad)』（二〇〇七年）、『チェチェンの涙（Linangan airmata Chechnya)』（制作年不明）、『書評　権力者への手紙（Bedah buku Surat kepada penguasa）』（制作年不明）の六点である。ハッターブとアブ・オマル・サイフは共にチェチェンの対ロシア闘争で活躍したサウジアラビア人であり、それぞれ二〇〇二年と二〇〇五年に「殉死」を遂げている。同社のVCDは、アルラフマ社と同じように海外における闘争についての映像がほとんどである。唯一『書評　権力者への手紙』はアブ・バカル・バアシルがユドヨノ大統領に宛てて書いた、ムスリムとして正しい道に戻り、イスラーム法を適用すべきであるとの忠告書の書評会の様子を録画したものである。ビデオの編集は彼のオフィスのパソコンで行われ、洗練されたカバーは外注をしている。[12]

2　ジャカルタのイスラーム専門書店のビデオコーナー。右の棚はほぼ武装闘争派のビデオで占められている。手前の棚には子供用の教材や音楽VCDが並んでいる。

海外における武装闘争を喧伝するVCDは、一部の大手書店やイスラーム書を専門に扱う書店、音楽CDの販売店で購入することができる。一枚の価格はだいたい一五〇〇〇から二五〇〇〇ルピア（一五〇～二五〇円）程度で、週刊誌や比較的安価な書籍と同じぐらいである。大手書店では、音楽CDや映画やミュージックビデオのDVD、VCDと並んで宗教コーナーがあり、宗教音楽や説教と共に武装闘争派のビデオも配置されていることが多い。また、コーランの独習教材やコーランの音声再生機能が付いた携帯電話などの「イスラーム的商品」が、しばしばCDやDVDと並んで販売されている。

（3）犯行声明、遺言、インタビュー

アル＝カーイダの指導者オサマ・ビン＝ラーディンやザワヒリは、たびたび声明ビデオを公開することがよく

知られている。またパレスチナの武装闘争では「殉教作戦」に従事した人物の遺言ビデオが作成されている。インドネシアにおいてはこのような映像が作成されることは極めて稀であったが、動画投稿サイトの登場によって大きく状況が変わりつつある。

インドネシアにおいて、武装闘争派の犯行声明ないし遺言ビデオの作成が初めて明らかになったのは、二〇〇五年一一月に東ジャワ州にあった武装闘争派のアジトにおいてであった。このアジトは警察が急襲し、銃撃戦のうえ制圧、爆薬や書類などが押収された。発見されたビデオに映っていたのは武装闘争を続けるＪＩの分派の中心人物で、マレーシア人のヌルディン・Ｍ・トップ(二〇〇九年警察との銃撃戦の末死亡)だった。ヌルディンは目出し帽をかぶり、イラクやアフガニスタンへのアメリカの侵攻を理由に、アメリカやその同盟国を攻撃するとの声明を読み上げた。このビデオには、二〇〇五年一〇月のバリ島テロ事件で自爆した犯人の遺言も残されており、押収した治安当局はそれまで武装闘争派の存在に懐疑的だった宗教団体の指導者たちを対象に上映会を開き、この問題の深刻さを訴えた。ただ、このビデオがそもそも一般に公開される意図があったのかどうか不明であった。

こうした状況を大きく変えたのがユーチューブである。二〇〇二年のバリ島実行犯のイマム・サムドラは逮捕後に前述の『ぼくはテロリストと闘う!』を出版した他、テレビなどのインタビューに答えて、バリ島事件で欧米人を殺害したことを繰り返し正当化した。彼のインタビュー映像はＢＧＭを付け加えるなど再編集されて、ユーチューブにアップロードされている。イマム・サムドラがムクラスとアムロジとともに、二〇〇九年一月に処刑されると、ほどなく彼らの埋葬時に上空に舞っていた大きな鳥がメッカの方向へ羽ばたいた様子がアップロードされた。埋葬時に漂っていたという香水のような匂いとともに、彼らの「殉教」がアッラーに祝福されている印であると喧伝された。[13] その後、彼らの生前の映像から処刑後の写真、埋葬までを編集したビデオも作成され、同じくユーチューブに掲載されている。こうした映像は地下組織に加わっていないものを含め、武装闘争を支持する少なからぬ若者たちに影響を与えるだろう。そして彼らの「殉教者」としての名声を高めるためには映像の効果は非常に大きいと思われる。

二〇一〇年上旬には初めて「犯行声明」がユーチュー

ブに投稿された。ナングロ・アチェ・ダルサラーム州において警察が武装闘争派の訓練キャンプを摘発し、銃撃戦に至ったのだが、銃声が聞こえるなか武器を片手にジハードの目的を説明する映像がインターネット上に流れたのである。

武装闘争派によるビデオの制作と販売はコンピュータやインターネットの普及とともに拡大してきた。インターネットがより身近になり、とりわけブラックベリーなど高性能な携帯電話によるインターネット閲覧が急速に普及するにつれ、ＶＣＤの需要は低下していくかもしれない。アルラフマ社のニュースサイトでも、海外での武装闘争とともにブラックベリーやフェイスブック、ツイッターといったＳＮＳ（ソーシャル・ネットワーキング・サービス）や簡易ブログの話題が頻繁に伝えられている。同サイトにインドネシア国内政治についてのニュースが極めて少ないことと対照的である。

３　アブドゥルラヒム・バアシルが運営するＪＡＴのオフィシャルサイト。国際ニュースを中心とし、映像や機関誌の記事と連動している。

二〇〇九年中頃にはフェイスブックにアブ・バカル・バアシルのページが登場した。マスメディアによるインタビューや側近が撮影したと思われるビデオがユーチューブに掲載され、フェイスブックからそれらのビデオにリンクが貼られている。フェイスブックを運営するのは前述の息子アブドゥルラヒムとみられ、彼自身も個人ページを持ち、三〇〇〇人以上の「友達」が登録されている。

おわりに

インドネシアのイスラーム主義武装闘争派は新しいメディアや技術を利用して、自らの主張を世間に知らしめ、新規のメンバーや支持者の獲得を目指してきた。イスラームの宣教において、また政治的プロパガンダにおいてまず重要なのは言葉であり、映像も演説や討論会、インタビューの様子が収録されたものが大きなウェイトを占めてきた。出版の自由があるインドネシアにおいては、急進的な思想書が数多く翻訳出版されており、映像は副次的なメディアである。ビデオの発行元も武装闘争派の運動や出版に関わってきた人物である。

また、映像などのメディアによる「宣教」には限界があることも留意しておく必要がある。通信インフラの整備が遅れている地方によっては、インターネットへのアクセスは極めて限定的であり、また書籍やＶＣＤの流通も限られている。二〇〇八年にスマトラで摘発された大量の武器弾薬を隠し持ち、自爆攻撃を計画していたグループは、元々極めて地域的な反キリスト教団体に過ぎなかったことが報告されている。地方の急進的な集団にＪＩの武装闘争派メンバーが近づき、「宣教」に成功したという［International Crisis Group 2009］。また二〇〇九年七月にジャカルタで起きた米系高級ホテルにおける連続爆破事件の実行犯の一人は不運な境遇に育った一七歳の少年であった。ＪＩの武装闘争派に手をさしのべられた彼は、自爆攻撃の実行犯に仕立て上げられた。このようなケースでは、やはり何より個人的な接触による「宣教」が重要であった。

しかし感覚に訴えるメッセージを伝えることができる映像は、国内外のムスリムへの弾圧を強調し、それに対する武装闘争の必要性を喧伝する武装闘争派にとっては、極めて重要な宣教のツールである。彼らが制作したビデオは消費者の個人的な興味に応えるとともに、残虐なものなど市場に出回っていない映像を含め、新規メンバーの勧誘や小人数の勉強会などで使われていると思われる。

本章では、映像の内容とともに、映像が掲載されるメディアの変遷を辿ってきた。インターネットや高性能な携帯電話の普及に併せて、映像が加工され、発表の仕方が工夫されてきた。中東の武装闘争派（彼らはしばしばヨーロッパを基盤としている）が発信する映像の複製や模倣も明らかであるが、一般のエンターテイメントと同様に「商品」は多様化し、ＶＣＤのタイトルやカバーデザインなどパッケージングに工夫と発展がみられた。インターネットの普及によって、ニュースサイトや動画投稿サイトにも映像が用いられ、ブログやＳＮＳによる双方向のコミュニケーションも発達している。

武装闘争派やその支持者も急速にグローバル化するインドネシア社会の一部であり、市場の動向に敏感な存在である。武装闘争派による映像の利用は、イスラームがテレビ説教師、歌謡曲や恋愛ドラマ、携帯電話などによって「商品化」されている現代インドネシア社会のありようを特異な形で表現しているといえよう。

【註】

（1）同書第一章註一も参照のこと。

（2）同書第一章註四を参照のこと。

（3）エジプトのムスリム同胞団をモデルとした、学生の宣教運動を前身とする政党。一九九八年に正義党として結党、二〇〇九年総選挙では七・九％を獲得して第四党の地位にある。

（4）地下組織のJIは、当時マレーシアに逃れていたアブドゥラ・スンカルによって、ダルル・イスラーム運動から分離し、一九九四年頃に設立された。一九九八年の民主化によってJI幹部たちは帰国したが、スンカルは九九年に死亡、バアシルが引き継いだ。バアシルは合法組織としてインドネシア・ムジャヒディン評議会（MMI）を設立したが、武装闘争派はJIに留まった。バアシルは二〇〇八年にMMIから分離し、JATを結成した。多数派のJIメンバーはJATに加入したが、武装闘争を継続するメンバーは独自の行動をとっている。JI設立の経緯についてはひとまず、[見市 二〇〇四] の第一章を参照のこと。現状については国際危機グループ（International Crisis Group）のウェブサイトに、多数のレポートが掲載されている。

（5）バアシルの思想については以下を参照のこと [見市 二〇〇七]。

（6）[見市 二〇〇四] の第四章、および [Greg. F. and Sally. W（eds.）2008] [見市 二〇〇九] を参照のこと。

（7）JI関係の出版社が翻訳している代表的な論者は以下の通りである。現代ではアブドゥフ・アッザーム、アブ・ムハンマド・マクディシ、アブドゥル・カディール・ビン＝アブドゥル・アズィーズ、アブ・カタダ、アブ・バシル、サイイド・クトゥブ、前近代ではイブン・タイミーヤ、イブン・カイイム・ジャウズィーヤなどである。これらの論者は世界中のイスラーム主義武装闘争派のインターネットサイトで最もよくダウンロードされ、引用されている。これらの論者の主張や相互関係をまとめたものとして以下を参照 [William McCants（ed.）2006]。

（8）代表的なニュースサイトとしては、テレビ局SCTIの番組のサイトがある（http://www.liputan6.com/）。

（9）Bは二〇〇九年七月一七日にジャカルタで起こった爆弾テロ事件に関与したとして指名手配され、後述するヌルディン・M・トップと共に警察に射殺された。Bのプロフィールについては [見市 二〇〇八] を参照のこと。

（10）後者の出版社は『アブ・バカル・バアシルの足跡（*Abu Bakar Ba'asyir*）』（Jejak Langkah Amir, Majelis Mujahidin Indonesia Ust.H. 発行年不明）というVCDも発行しており、バアシルと無縁ではないと思われる。

ただし「インドネシア・ムジャヒディン評議会代表」としてのバアシルを取り上げており、JIとは距離がある人物の手によるものであろう。ムジャヒディン評議会の設立には多くの地下組織メンバーが賛同しておらず、バアシル自身も二〇〇八年に退任して別組織を結成している。

（11）この議論については以下を参照［見市 二〇〇七］。

（12）二〇〇七年から二〇〇九年までにアブドゥルラヒム・バアシルおよび彼のスタッフに行ったインタビューに基づく。

（13）神秘的なエピソードは個人の名声を高める。インドネシアにおいては、ナフダトゥル・ウラマーなどのいわゆる伝統主義やスーフィズムにおいて、こうしたエピソードに事欠かないが、急進派においても同様の傾向がみられる。また夢判断もさかんである。ムクラスはその「遺書」である『鉄格子のなかの聖なる夢』を夢判断に費やしている［Ali Ghufran（Mukhlas） 2009］。

【参考文献】

見市建 二〇〇四 『インドネシア イスラーム主義のゆくえ』、平凡社。

—— 二〇〇七 「書評 Abu Bakar Ba'asyir, *Catatan dari Penjara : Untuk Mengamalkan dan Menegakkan Dinul Islam*」『アジア経済』、五八・六、一〇六―一一一頁。

—— 二〇〇八 「『テロリスト』の来歴――インドネシアにおける武装闘争派の思想と行動」『ユダヤ教・キリスト教・イスラームは共存できるか』（森孝一編）、明石書店、八二―一〇三頁。

—— 二〇〇九 「消費されるイスラーム――インドネシアにおけるイスラームとメディア」『宗教と現代がわかる本 二〇〇九』 渡邊直樹（編）、平凡社。

Abu Bakar Ba'asyir. 2009, "Mereka Mujahid, Bukan Teroris", *Gatra*, 5 August, pp. pp. 22-23.

Ali Ghufran (Mukhlas). 2009, *Mimpi Suci di Balik Jeru jiBesi*, Jakarta : Ar-Rahmah Media.

Bambang Irawan Hafiluddin and Hartono Ahmad Jaiz.（発行年不明）, *Meluruskan*.

International Crisis Group. 2003, "The Perils of Private Security in Indonesia : Guards and Militias on Bali and Lombok," *ICG Asia Report* N'67, p. 19.

——, 2009, "Indonesia : Radicalisation of the 'Palembang Group", Asia Briefing No. 92.

William McCants (ed.). 2006, *Militant Ideology Atlas*, West Point: Combating Terrorism Center.

Greg Fealy and Sally White (eds.). 2008, *Expressing Islam : Religious Life and Politics in Indonesia*, Singapore : ISEAS.

第三章　〈証し〉と〈開示〉　聖地ルルドの映像化にみる「苦しむ人々」の伝え方

寺戸淳子

一　傷病者の聖地ルルド

フランスとスペインの国境近く、ピレネー山脈の麓にルルドという巡礼地がある。一八五八年に町外れの洞窟でベルナデットという一四歳の少女が白く輝く女性を見たという話が、四年後にカトリック教会の地元司教によって「聖母出現」と認められてカトリックの聖地となった。その後、出現をきっかけに湧き出した泉の水で傷や病が癒えるという評判が広まり、ルルドは「奇蹟の聖地」としてその名を知られるようになった。一八七〇年代から鉄道を利用して数百・数千人規模の巡礼団がフランス中から司教区単位で訪れるようになり、現在では観光ガイド『ミシュラン』に三つ星付きで紹介される一大観光地となっている。統計によれば、世界中から訪れる約六〇〇万人のうち一〇〇万人前後が巡礼団の参加者で、その中の六万人が「傷病者」という資格でやって来る。ルルドはこのように巡礼地として現役でありながら観光地でもあるという、「見られる宗教」の現場なのである。

では人々は、ルルドで何を見るのだろうか。「奇蹟の聖地」なのだから、奇蹟の現場か奇蹟に関する展示が期待されるところだが、実際にそこで目にされるのは「傷病者のスペクタクル」と言われる光景である。訪れる人々はそのことをよく承知していて、多くの車椅子や寝椅子が傷病者を乗せてひっきりなしに行き来し、そろいの肩紐をかけた男性や看護婦姿の女性が彼らを助ける様子を、慣れた様子でビデオやカメラに収めている。この行動は、全国司教区巡礼団長協会監修の巡礼ガイドで次のように批判されている。「町や村で傷病者の姿を目にすることは滅多にありません。ルルドで、わたしたちは傷病者を目の当たりにします。……興味本位に見るのはやめましょう、写真を撮るのはやめましょう」[*Ensemble à Lourdes* 1992: 49]。一見もっともな意見に思えるが、実のところ、毎年のように巡礼に参加する傷病者の方では被写体になることに馴染んでいる。このような、常識的には不謹慎と感じられる「傷病者のスペクタクル」が、傷病者からも好ましく捉えられているようにみえるのはなぜだろう。そもそも、なぜ多くの傷病者がルルドに居るのだろうか。

傷病者のスペクタクルは、奇蹟を求める傷病者が続々と集まって自然に成立したわけではない。その発展にはいくつもの大がかりな組織が関係していた。特に重要な役割を果たしたのが、一九世紀に創設された〈被昇天会〉という修道会である。創設者のダルゾン神父は、フランス革命によって崩壊した社会を若者と労働者の再キリスト教化によって立て直すために数多くの教育機関やサークルを創設する一方、メディアの重要性に注目して〈良書出版〉を設立し、現在も出版の続くカトリック系日刊紙最大手の『十字架』と雑誌『巡礼者』を創刊した。良書出版は早くから映像の制作も手がけていた。そしてこの被昇天会が一八七三年に始めた〈全国巡礼〉こそ、その後のルルド巡礼の基本スタイルとなる「傷病者巡礼」のモデルとなったのである。つまりルルド巡礼とメディアは、被昇天会によって初めから結びついていたのだ。

意外に思われるが、〈全国巡礼〉が始めた傷病者巡礼の目的は、一人でも多くの傷病者を治すことにはなかった。それは初め、傷病者の苦しみを神に捧げ、革命という過ちを犯したフランスの赦しと救いを願うために行われた。当時のカトリックの世界観では、無垢な犠牲者の苦しみには、キリストが十字架にかかって人類の罪を贖った「受難」と同じような力があるとされた。傷病者巡礼はこの観念に基づいて、貧しい病気の労働者を「フランス革命による社会崩壊の無垢な犠牲者」とみなし、彼らの苦しみをフランスの救いのために神に捧げる巡礼だったのである。傷病者巡礼はルルドの聖域司祭団が発行する月刊誌で絶賛され、フランス全土から集まる司教区巡礼団も次々にこれを真似るようになり、一八八〇年代の初めには、「傷病者を連れていなければ本物の巡礼団とはいえない」という評価が定まっていた。同じ頃、傷病者巡礼を円滑に行うために、爵位を持つ上流階級の男性によって〈オスピタリテ〉という奉仕団体が組織され、これも他の巡礼団が採用するようになって、「傷病者と奉仕者からなる巡礼」というスタイルが確立されたのである。傷病者巡礼は一度参加すると病みつきになるといわれ、実際、参加者にはリピーターが多い。

一方でルルドは、聖母出現や奇蹟を標榜する、科学の時代に逆行する場所として、またカトリック教会が反革命勢力と結んで政治活動を繰り広げる反近代的な場所として、ルルドに批判的なメディアによって報道されてきた。つまりルルドは、ルルドを訪れる人たちがそこで見聞きし自ら生きる「傷病者巡礼の世界」と、自分たちこそ近代的で正しい見方や立場をとっていると自負する人たちが見る「反近代的ルルド」という、二つの顔を持ってきた。以下では、この二つのルルドがどのように映像化され、その中で傷病者がどのように位置づけられてきたのかを、映画・テレビ・販売される映像の順に見ていく。

二　映画

(1)「スペクタクル」の誕生

聖母出現一五〇周年記念の年に、フリー・ジャーナリストのボルドによる『映画の中のルルド』が聖域出版会から出版された。[1]「スペクタクルの誘惑」と題された章によれば、ルルド初の映像はリュミエール社が一八九七年九月に撮影したもので、『傷病者の移送Ⅰ・Ⅱ』、『聖体行列Ⅰ・Ⅱ・Ⅲ』『ロザリオ大聖堂から出てくる人々』、『駅で列車に乗りこむ巡礼者』と題された、それぞれ一分ほどの七本のフィルムが残されている。[2]

『聖体行列』と『ロザリオ大聖堂から出てくる人々』では、人々がカメラの前を無表情に横切っていくだけで取り立てて何が起きるわけでもない。一方『傷病者の移送Ⅰ・Ⅱ』には、傷病者が横たわる担架をオスピタリテの男性が次々に車から降ろし、四人一組になって運んでいく様子と、人力車のような形をした三輪の車椅子を、列をなして黙々と引いていく様子という、ルルド以外では目にすることのない珍しい光景が見られる。この映像化は聖域司祭団の依頼ではなかったようだが、一八九五年に初の有料上映を成功させたリュミエール社にとって、一八九七年は本格的な活動を開始した大事な年であり、その黎明期にルルドが撮影対象として選ばれたことは、ルルドの「スペクタクル」としての存在感がいかに大きく、関心を引くものであったかを示している。このとき被写体として「車椅子で行き交う傷病者と彼らを助ける奉仕者の姿」が選ばれたことで、「傷病者のスペクタクル」が確立されたといえるだろう。

初の本格的な映像は、一九〇三年に前述の良書出版が制作した、傷病者巡礼の様子を映した『ルルド巡礼（*Pèlerinage à Lourdes*）』だった。[3] また一九一三年から二四年にかけてアルベール・カーンのプロジェクトが三度ルルドを撮影しているが、その中の一本は〈全国巡礼〉の映像だった。ルルドを外から見る目と中から見る目のどちらもが初めに撮ったのは、傷病者巡礼の様子を伝える映像だったのである。

(2) フィクションと「近代人」

ルルドを舞台とする初の完全なフィクションは、スウェーデン映画の草創期を代表するヴィクトル・シェーストレムが一九一三年に監督した『奇蹟（*Mirakle*t）』（長さ不明）である。エミール・ゾラの小説『ルルド』と『夢』をあわせて作られたシナリオで、ある司祭が親友の婚約者に心奪われ、親友が修道士になるよう画策して二人を引き離してしまうが、そのために病気になった女性が、今は修道士となった元の婚約者にルルドで出会い治癒する、という一種の恋愛ドラマである。この映画では奇蹟を題材にしながらも人間の業の前に宗教が色あせて見えるが、このような「罪」と「治癒」の取り合わせは、より宗教色を強めた形でこの後の主要テーマとなっていった。特に一九二〇―三〇年代には、作家や哲学者などの近代思想を代表する不信心者が、愛する子供がルルドで奇蹟的に治癒したことをきっかけに回心する、という物語が繰り返されていく。『舞踏会の手帳』（一九三七年）などで有名なジュリアン・デュビビエが一九二四年に監督した『クレド、あるいはルルドの悲劇（*Credo ou la tragédie de Lourdes*）』（八〇分）も、娘の治癒によって唯物論者の外科医が回心する物語で、教会関係者に絶賛される反面、「カトリック教会のプロパガンダだ」という激しい批判を巻き起こした。これらの物語の中で、ルルドは自分の力を過信する近代人が神の前に回心する舞台として選ばれている。それは、二つの世界大戦間に流れていた「近代」への懐疑と不安を反映しているかのようである。

このようなフィクションの流れに聖母の目撃者であるベルナデットを登場させ、以降のルルドの映像化に大きな影響を与えたのが、一九四三年にアメリカで公開された『ベルナデットの歌』(『聖処女』、二十世紀フォックス・ホーム・エンターテインメント・ジャパン、一五八分、二〇〇五年)である。原作はユダヤ人作家フランツ・ヴェルフェルの同名書で、一九四一年にドイツ語で出版され、翌年英訳された。ヴェルフェルはナチスの手を逃れてアメリカへ渡る途中にルルドの近くで足止めされ、このときベルナデットの物語に強く心動かされて、もし無事にアメリカへ逃れることができたら最初にベルナデットについて書くと誓ったという。五七五頁の大著ながら売り上げランキングで一三週間トップを飾った大ベストセラーで、映画化に当たっては、その年フォックス社が制作した映画中最高の制作費がかけられた。監督はヘンリー・キング、主演のジェニファー・ジョーンズは『カサブランカ』(一九四二年)のイングリット・バーグマンを押さえて、この年のオスカー主演女優賞を獲得した。ベルナデットに心を寄せる青年の淡い想いも交えたハリウッド的脚色がみられるものの、人の世の汚れと無縁な純真無垢な少女として描かれるベルナデット、貧しいながらも愛に満ちた家族、修道女となってルルドを離れたベルナデットが病の苦しみのうちに迎える最期、というドラマは、その後の語りの定番となった。特に、常に明るくほほえみながらも、どこか超然とした態度で聖母だけに導かれる「弱く貧しいベルナデット」という造形は、その後のベルナデット像を決定づけたと言っていいだろう。現在のルルドで「公式」に語られるベルナデットと家族の姿は『ベルナデットの歌』に描かれたものに近く、そこでは神の前でのベルナデットの「貧しさ」(前述の映画の主人公である「自分の力を誇る」哲学者や外科医には欠けていたもの)が、人々の倣うべき価値として称えられている。大衆的商業映像が公式の宗教的言説に与える影響という観点から、興味深い。

(3) ドキュメンタリーの「証人」

聖母出現一〇〇周年をひかえた一九五〇年前後から、ルルドに関する映像ではドキュメンタリーが主流になる。その幕開けとなった『ルルド、希望の町 (*Lourdes, la ville de l'espoir*)』(一八分、一九五〇年)では、傷病者相手に金儲けをする「神殿の商人」として悪名高い土産物屋街と、沐浴場の内部が初めて映し出された。沐浴場は巡礼者が布などで身体を覆い、ルルドの水を張ったバスタブのようなところに全身を浸す場所で、現在はプライバシー保護の観点から撮影が禁止されている。ドキュメンタリーは新奇な被写体を発掘しようとするものだが、それにも限りがある。このことは、ルルドが映像化され続けている理由を考える上で重要である。初の本格的なドキュメンタリーは、リヨン司教区の依頼で制作された『ルルド、光の町（*Lourdes, cité de lumière*）』（八〇分、一九五一年）で、当時まだ存命だった、ベルナデットのことを知る人々へのインタビューが目新しい。このような関係者の「証言」が、この後ドキュメンタリーに不可欠の要素となっていく。

最も影響力があったのは、『ファルビク、四季』でカンヌ映画祭特別賞を受賞したジョルジュ・ルキエによる『ルルドと奇蹟』(4)（八四分、一九五五年）で、当時フランス唯一のテレビ局で宗教関係の番組制作に携わっていたプロデューサーの名がクレジットされた、映画からテレビへの移行期の作品である。監督本人がリポーター役を務め、エネルギッシュな風貌と語り口で、カメラ目線で観客に向かい「一つお断りしなければなりません。私は性格上、いつも「本物」を求めてきました。そしてこの映画では他のどれにも増して、シネマ、つまり、テーマを表現するためにちょっとした物語を用意することを自らに戒めました。そう！　ここでは「ありのまま」をお見せしたいのです。この映画はただの「確認」です。あとはご自身でご判断ください！」と語りかける手法は、まさにテレビ的である。そこでは生の情報であることがなによりも強調されている。

作品は、「証言」、「巡礼」、「不測の事態」の三部からなる。第一部の「証言」では、ルキエが三人の奇蹟的治癒者を訪ねて事実確認をし、治癒者や家族が出来事を淡々と語っていく。第三部の「不測の事態」は、自分たちが撮影した傷病者二人が奇蹟的に治癒したと聞いて急遽行われた追跡取材に基づいている。一人は後に奇蹟的治癒として認められた有名なマリー・ビゴーであった。ルキエはここでも治癒者に会いに行き、医師たちの合同調査会に同席し、自分の目と耳で真実を確かめようとする姿をカメラにさらしている。

これとは対照的に、ルルドの一日が朝から晩まで時間の経過に沿って紹介される第二部の「巡礼」では、ルキエは登場せず、一切のナレーションが排され、映画はひたすら人々を映し出し、音を拾っていく。つぶやき、リラックスしたおしゃべり、緊迫した声、低い声で絶え間なく行われる祈りを背景に、カメラは沐浴場でも屋外でも、祭儀の時も空き時間も、寝椅子や車椅子の傷病者を捉え続け、オスピタリテが引く車椅子の列を追い、跪いて祈る人々に迫り、暗い画面にロウソクの明かりが浮かび上がる夜のロウソク行列のシーンで終わる。この三部作は「奇蹟―苦しみ―奇蹟」という構成で、奇蹟に始まり奇蹟に終わってはいるが、もっとも迫力があるのは傷病者とオスピタリテが作り上げ、ルキエが姿を現さず説明もしない、第二部の映像である。映画が初めて上映された日、ルキエはこう言ったという。「(ルルドには)二つのものがあります。まず何よりも傷病者です。そして毎年、最低でも二週間、場合によっては一ヶ月、無償で奉仕するためにやってくる男たちと女たち」[Bordes 2008 : 219]。

撮影時の体験をルキエは後に次のように語っている。「自分たちが病人の前でカメラを構え、フィルムに収めていると思うと、心をかきむしられるような耐え難い気持ちになりました。プロ意識が私たちを支え、私たちがそこから引き出そうとした証言の力が、私たちを踏みとどまらせたのに違いありません。一度など、カメラマンが泣き崩れてしまいました。……でも、私たちはそのすさまじい光景をフィルムに収めなければならなかったのです」[*ibid* : 213]。ルキエを初めとする撮影スタッフがおかれていたこの状況は、映画の中で「証言」されることはなく、見るものには知らされない。だが第一部と第三部にルキエが姿を現して精力的に語っているということが、ここで大きな意味を持つ。第二部におけるルキエの不在は、彼が現場で言葉を失いただ見つめることしかできなかったことを見る者に感じさせるだけでなく、彼と同じ立場に観客を立たせる。観客は、傷病者とオスピタリテを説明抜きで見せられて目を奪われるという立場と経験を、ルキエと共有する。このドキュメンタリーは、第一部と第三部で治癒に関わる証人たちが登場して語るのに対し、第二部の映像は、ルキエと観客を、苦しみのスペクタクルの語らぬ証人にする、という構成になっているのである。

なお一〇〇周年記念の年にはドキュメンタリーは一本しか制作されなかった。ルルド初のカラー映像となるBBC放送のドキュメンタリーで、監督はザ・フーのアルバムを映画化したロック・オペラ『トミー』で有名なケン・ラッセルだった。

三　テレビ番組

テレビの時代を迎えると、ルルドに関する映像は飛躍的に増加する。再現ドラマ、ニュース報道、奇蹟的治癒を取り上げる教養娯楽番組、宗教番組など、その枠組みは多岐にわたるが、多くは「眉唾ものの奇蹟」か「醜悪な土産物屋街に象徴される拝金主義」を批判的に取り上げるものだった。そこでルルドの管理・運営組織〈聖域〉では、一九七一年に広報室を創設してメディア対策に当たるようになった。奇蹟的治癒に関する情報の管理が第一の目的だったが、現在では取材の申し込みを受け付ける窓口としての役割が大きい。取材希望者は広報室でプレスバッジを受け取れば後は自由で、取材内容のチェックは一切ない。広報室では制作番組の提供を求めているが、ほとんどは事後連絡がないという。

ルルドの話題を定期的に取り上げるのはニュースと宗教番組である。聖母の祝日である八月十五日には、毎年〈全国巡礼〉の様子が「今年もまたルルドに大勢の傷病者が訪れ」と風物詩の扱いで報道される。国営放送に当たるＦＲ２では毎週日曜日の午前八時三〇分から十二時までが宗教番組の枠で、十一時までのあいだにイスラム・ユダヤ・正教会・プロテスタント・カトリック関連の番組が流され、十一時からはカトリックのミサがフランス各地の教会から週替わりで中継される。聖母出現一五〇周年記念の二〇〇八年には聖母出現記念日の二月にあわせて、〈ルルド―癌―希望〉巡礼の活動を取材した『期待から希望へ（*Lourdes. De l'espoir à l'espérance*）』（Comité Français de Radio-Télévision, 26min, 2008）という番組が放送され、ＤＶＤ化されて聖域書籍部でも売られていた。なお、この巡礼団の活動は、この時間帯に中継された主宰ミサがきっかけとなって飛躍的に発展した。

番組は、女子高校生のバネッサが自らの白血病と巡礼に参加したいきさつを語る映像から始まり、次に後輩のマチアスが体験を語る（彼は初め癌の父親に同行し、その死後も参加し続けている）。番組ではバネッサの終始穏やかな証言を中心に、巡礼に参加した患者とその家族に対する質問を交えながら、巡礼中のさまざまな光景を映し出していく。そこでは癌患者であるなしにかかわらず、人々の間に結ばれる絆が強調される。「何を祈りましたか？」という質問に、バネッサは「いとこの病気が良くなるように、マチアスが強くなれるように、それから家族のために」と答え、自分の治癒には一言も触れない。「病気が治ることを期待しています」という若い女性の発言のすぐ後には「本当の治癒は魂の、心の治癒であり、和解です」というナレーションが入り、司祭と信徒が川辺で「悔悛の秘跡」（罪によって神から離れてしまった自分を、神との和解へと導いてもらう祭儀）をしている映像が流れる。そして、人々に見守られながらバネッサが「傷病者の塗油の秘跡」を受ける場面が続く。これは、以前は「終油の秘跡」という名で臨終の時に施されていたもので、一九七〇年代にルルドで改革が進められ、重い病にある人が神の助けによって人々と共にその体験と向き合う力を得るための祭儀に生まれ変わった。悲壮感はなく、バネッサは「勇気を与えられる」と述べる。参加者の証言とこのような祭儀から浮かび上がるのは、「共に苦しみを生きる」というテーマである。奇蹟への期待が光溢れる輝かしい未来を夢見るのだとすれば、ここにあるのは、番組のラスト・シーンでバネッサとマチアスが見つめる、暗闇の中にロウソクが放つ穏やかな火影のような希望である。聖母出現一五〇周年の幕開けに公共放送が「奇蹟の聖地」から発信したのは、このような言葉と映像だった。番組の中で〈ルルド―癌―希望〉の会長は、ルルドを「小さい者、貧しい者の故郷」だと述べていた。

ここで思い出されるのは、ルルドとメディアと苦しみを結びつけたある出来事である。前教皇ヨハネ・パウロ二世が二〇〇五年四月に亡くなる直前、TF1とFR2というフランスの二大テレビ局は、昼と夜のメイン・ニュースで教皇関連のニュースを伝える時に連日ルルドから中継を行った。その理由としては、前年に教皇が生前最後となる外遊で訪れたのがルルドだったことが考えられる。だがそれ以上に、この時パーキンソン病が進行した教皇が車椅子に崩れ落ちそうに座り、言葉を聞き取るのも困難な痛々しい状態で死を覚悟したメッセージを発する様子がテレビに映し出されたこと、[5] 教皇が自らの苦しむ姿を最後にメディアの前にさらした場所だったからこそ、その死が間近に迫った時、ルルドがローマと並ぶ中継地として選ばれたのではないかと想像される報道だった。教皇が「尊厳をもって亡くなるべく入院を拒んだ」「はっきりした意識で安らかに死を迎えようとしている」などの表現で、一人の人がどのように死を迎えようとしているかが繰り返し語られ、それを人々がいかに見送ろうとしているかを伝えるメディアもまた、その死を見送る当事者となっていた。ルルドで人々は教皇の苦しみと間近に迫った死に対する思いを涙をこらえながら口にし、キャスターは教皇の苦しみに関する質問をルルド司教に投げかけながら、ルルドを「苦しむ人々の聖地」

とみなす発言をしていた。メディアが好んで取り上げてきた「奇蹟の聖地」を、メディア自身がこの時は苦しみと死に結びつけたのである。

四　個人向け映像

（1）商業DVD

かつてのビデオも現在のDVDも、観光ガイドの内容を映像化したようなスタイルは同じである。DVDになってからは多言語対応になり、情報量が格段に増えた分は人々の「証言」に当てられている。『ルルド――出現・メッセージ・霊性（*Lourdes. Apparitions, message, spiritualité*）』（Souvenir DVD, 120min, 2008. 一一カ国語対応）を見ると、ここでもメインとなるのは傷病者の映像である。ここ数年、土産物屋で売られる絵はがきからは傷病者の姿が消える傾向にあり、これについて広報室責任者は、被写体の肖像権の問題があるからだろうと言っていたが、DVDでは相変わらず、傷病者とオスピタリテの顔がはっきり分かる形で使われている。

このDVDの最大の特徴は、「水の力によってすばらしい治癒が定期的に起きている」と言い切っているところにある。「水に特別な力がある」というのは教会関係者が否定してきた「誤った認識」で、テレビ番組でもまず耳にしないコメントである。だが、奇蹟を期待する人々を満足させるこのようなコメントに続けてすかさず、「ボランティアが傷病者の移動を担い……すべての世代間で分かち合いと共生がみられる」という奉仕活動についての解説を車椅子の映像にかぶせ、「ルルドの本当の奇蹟は、普段接することのない人々の間に成立する友愛の世界である」とする〈聖域〉の公式見解とのバランスをとっている。また本編とほぼ同じ長さのボーナス・トラックが非常に充実しており、医局長による奇蹟的治癒の説明、オスピタリテ会員の巡礼体験談、奇蹟的治癒を目撃したオスピタリテ会員の証言（「多くの人がルルドでは平和の内に生きられると言う」といって、心の治癒を強調する）、司教による出現一五〇周年の意義の解説など、ルルド巡礼の「真の姿」を伝えようとする立場からの公式見解ともいえるメッセージが集められている（オスピタリテ会員も巡礼世界のスポークスマンの役割を担っている）。その中で、ベルナデットが後半生を送り、現在その遺体が安置されている修道院で、司祭がベルナデットの生涯の意義を三九分も語っているのが注目される。そこでは聖人となったベルナデットの遺体は奇蹟と結びつけられず、(6)『ベルナデットの歌』に描かれたような小さく弱く貧しいベルナデット像が延々と語られる。営利目的で販売されるものでありながらも、このDVDは全体として現在の聖域の方針にかなった「正しい」ルルド像を提示している。

(2)聖域公認DVD

『ルルドのすばらしい歴史(*La belle histoire de Lourdes*)』(Sanctuaires Notre-Dame de Lourdes, 60min. 制作年未記載、六カ国語対応)は、聖母出現の舞台となった洞窟の二十四時間映像、(7)聖母のメッセージ、ベルナデットの生涯(彼女の貧しさと弱さが強調されている)、奇蹟的治癒、そして巡礼の歴史と現在を紹介する。全編にわたって、しっかりした肩書きを持つ関係者(ルルドの史料編纂で有名な司祭、前聖域司祭団長、傷病者宿泊施設の責任者、医局長、奇蹟的治癒者、ルルド医師協会会長、奇蹟的治癒者を認定した司教、神学者、治癒についての本の著者、ルルド巡礼史を書いた研究者など)の証言によって構成されている。奇蹟的治癒の関係者が多いが、ルキエのドキュメンタリーにも出ていた有名な治癒者が「(神の恵みを)受け取ったのだから(私も)差し出さなければ、と自分に言い聞かせてきた」と語るあたりが、いかにも公認DVDである。

ここでも、車椅子の傷病者と寄り添うオスピタリテ会員の姿が常に映し出されている。特に〈LCE〉と書かれたスカーフを首に巻いた人々の映像が繰り返し流れ、DVDの最後の傷病者巡礼をまとめて紹介するパートになってやっと〈ルルド―癌―希望〉巡礼の会長が登場し、それが癌患者の巡礼団だということが明らかになる。同じパートにはイギリスの〈障害児巡礼協会〉団長や〈傷病者巡礼支援イタリア全国協会〉会長も出てきて活動の説明をしている。公認ビデオの最後を飾るのが、傷病者と健常者の連帯を強調するこれらの巡礼団だというところに、〈聖域〉が何をアピールしたいのかがよく表れている。特に〈ルルド―癌―希望〉に関しては、その紹介映像として前述の『傷病者の塗油の秘跡』の場面が選ばれており、この巡礼団が〈聖域〉の司牧方針と密接に結びついていることが窺える。またこれらの傷病者関係の巡礼団の中で、寝椅子に横たわる〈ルルド―癌―希望〉巡礼の参加者だけが発言している点も見逃せない。

出現一五〇周年記念の年の出来事を収めた公認DVD

『ルルド　二〇〇八年—一五〇周年記念（*Lourdes 2008. Le film du Jubilé*）』（NDL Editions-Multimédia Vidéo Production, 90min. 制作年未記載、六カ国語対応）でも、中心となるのは車椅子とオスピタリテの映像である。それが冒頭のシーンに象徴的に表れている。そこに選ばれたのは、この年最大のイベントだった教皇ベネディクト一六世のルルド巡礼の模様ではなく、オスピタリテの男性が車椅子に老人を乗せる場面なのである。ここに「世界中で二〇万近くの人が、オスピタリテのボランティア活動に参加している」というナレーションが入り、その後、二〇〇八年の出来事を振り返る映像が続く。「さまざまな巡礼の中からどれかを選びだすのは難しい」というナレーションをバックに流れるのは、ここでも〈ルルド—癌—希望〉巡礼の映像で、この後も頻繁に画面に表れる。〈ルルド—癌—希望〉巡礼の記念DVDが聖域で販売されていることからも、〈ルルド—癌—希望〉はルルドを代表する巡礼としてのステイタスを獲得していると言っていいだろう。

（3）巡礼団制作DVD

各巡礼団が独自に制作するDVDは、巡礼プログラムを日程順に記録した思い出映像という性格が強く、普通はその巡礼の参加者だけが買い手として想定されている。だが二〇〇九年には、『第二三回　二〇〇八年〈ルルド—癌—希望〉巡礼——癌と向き合う、信仰の力（*Lourdes Cancer Espérance: 23ème Pèlerinage international 2008.Face au cancer, la force de la foi*）』（Multimédia Vidéo Production, 90min, 2008）が、〈ルルド—癌—希望〉の巡礼期間中でもないのに書籍部に並べられていた。先述の二本の公認DVDに含まれていた映像は、ここからとられたものだった。

本編に入る前の冒頭、癌患者の中年女性が次のように語る。「近所の人が肺癌になったと聞いて、面識はなかったけれど、迷うことなく巡礼に誘いに行きました。病人の集まりに参加するのは悲しいことではないと伝えるために」。これが、このDVDのメッセージである。この年に巡礼団を率いた司教は、開会の挨拶を「さあ、お祭りを始めましょう！」の言葉でしめくくり、その言葉通り参加者が声を合わせて歌う映像が全編を通して繰り返し見られる。五〇〇〇人収容の聖堂いっぱいの参加者が、ギターに合わせてスカーフを振り、隣同士でスカーフの端を握り長いリボンのようにして皆がつながり、笑顔で歌う。〈聖域〉の公式祭儀で〈ルルド—癌—希望〉が主要な役割を担っている様子など、巡礼世界で彼らが存在感をアピールしている映像もあるが、中心となるのは車椅子・寝椅子の病人とそれに寄り添うオスピタリテの姿、彼らの短い飾らない言葉と証言、そして何より人々の笑顔である。また〈聖域〉が設定したこの年の年間テーマが「ベルナデット」だったこともあって、「わたしたちはベルナデットに似ている」という発言がたびたび聞かれた。

巡礼プログラムからは、三つの催しが長い時間をかけて紹介される。まず参加者が小さなグループに分かれて体験を語り合う会が「巡礼の中で非常に重要な時間」と紹介され、さまざまな表情のアップが続き、「他者の苦しみに対して自らを開く機会」というナレーションが入る。冒頭の女性のインタビューの続きが入り、一番つらい時に〈ルルド—癌—希望〉の女性が常に寄り添ってくれたことなどを淡々と語る。この女性だけでなく、病人の証言に劇的なところはない。だが全体の中で最も多くの時間が割かれている「傷病者の塗油の秘跡」では、他に比べて感情的な場面が見られる。司祭たちがあちこちで寝椅子の病人の額と両手の平に聖油を塗り、かがみ込んで言葉を交わす。笑顔が続くなかで、塗油の後に顔を覆う人とその肩を抱いて寄り添う人、涙をこらえてほほえもうとする冒頭の女性、そしてまた次々に笑顔が映し出される。そこに説明はない。閉会式では、不信や不安の時もあるが、それも乗り越えられる、というメッセージが語られる。青空の下、司教を中心に、集まった人々が手にした緑の風船を歓声と共に大空に放つシーンで終わる。

このＤＶＤは内輪向けということもあって説明や証言の割合が少なく、参加者の言葉よりも表情や姿が主眼となっている。そのような、言葉は発さないが顔や表情がはっきりわかる人と、普通であれば公の場で話されることのない個人的な病にまつわる体験を語る人が等しく映し出されることで、癌患者は十把一絡げの存在ではなく、どの人も苦しみや喜びを生きており、その人たちが互いに寄り添っていることが伝わってくる。

五　〈証し〉と〈開示〉

一五〇〇年間、ルルド巡礼の世界は見られ続けてきた。その歴史を振り返ると、巡礼世界の内部からの声と外部からの視線は、単純な「真実／歪曲」の関係にはなかったことがわかる。映画はルルドを肯定的にも否定的にも描き、テレビも奇蹟に興味本位の視線を向けるだけでなく、傷病者とオスピタリテが繰り広げるスペクタクルを風物詩としての扱いであれ報道してきた。営利目的の商業映像でさえ、傷病者とオスピタリテを前面に押し出している。ルルドを扱った映像の世界では奇蹟的治癒と並んで、あるいはそれ以上に、病の情景が描き出されてきたのである。他方でルルドの聖域出版部と広報室は、奇蹟的治癒についての誤った情報を正す反論のメディアとして誕生した分、ルルドの知られざる一面をアピールするという面は弱く、かえってルルドを反近代的な聖地と見なすメディアの方が、近代的な価値観への異議申し立てとしてオスピタリテ活動を取り上げるなど、積極的な役割を果たしてきた。前述のようにベルナデットの物語も〈ルルド―癌―希望〉の活動も、外部メディアが世間に広めたものだった。メディアの方が時代のニーズに敏感で、聖域はメディアを通してそのニーズを発見したように見える。そしてこの「発見」が、ルルドとメディアの関係、さらには「傷病者のスペクタクル」の意義を考える上で重要に思われる。

宗教と映像の関係を考える時には、宗教と言葉の関係も考える必要がある。その宗教的言説の特徴としてよく言われるのは、「『言葉では語れない』という語り」である。この語りの原因として、「実際に宗教体験が言語化不可能だから」と説明されることがあるが、別の考え方はできないだろうか。たとえばこの語りを「言語活動の能動的側面＝主体の力」に関係しているとは考えられないだろうか。

ルルドの傷病者巡礼では、第二次世界大戦後まで傷病者は語らず、一方的に見られてきた。これは、「見られる」ことがルルド巡礼の世界を構成する主要な要素であり続けてきたことを意味している。そのルルドでも一九七〇年代には、「傷病者にも発言の機会を与え、その声に耳を傾けるべきだ」と盛んに言われるようになった。この時は、「主体的に語ることで、奪われていた主体の力を回復する」のが正しいとされ、「自ら語ることで主体性を回復できる」と考えられたのである。だとすれば、この時「語る」現場に現れるのは「主体性を回復した強い〈わたし〉」であり、これに対して「見られるだけの受け身の〈わたし〉」は弱い立場におかれていることになる。

ところで、ルルドで一方的に見られてきたものを別の言葉で言えば、それはベルナデットとヨハネ・パウロ二世と〈ルルド―癌―希望〉に代表される「苦しみ」、フィクションが描いた「近代人」の対極にある「神の前での貧しさ」である。それらは、排除や解決すべきものとしてではなく、肯定的なものとして評価されてきた。聖書の一節には「貧しい人々は幸いである……あなた方は満たされる」（ルカ六章二〇―二六節）とある。力のある主体は自分で満たす（自己満足）が、貧しい人はその貧しさを自分では埋めることができないかわりに、神や他者によって満たされる、それゆえ幸せだというのである。

　さて、もし「語る」ことが主体の力と関係するなら、貧しさを語ることで「語る行為（力の行使）」が「語られる内容（貧しさ）」を裏切ることになるのではないだろうか。そうならないためには、「貧しい〈わたし〉」を「証しする」のは避けたほうがよい。そのような「貧しい＝満たされる〈わたし〉」は、〈かれ（ら）〉として開示される時、つまり「弱い立場におかれる」時、最も適切に証しされる。ルルドの「傷病者のスペクタクル」はそのような、「語る〈わたし〉」ではなく「〈かれ（ら）〉の開示というかたちでしか実現しない〈わたし〉」の証し、「語ってはならない〈わたし〉」の開示としてのスペクタクルと考えられる。「語る」ことが主体的でよいとされる世の中で、ルルドでは、聖母を初めとして、人々の目の前に現れるだけで何も語らない存在が周囲の目を奪い続けてきた。そこには、「本人の語り＝主体的＝ノンフィクション」対「見られること＝他者による構成＝フィクション」という枠組みを離れて「『他者に満たされる貧しさ』の幸い」が開示される、「自己主張／見世物」が「善／悪」の関係にあるとは言い切れない状況が、あるのである。

付記
　本稿は平成二十二年度科学研究費補助金基盤研究（C）「心身障害児巡礼から生まれた「共生の思想」の現代的意義および可能性の研究」の交付を受けた研究成果の一部である。

【註】

（1）以下の記述は［Jean-Christophe Borde 2008］によっている。

（2）「映画の父」と言われるリュミエール兄弟は一八九〇年代に映像をスクリーンに投影する技術を開発し、数々の貴重な動画記録を残した。最後の一本を除いてWorld Digital Library（http://www.wdl.org）で見ることができる。

（3）このとき被昇天会は、『十字架』紙上で反ドレフュスの論陣を張ったためにフランスから追放されており、被昇天会を支援する平信徒が良書出版を引き継いでいた。良書出版は一九〇九年に、聖母出現物語を再現した二二分の映画を制作している。

（4）（DVD）Georges Rouquier, Lourdes et ses miracles, Les Documents Cinématographiques, 2004.　このDVDにはボーナス・トラックとして、同監督が制作したドキュメンタリー映画『大地の塩（Le sel de la terre）』（二十分、一九五〇年）も収められている。

（5）これも聖域書籍部で売られている。（DVD）Jean-Paul II à Lourdes. 14-15 août 2004, Le Jour du Seigneur Edition, 270min, 2005.（ヨハネ・パウロ二世のルルド巡礼　二〇〇四年八月一四―一五日）

（6）カトリック教会は信徒の手本となる人物に「聖人」の称号を与えてきた。その審査基準の一つに、遺体が腐敗しないという奇蹟がある。審査の過程でベルナデットの墓を開いたところ、彼女の遺体も全く腐敗していなかった。伝統的に、聖人の遺体には奇蹟を起こす力があるとされてきた。

（7）聖域ホームページ（http://www.lourdes-france.org）も洞窟の定点映像などを二四時間配信している。

【参考文献】

Jean-Christophe Borde. 2008, *Lourdes au Cinéma*, Lourdes, NDL Editions.

Ensemble à Lourdes. Manuel des pèlerins, 1992, Paris, Tardy.

第四章　リアリティ、真正性、リテラシー　**映像と聖なるもの**

葛西　賢太

一　「宗教」の「内面」をとらえるとは

映像が宗教研究や宗教の表現に用いられるところでは、映像がどのていど「宗教性」に迫りうるのか否かがしばしば問われる。たとえば、通過儀礼や年中行事、治病儀礼を記録した映像は、儀礼を受ける側や参加する側、司式する共同体の指導者や成人結社や呪医の側の「内面」をどこまで描けるだろうか。また、映像作品の中で、宗教的な出来事、体験、宗教的な人間の「内面」をどこまで描けるだろうか、と。

右のような問いの背後には、「宗教性」の十全な表現が理想として措かれている。「宗教」と呼ばれるものは多様であるにもかかわらず、想定する者の宗教観を投影して恣意的に限定されることも多い。そして、映像は情報量の多い記録表現手段でありながら、対象の一部を切り取った限定的表現にとどまらざるを得ない。このことを、最初に述べておかねばならない。

まず、「宗教」の幅広さを確認しよう。通過儀礼や年中行事の多くは、世俗的慣習と見なしうる儀礼である。また、大統領や首相の就任で、宗教的な就任儀式のある文化もある。早朝に寺院で座禅ののち朝がゆをいただく、あるいは、毎日曜日に教会を訪れて礼拝に参加するという、自発性を感じさせる儀礼もある。これらは、インドや韓国の呪医が行う治病儀礼とは、だいぶ毛色がことなる。呪医は患部に手を当てて、「腫瘍」をつまみ出すかもしれない。そうしたスペクタクルに比べて、深い瞑想に入っている人物は、静かに呼吸し、動じず、映像としては退屈なものであるかもしれない。これらをすべてひとくくりに「宗教」と呼び、それを映像でどうとらえるかを論じるのは、無理がある。

　次に、対象をどれだけ捉えられるか、特に「内面」をとらえられるか、という問いである。これを、とらえられるか、という問いではなく、「内面」とは何を指すか、という問いに置き換えて考えよう。

　「内面」をなにかの信仰、信念とみなす発想は、キリスト教的な「神を信じる」という宗教観に染まった、狭い考えかもしれない。懐疑と対置される「信仰」というキリスト教的モデルを離れてみよう。仰々しく「信仰」を口上（信仰告白）しないが、なにかを「感じ」たり、祭礼などに「参与」するという、「内面」もありうる。神社の祭りの準備に勤しむ男性が、別にアマテラスやオオクニヌシを「信じて」いなくとも、これも「宗教」にほかならない。彼らは、厳格な宗教儀礼を身を削りながら準備する人々よりも、祭の準備と本番を心から楽しんでいるかもしれない。

　宗教の多様さを受け止めるなら、宗教一般を対象にしては、この「内面」を考えることさえ困難だ。対象をかりに治病儀礼に絞ってみよう。治病儀礼の受け手や参加者は、特定の超越的存在を想起していることもあれば、立ち会っている人々の視線を意識していることも、また空腹や手足のしびれその他の身体的な苦痛が気になっていることもあろう。呪医の異常な表情に恐れをなしているかもしれないし、祀られた不気味な神像が気になっているかもしれない。いっぽう、司式するものや呪医はどうかといえば、やはり超越的存在に集中していることもあれば、受け手や参加者から何かを感じとっているかもしれないし、儀礼の場に不思議な神々しい存在を実際にみているかもしれない。先例を思い浮かべているかもしれないし、立ち会う人々の視線が気になりながら集中しようと努力しているかもしれない。あるいはこれらの複数の状態が混在したものかもしれない。これらは外からとらえうるのか、そして、そのいずれに「レンズを向け」て「ピントを絞る」のか？　たとえば、呪医の権威と受け手の期待との相互作用がもたらす体験は、当事者の表情などに置き換えて映像で代替的に、苦痛、苦悩、歓喜、法悦、等と表現することは可能であっても、「内面」そのままを映像で捉えることは難しい。[1]

　しかし一方で、研究に映像を利用するものは、映像によって自分の視線を客体化する、あるいは、他者の視線を導入することができることを経験から知っている。自分が立ち会った宗教儀礼の記録映像を観れば、映像の細部の確認やトランスクリプションから、いかに自分が「観ていなかったか」、「聞いていなかったか」を思い出すだろう。画面の片隅に自分が見落としていた思いがけない出来事を見いだすこともある。インタビューを記録している映像から、インタビュー中は気づかなかった語り手の疲れや嫌悪や怒り、一方で思いがけぬ微笑を見つけることもある。共同研究者と一緒にこれらの映像を観れば、話し合いの中で自分が気づきもしないことを発見することにもなろう。映像を撮ることによって（きちんと撮り得たことに関しては）、このように「しゃぶり尽くす」こともできる。

そして、本章でこれから述べるように、一定のリテラシーを持った視聴者を想定できれば、そのリテラシーにあわせ、当事者の表情などに置き換えて映像で代替的に、苦痛、苦悩、歓喜、法悦、等が生じていると伝えることは、可能である。

映像の限界と可能性を確認したところで、再び問いにもどろう。宗教研究や宗教表現において、映像はどこまで「宗教性」に迫れるだろうか。「宗教性」は、右に述べたような諸要素を包含した曖昧模糊としたものであり、その中核に何かはっきりした純粋ななにかが必ずある、というわけではない。このように、「宗教性」を問う問いは、タマネギの芯を求めるように行き詰まってしまうことが少なくない。だからといって、芯に相当するものがない、と断定するのは早いだろう。不可視のなにかがあるかもしれないし、また、芯を囲んで輪郭を作る「皮」こそが、実は「宗教」の外殻を作っている重要要素かもしれない。

したがって、「宗教性」を直接問うことから離れてみよう。そして、映像は「宗教性」に迫れるかというこの問いを、「迫る」の中身を吟味する、複数の問いに分けて考えたい。リアリティ、真正性（authenticity）、そしてリテラシーをめぐる問いの三つである。

リアリティの問いは、ここでは、映像がどこまで対象の外観に迫れるかという問いに置き換えたい。映像を扱うデジタル技術の飛躍的な向上から、現在は家庭用のビデオカメラで超高解像度の映像を撮ることが可能になっている。その映像を再生する技術も同様に向上している。存在しないものを存在するように見せる技術も発展している。[2] 映像技術の発達は、宗教を捉え表現するうえでも、有効であるか。[3]

真正性の問いとは、authentic、真正であるかどうかの問いであり、いいかえれば映像が対象の内面にどこまで迫れるかという問いである。リアリティと真正性とは、とりあえず、外観と内面とに割り振りつつ、厳格に一線を引かずに、分けておく。この問いには、「内面」とはなにかという疑問がつねにつきまとう。

リテラシーとは、辞書的には識字、すなわち文字やテキストを読んでそれを理解し運用する能力であるが、ここでは映像を理解し運用する能力と広義に捉えておく。識字には、文字を読むだけでなく書くことが含まれているように、映像のリテラシーには、映像を鑑賞するだけでなく制作するという要素を加えたい。

さて、以下では、宗教における視覚的なリアリティと真正性とリテラシーとを考えさせる例として、最初にメル・ギブソン監督による『パッション（*the Passion of the Christ*）』（二〇〇四年）という映画と、キリスト教を中心とした聖像使用をめぐる歴史的な議論をとりあげる。聖像を聖像としてみるための反復的な訓練が存在し、聖像を使用することはある種の学習と捉えうることを示す。ついで、映像を撮る者と、『未開社会』への伝道者とを比較し、両者がともに自分の視線を客体化していることをあげる。これを踏まえ、リアリティや真正性やリテラシーを確証するものはなく、映像に慣れ親しんだ世代は映像に新しい宗教実践を見いだす可能性があると指摘する。

二　映画『パッション』に見る、リアリティとリテラシー

この節では、映画『パッション』と、キリスト教の聖像使用の意味を考察した図像学者マイルズ（Margaret R. Miles）の論文をとりあげる。前者は主として視聴覚的リアリティ、後者は真正性とリテラシーを考えるための例であるが、リアリティ、真正性、リテラシーの境界は重なり合っていることを強調しておきたい。

『パッション』は、熱心なキリスト教徒であるメル・ギブソンが監督し二〇〇四年に公開した米国映画である。原題を直訳すれば「キリストの受難」であり、イエスの磔刑からさかのぼっての、最後の一二時間を描いた作品である。視聴覚的リアリティの追求を重視するこの作品では、登場するイエスらが語る言葉は、彼が使ったとされるアラム語である。視聴者はアラム語のひびきを耳にしながら、字幕でストーリーを追っていく。[5] キリスト教でイエスの生涯を伝えた正典とされている福音書

（マタイ、マルコ、ルカの共観福音書とヨハネ福音書）の間では語られる出来事に微妙な違いがあるが、それらはたくみにつなぎ合わされている。

Passionという英語の含意は、イエスの受難であり苦難一般であり熱情一般である。視聴者に印象に残るのは、イエスにふるわれる群衆の力や暴力の描写だ。イエスを処刑に追い込むユダヤ人たちは、収拾のつかない粗野な群衆として描かれる。福音書にはもともと、イエスや弟子たちが暴力を受けるシーンが連続する。殴られたり、耳を切り落とされたり、といったことから、イエスの鞭打ち刑と磔刑に至るまでの暴力を描写することで、この作品では、「聖書に忠実に」イエスの最後の一二時間を描こうとした、と主張する。例を挙げよう。

一般に古代の刑罰は現代よりも残酷で見せしめ的な要素が多く含まれる。イエスを描いた作品はたくさんあるが、他の作品が鞭打ち刑や磔刑を象徴的に、イエスの苦痛をぼかし昇華して、イエスの魂が苦痛を克服しているように描くのにたいし、『パッション』はこの刑罰に伴ったはずのイエスへの暴力や彼の苦痛を、受け容れがたく耐え難いものとして描く。鞭打ち刑と聞いて私たちが想像するのは皮の鞭や竹の笞であろうが、ここで登場する鞭は、先端に金具や鉤がついている。ふつうの鞭打ち刑でも皮や肉が裂けて骨が露出することもあるが、この映画で描かれた場面では、金具はイエスの背中に刺さり、引きはがされる際に鉤が肉をえぐり取っていく。母親マリアや弟子たちもこの場面を身悶えしながら見届ける。また、磔刑の際には、太い釘で彼の体を十字架に打ち付ける場面がある。片手のひらに釘が打ちこまれ、痛みに震えるイエスをどやしつけながら、兵士はイエスを引っ張って、もう一方の手のひらを無理矢理十字架の釘穴の位置に合わせる。三本目の釘は、両足の甲を重ねてそこに打ち込まれる。鞭打ち刑の傷が化膿して高熱が出ているであろうイエスは、自ら山上に運ばされた十字架に打ち付けられ、息が絶えるまでさらされるわけである。

先に述べたように、イエスの生涯を福音書によって描写した映像作品はとても多くある（伝道の意図を含むものが多い）が、そこでの磔刑はもっと静かに描かれ、暴力性の描写は『パッション』が突出している。「聖書に忠実に」描いたことを強調したこの作品は、その暴力の描写を強く批判され物議を醸し、ショックでの死亡事故もあり、国によっては上映が差し止められた。扇情的な集団心理を強調したユダヤ人描写についても、ユダヤ人コミュニティから抗議があったという。この作品が「実は聖書に忠実ではない」という議論も見られた。

ここは神学的な議論を行う場ではないので、これらの描写の神学的な評価は重視しない。が、イエスの受難の「リアリティ」をどれだけ描いたかという問題意識は持っていきたい。そこで確認しておきたいのは、鞭打ちや十字架刑を表現する技術である。役者には特殊メイクが施された。たとえば、傷を作る場所に入れ墨を入れることによってみみず腫れを引き起こすと、鞭打ちによって引き裂かれた傷らしくすることができる。傷には金属も埋め込まれて出血が多くなるようにした。コンピュータグラフィックや精巧なマネキンを撮影した映像もあった。そして、アラム語は、現代の言語学者の監修を得ての、現代の聖書からの飜訳であり、現在わずかに残るアラム語のネイティヴスピーカー（現代人）の点検を得ている。つまりは二重の飜訳を経た、古代ではなく現代のアラム語なのだ(6)。したがって、ギブソンが「リアリティ」を追求した試みは、「リアリティ」らしさ」は達成しているものの、「リアリティ」に欠ける一面をもつともいえる。

暴力の描写には、イエスの近くにいようとする母親マリアの姿や、彼女の姿が導入となる、より若い時代の少年イエスや青年大工イエスの回想シーンが挿入される。暴力描写だけを取り出せば『パッション』は古代の刑罰を描写した見世物としてみることができる。回想シーンと重ねれば一青年の受難とその意義を問うドラマとなる。一方、福音書のテキストに慣れ親しんだ人々が、その出来事を『パッション』のように「実写版」で観るとき、目を覆うような暴力と見世物、青年の受難ドラマの向こうに、人類規模での贖罪を意図したイエスの十字架上の死と復活という明確なゴールを一気に目指す宗教的なドラマという層《レイヤー》が重ねられる。DVDにつけられたパンフレットには、ある宣教師が、映画をよりよく理解するための質疑応答に答えるページもあり、彼女は福音書を読むことが理解を助けると勧める。彼女はさらに、映画の場面からさまざまな聖母子像など著名な宗教画を想起させられたとも強調する(7)。このように、この映像から感じられるリアリティや真正性には複数の層があり、一般の映像視聴者（リテラシーなし）と、キリスト教徒の視聴者（リテラシーあり）とでは違いがある。「パッション」の映像上のリアリティや真正性は、視聴者の宗教的リテラシーを強く要求するものであることが確認される。

ところで、映像を制作したメル・ギブソン監督の視点にさらに歩み寄ってみよう。アクション映画の俳優であったギブソンは、この作品を一〇年かけて構想し、私財も投じ、暴力描写のリアルを追究すること、登場人物にはアラム語を語らせることなどを決めた。基本的なストーリーは福音書に描かれたイエスの生涯に基づくが、暴力シーンの描写はアンネ・カテリーネ・エメリッヒ（一七七四〜一八二四）というカトリックの尊者の幻視《ビジョン》に触発されたものであるという。ギブソンはこれらを、信仰を触発するようなイエスの受難物語の世界へと作り上げた。いいかえれば、イエスの受難物語を見届ける神のような視線に立って作品を創造した、といえる。この視点には、信仰者としての宗教的リテラシーとあわせて、もう一つ、映像制作者としてのリテラシーがあわせもたれている。この、制作者としてのリテラシーについては、改めて考えよう。

続いて、キリスト教における視覚メディアとしての聖像の位置づけを考察することで、リアリティと真正性とリテラシーの問題を、違う角度から深めたい。以下は、マイルズ［二〇〇八］による図像学・図像史的考察にほぼのっとって参照しよう。

マイルズの考察は、「聖なるものそのもの」と、それに対応する「聖像」との関係をテーマとする。前者の性質を後者がどれほど持ちうるかという神学的哲学的考察が起点になる。聖像をさす image という語は、同時に似姿とも訳しうることに注意を喚起しておく。ユダヤ＝キリスト教の伝統では、創造神が、土を自らの形にかたどり、そこに自らの息（神性をはらんだ生命力）を吹き込んで、最初の人間が作られたことになっている。[8] 人間は神に似た外観（「似姿」）を持ち、内面においても神性をはらんだ生命を分有していると考えられていたのである。したがって似姿 image は、創造神由来の神聖さと、その欠如（神性の薄まり）を併せ持ったものであった。聖像 image の使用をめぐる議論は、神性がどのように分有されうるかという観点において、「似姿」としての人間の神性をめぐる議論と重なり合う。

聖像の使用の是非については諸宗教で議論が見られる。キリスト教に先行するユダヤ教においては、「十戒」

において、偶像崇拝が禁止されていた。[9] したがって、キリスト教においても同様の禁止が行われていたと長く考えられていたが、その誤解を反駁する研究が現れた。[10] キリスト教が三一三年にローマにおいて公認される以前の初期から、あらゆる礼拝所や地下の礼拝所において、聖像が用いられていたことがわかっている。

東方正教会において聖像破壊論争が持ち上がったのは、聖像が聖者の物語という形式を圧倒した六世紀であるという。正面を向いた聖なる人物の肖像（イコン）では、大きな目に崇拝者の視線が捉えられ、信心を捧げるようながされた。時間軸を組み込んだ聖者の物語という形式と、視覚を組み込んだ聖像とがともに用いられ、そして視覚的なものが物語をひとまずは圧倒していったという。このことは、視覚的なものに時間軸を取り込んだ映像表現と、宗教との関わりを考える私たちにとって興味深い。たとえば、序章にもあるように、一枚の聖画が複数の時点（場面）を同時に含むことで時間軸を取り込もうとする形は、映像表現の先駆けとなるものと見なしうるであろう。

ところで、このような聖像において問題とされたのは、オリジナルである聖なる人物と、聖像とのつながり、あるいは同一性だった。先に述べた神性の分有のあり方が問われたのである。興味深いことに、聖像が禁止されたのは、オリジナルとの断絶ゆえではなく、むしろ聖像がオリジナルと同じ本質をもつ（真正性をもつ）ゆえであった、とマイルズはいう。聖像を破壊すべしという立場から論者は、もののかたちをとった聖像は、聖なる人物の本質（ウーシア）と一体であると考え、それゆえに聖像の崇拝は冒瀆の危険があると考えた。神性を持ちながらも物質的な形態にそれが収まっている聖像は、崇拝の対象をほんらいのものからずらす危険がある。一方、聖像の使用を重視する者は、聖なる人物の本質と聖像とは別物なので聖像はオリジナルを参照するにとどまり、聖像はオリジナルへの崇拝のよすがとなりこそすれさまたげるものではないと考えたのだという。聖像使用を支持する立場は、オリジナルと聖像との断絶ゆえに、聖像の使用が許容しうるということである。現在の、映像を通して「宗教性」に迫ろうとする立場とは逆であることが興味をそそる。

後者の聖像使用支持者の考え方がもととなって（歴史的には七八七年の第二ニカイア公会議を経て神学的にも）神像や使徒像や聖人像の用い方が定められた。それにもとづいて、中世以降のキリスト教徒たちは、聖像を触媒かつ焦点として信心に用いるための訓練と集中を重ねていった。ことにイコンを儀礼の中心においた正教徒たちは、「イコンに口づけし、それによりイコンに描かれた元型の存在を認め、聖なる人物のかつて生きていた身体と彼ら自身の今生きている身体との、間身体的なつながりを打ち立てる」［マイルズ二〇〇八：四四］ような努力を行った。つまり、聖像を聖像として受けとめるためのリテラシーを歴史的に積み重ねていったのである。

マイルズは、聖像を聖像たらしめるのはこのリテラシーであり、宗教的な主題だけでは不十分であるという。

絵画の主題や様式がその使用を宗教的なものとするのではなく、見る者が概念的にも感情的にもその絵に身を投じることによって宗教的なものとなる。信心の実践という文脈で物語として描かれた情景を見ることで、篤信者はそこに語られている瞬間の感動的な情景を、想像力を駆使して再構築するに違いない。かつて何が起こり、これから何が起こるかという見る側の知識が、絵が捉えている瞬間に力を与えるのである。聖なる人物像が見る者の視線の前でポーズをとっている状況を例としてみると（例えば栄光のキリスト像、聖母子像）、その人物が天上ではどのような文脈にあり、人間の生にはどのように関わってくるかを、見る者は想像力のうちで再構築するに違いない。このように注意力を集中しなければ、宗教的な絵画は単なる宗教的題材の絵画に過ぎなくなってしまう。［マイルズ二〇〇八：四三］

マイルズは、リテラシーを動員して能動的に反復凝視される聖像と、現代の映像メディアにおける受動的な視聴とを比較して、聖像を聖像たらしめるのは、前者のような反復凝視の実践であると考えるのである。つまり、イエスを描写している肖像があっても、リテラシーが動員されるまではそれは一つの肖像に過ぎず、聖像、イコンではない。彼女はこう述べながら、新奇性はあっても反復凝視の対象とはならないような米国の映像文化に、ちょっとした批判を投げかける。

ただし、マイルズのこの考え方は、聖像の凝視と映像メディアの視聴との間に絶対に超えられない一線を引くものではない。信仰者でなくとも、魅入られて反復視聴してしまう映像も存在する。たとえばギブソンの『パッション』は、イエスの受難に含まれた暴力性を強調することによって、現代人をいわば魅惑し、イエスという対象に強く結びつけようとするものであるといえる。イエスの死の意味を求めたときには、福音書に語られた物語をいつでもどうぞと提示されるのである。イエスの受難と復活の物語を、宗教的な真理として受容することもできるが、信仰者にはならずとも物語の読者として、一つのファンタジーとして享受するにとどめることも可能なのである。

現代のメディアにあらわれるイメージは、オリジナルの深遠な現実を反映していることもあるが、それを変質させたり、不在を隠したり、あるいはまったく無関係であることさえある。ヴァルター・ベンヤミンはこうした複製文化を批判するが、ジャン・ボードリヤールは批判を超えて、複製文化の自由な展開を考える。現代の私たちが出会うイメージは、しばしばそのオリジナルとのつながりを失っている。たとえばボードリヤールは、イメージがオリジナルとのつながりを減じ、つながりを失うことについて、イメージがイメージ自身の純粋なシミュラークルになる、と表現する［ボードリヤール 一九八四：八］。

この観点からさらに見直すとき、『パッション』は、「キリストの受難に隠された神の計画」を参照するリテラシーを持つ者たちには、オリジナルの参照という意味で、描かれたイエスの像をオーソドックスに使用しているとみえる。福音書の物語に一定の関心や知識を持ってさえいれば——リテラシーがあれば——『パッション』の物語を享受することができる。一方、このリテラシーを欠くと、『パッション』は暴力の見世物としての映像にとどまるかもしれない。

三　映像の三つのリテラシーと学習

私たちの目的とするところは、聖像を聖像として捉えるリテラシーの実践に対応する、宗教の映像表現における対応物を見いだすことだ。反復凝視、反復想起の目指すところは、聖なる人物をめぐる物語と聖像とを有機的につなげ、オリジナルと聖像との接続を強めることにある。つまりは、信仰者になり、その信仰を深めていくことだ。しかし、リテラシーへの道はこれだけではない。聖なる像を制作するものが持つ、メタレベルでの認識は、そのひとつだ。もう一つは、すでに前節で見た、共感的享受者としてのものだ。

制作者のメタレベルの認識とは以下のようなものである。たとえば、ダンスの振り付けをひと目見て、即座にまねて踊ることができる人の認識は、単なるダンスの鑑賞と比較するとメタレベルにあるといってよい。音楽を一度聴いて、それを記譜でき、また楽器で弾いてみる人の認識もメタレベルにあるといえるだろう。これらの人の踊りや音楽の癖を見抜いて指導できる人は、さらに高いメタレベルにあるといえる。

制作者のメタレベルの認識を基準に、私たちが映像を鑑賞する際のリテラシーのレベルを考えるなら、おおまかにわけて、以下の四つのレベルを考えることができるだろう。

①映像というメディアをまったく観たことがない、あるいは初めて観る人の鑑賞レベル。
②映像を受動的に観るだけの人の鑑賞レベル。
③撮り、編集し、観る人のレベル。撮影の難しさ、編集の難しさと可能性——映像の文法——を知りつつ、それらを吟味鑑賞しながら観るレベル。
④撮影と編集に習熟し、それを言語化して指導することのできる人の、映像鑑賞レベル。

映像をめぐるリテラシーの獲得、メタレベルの学習は、映像についての知識の増加のみならず、映像の撮影・編集も含めて血肉化身体化されていく学習とみることができる。だが同時に、学習とは、映像制作者の共同体への参与の深まりでもあることに気づかれるだろうか。映像の鑑賞者から、制作者、指導者の共同体への移行と連動して、リテラシーが高まっていく過程が存在するのである。(11)

映像を観るだけでなく撮り、編集し、制作するものは、映像がどのようにして制作されるかの過程を体得している。しかし、それは狭い意味での撮影対象と隔離されただけの知ではない。

これは、かつてレイモンド・ウィリアムズが吟味した、「未開社会」へのキリスト教伝道師の立場に似ている。伝道師たちは聖書的な世界観に立ち、未開の人たちを伝道により啓蒙しようと決意しつつ、伝道のために現地の人々の生活について積極的に収集し克明に記録する。記録は、伝道のためであり、伝道師たちの内面には現地の人々に対する優越感と友情とが葛藤しながら両立されている。記録の目的はあくまで伝道のために現地の人々をよく知ることにあり、キリスト教徒の方がまさっているという認識が伝道の前提として最初はある。しかし、現地の人々の生活を真摯に記録していくうちに、伝道師たちは彼らに敬意や友情を感じるようになり、彼らの視点を体得し、外部の視点からキリスト教や自文化を再考するようになり、それらが言語化しうるようになっていく。彼らの体験が示しているのは、キリスト教や自文化についての、信者として以外の、もう一つのリテラシーが存在しうる、ということである。カメラワークやフレームの取り方、編集をめぐるリテラシーの反省。もちろん撮影対象に対する知識や先入観への問い。しかしそれは単なる客観性の追求ではない。撮影対象として選んだときから、傍観や無視ではなく、共感と関心を備えた他者の目が発動される。たとえばイエス受難の物語を、一つのファンタジーとして限定的に享受し没入する者にとって、イエスの物語は信仰の対象ではないが、一つの心理学的な真理として理解可能である。映像の制作とは、まさにそのようなコミットメントを要請する営みである。共同体に参与し、技術を伝授されたり獲得したりするコミットメントとは、ますます「宗教」に似たものとなってくる。(12)

三つのリテラシー……熱心な信仰者として、福音書の物語が歴史的にも物理的にも真実であると考え理解する、信仰者のリテラシー。福音書の物語の限定的な享受者として、物語を心理的には力を持ったファンタジーとして味わい没入する者のリテラシー。映像の光学的効果や心理学的効果や物語的効果を熟知しつつ戦略的に映像を制作編集して、宗教的な効果を生みだそうとする制作者のリテラシー。

現代において、映像をもって宗教を記録したり表現したりする場合に、どれだけ対象に迫れるかという問いから、本章は出発した。それはどれだけリアリティ、真正性、リテラシーを持ったものたり得るかという問いに置き換えられる。リアリティは、主として映像の外観のクォリティの問題に読み換えることができるし、それで完結してしまう議論も少なくない。しかし同時に、視聴する側のリテラシーが、聖像を聖像たらしめ、宗教の映像に真正性を加えるのであった。そしてこのリテラシーは、必ずしも信仰者としてのそれだけではなく、共感的享受者としてのリテラシーや、制作者としてのリテラシーによって、より深く映像の対象に迫ることができることもあると指摘した。

最後に付言しておかねばならないのは、現代における映像についてのリテラシーの向上である。デジタル技術の恩恵で、きわめて多様な映像が多量に流布している時代に、映像に慣れ親しんだ世代は、「宗教」についての映像をどのように視聴し、どのように制作し、そして制作をどのように指導するだろうか。この観点から、本書の寄稿者はどのような方向に進むのか、興味のあるところである。

【註】

（1）内面の映像、ということを考えるために、心理学者ユングが内面探究の方法として提唱しながらも十全に論文や書物では論じていない「能動的想像法 active imagination」の体験を描くことを吟味してみよう［葛西賢太 二〇一〇］。この方法ではユングは、具体的な他者（神話や小説の登場人物でも、石などの非生物でもよい）を思い描き、それがみずから動き出し語り出すまで待つ。能動的想像法は、単なる「想像」というより、対象と正面から向き合って物語に巻き込まれていくような、ダイナミックな過程であり、「内面」で生じている体験の厚さや豊穣さ、映像による描写の困難さを示している好例である。これを忠実に再現しようとすれば、一つの物語しかない映像ではなく、こちらがどう反応を選ぶかによって別の物語が展開する、ロールプレイングゲームのようなものを想定すべきだろう。「宗教」はしばしばこうした複数の物語をはらんでいるにもかかわらず、一本の物語に還元して解されやすい。

（2）本書の「対談　松木靖明×蛭川立――映像表現の最前線と宗教体験」において、映像表現のリアリティについて詳述されている。たとえば松木は、コンピュータグラフィックで、仮構のものに具体的な質感を持たせるために、境界を表現する技を語る。

（3）ハイビジョンの解像度が家庭用ビデオでも容易に撮影でき、再生できる現在、対象を捉えることは容易であると考えがちである。撮影経験を少し持てば、撮影一つとっても実はたいへん複雑な過程であることがわかる。映像技術の革新に関連して比較されるべきは、医療に応用されている映像技術である。

私たちは医療現場で、CTスキャンやMRIによって、同じ「肉」でありながら、特定の対象臓器や腫瘍だけが、他の皮膚や肉や骨を透過して映し出されるのを見る。技術的には、水分子の含有量の差や血流の存在によって、あるいは造影剤の注射によって、特定の対象臓器や腫瘍が他の臓器と分けられるように医療技師が設定し、一つの量感をもった立体的な彩色画像として描く作業を、コンピュータが行うのである。「二万八千の方程式を同時に解く」と形容されるほどの、描画のための高度な作業が、高速のコンピュータによって可能になることで、CTスキャンやMRIは実現された［美馬達哉二〇〇七　一五七］。これらで見る画像は、臓器のありのままの姿を描写しているようでいて、実は肉眼での見え方（入り組んだ筋肉や骨に隠され、開創すれば血液に被われる）とも実際の臓器のありかた（他臓器と深く入り込み合い密着あるいは連続している）とも違う、見やすく浮き彫りにされた画像であるという点で、臓器そのものの画像ではない。画像として描写されるデータは、再生される前は、意味不明の暗号に過ぎない。

にもかかわらず、これらの医学的画像はたいへん説得力があるもので、私たちはつい、臓器が灰色をしていると思ったり、活動中の脳の部位がピンクであったりと考えてしまう。これらの画像によって得られる知は、リアリティを感じさせるが、真正のものではない。しかし、臓器の位置を解剖学的に理解している医療者が、そのリテラシーをもってこの映像を見ることにより、臓器や疾患の位置や状態を具体的につかむことができる。それ自体が神秘的でもある医学的画像のアナロジーは、宗教の映像を理解するヒントを多く含んでいる。

（4）Mel Gibson, 2004, *The Passion of the Christ*, Icon Distriution, INC.（DVD）

（5）筆者は二〇〇四年二月二五日の初上映日に米国ボストンの映画館で見たが、英語のネイティヴスピーカーではない自分と、館内のネイティヴスピーカーたちが、平等に同じ字幕を見ながらアラム語を聴いているのは印象深い体験であった。館内にはアジア系の若者が目立ち、筆者は、米国で増加している韓国系米国人キリスト教徒だったのではないかと考えている。

（6）DVD添付のパンフレット「プロダクション・ノート①」を参照。

（7）DVD添付のパンフレット「『パッション』をよりよく理解するためのQ&A①」を参照。宣教師は、日本キャンパス・クルセード・フォー・クライスト／インターナショナル・アーツ・ムーブメントの、岡野啓子氏と記されている。

（8）旧約聖書『創世記』の第一章、第二章を参照。

（9）旧約聖書『出エジプト記』第二〇章。

（10）マイルズはCharles Murray, "Art and the Early Church" *Journal of Theological Studies*, 28, (October). 1977を参照している。［マイルズ二〇〇八　三七－三八］

（11）レイヴとウェンガー［一九九一］は、学習（私たちの関心に引きつければリテラシーの獲得）とはなにかを考える論考の上で、学習とは、専門性をもった人々の共同体の中核に向かって、少しずつ資格を得て参与していくプロセスなのだと考える。仕立屋の徒弟制の例を挙げれば、新入りの徒弟は、最初は失敗しても危険の少ないボタン付けのような作業をさせられ、服の仕立ての全体を理解するに伴い、やがて布断ちのような失敗を許されない作業を任されていく。徒弟の管理や仕入れや契約に必要な経験を重ねることで、親方としてのリテラシーを獲得していく。ここで考えられているのは、リテラシーの獲得は単なる個人の内面的なプロセスではなく、共同体への参与と連動しているということだ。

(12) 本書において、宮坂は、映像が撮影対象をどれほど捉えているか否かよりも、上映後の作者との対話・議論が、今後は重んじられるようになるだろうと述べている。この指摘は、本章で映像制作の共同体への参与を考えたことと重なり合う。

【参考文献】

ボードリヤール、ジャン　一九八四『シミュラークルとシミュレーション』竹原あき子訳、法政大学出版局、一九八四年。

葛西賢太　二〇一〇「心霊現象と心理現象を分ける一線——マイヤーズ問題からみたユングの心霊観」鶴岡嘉雄・深澤英隆編『宗教史とスピリチュアリティ』リトン。

Jean Lave and Etienne Wenger. 1991. *Situated Learning: Legitimate Peripheral Participation*. Cambridge University Press.（佐伯胖訳『状況に埋め込まれた学習——正統的周辺参加』産業図書、一九九三）

マイルズ、マーガレット・R　二〇〇八「イメージ」（葛西賢太訳）『宗教学必須用語二二』、刀水書房。

美馬達哉　二〇〇七「病者の光学」『〈病〉のスペクタクル——生権力の政治学』人文書院。

『聖書』一九八七　新共同訳、日本聖書協会。

ウィリアムズ、レイモンド　一九六八『文化と社会一七八〇—一九五〇』若松繁信　長谷川光昭訳、ミネルヴァ書房。

映像実践1　信仰を撮る

仏教実践のフィールドワークの現場から

小島敬裕

筆者は、上座仏教と社会のかかわりについて、地域研究の立場からアプローチしている。本コラムでは、研究者や調査地の人々が撮影した仏教実践の映像を研究に用いる意義と、調査地で流通する映像が実践に影響を与える可能性について考察してみたい。

上座仏教（以下、「仏教」と表記）は、東南アジア大陸部を中心に信仰されている。各地域で保持されている経典は基本的に均質だが、仏教徒社会の各地域における実践には多様性が見られる。仏教徒社会の人々にとって、仏教とは経典に記された文字知識であるのみならず、慣習的な行為としてそれぞれの社会と深くかかわりながら実践されているからである。こうした「生きられる仏教」すなわち仏教実践の実態を明らかにするため、筆者は中国雲南省のミャンマーとの国境に面した徳宏タイ族ジンポー族自治州瑞麗市郊外の農村において、約一年間の現地調査を実施した。

東南アジア大陸部の仏教徒諸国では、黄衣を身に纏った僧侶の姿を到る所で目にすることができる。これに対し、徳宏の仏教の特徴は、多くの村落の寺院に僧侶が居住していないことであり、僧侶数も仏教徒社会の他地域と比較すると非常に少ない。その一方で、ホールーと呼ばれる在家の誦経専門家が儀礼の際に重要な役割を果たしている。ホールーは、儀礼において村人たちが供物を寄進する際、その先導役を務める。また雨安居期間中の布薩日などには、ブッダの前生譚や仏教の教理を物語の形式で著したタラーロンと呼ばれる経典を、寺院で村の老人たちによみ聞かせる。誦経法は、師から弟子へと口伝によって継承されていくが、誰でもホールーになれるわけではなく、声の良さが求められる。誦経の節回しは、徳宏州内でも地域ごとに異なり、節回しが変わると老人たちは内容まで理解できなくなるため、ホールーはその地域の節回しを正確に習得しなければならない。

このように経典の唱え方が地域によって異なることは先行研究でもすでに指摘されてきた。しかし具体的にどの点が共通し、どの点が相違しているのか、またそうした異同が生じる背景についてはまだ十分に明らかにされていない。そこでまず地域ごとの実践を記録する作業から始めなければならない。

記録に用いるのは基本的にフィールドノートと写真機が中心である。しかし文字や写真で誦経の声の実践を記録するのは難しいため、筆者はビデオカメラを用いてホールーによる誦経の撮影を試みている。もちろん誦経の声だけなら、記録媒体は映像に限られているわけではない。録音も可能だし、中国の研究では誦経そのものを「宗教音楽」ととらえ、五線譜に落とす試みもなされている。しかし五線譜で節まわしを完全に記録できるとは思われないし、読める人も限られてしまう。その点、映像は特別な技術を必要とせず、誰が、どのように経典を唱え、それを聴いているかといった情報まで含めて再現できる。こうした点において、映像は他の記録媒体より優れており、今後、映像を他地域においても撮影し、それを蓄積していくことによって、誦経実践の地域間比較研究も可能になる。

調査地では、自ら撮影する一方で、仏教実践のVCDやDVDも入手している。村人たちは、大規模な積徳儀礼を行うと、地元の技師を呼んで記念に撮影を依頼することが多い。技師の多くは、撮影技術を専門的に学んだわけではなく、ビデオカメラで自ら撮影経験を積み重ねて技術を身につけていく。儀礼を主催した村人が記念に撮影を依頼すると、技師たちはビデオで撮影し、編集して販売する。プレーヤーも中国では比較的安価になり、農村部でも多くの家庭に普及しているため、需要は多い。各家庭に所蔵されている映像の中には、ポイパラーと呼ばれる仏像奉納儀礼など、同じ盆地内では年に数回しか開催されない貴重な儀礼を撮影したものも多く、筆者はそれを借用し、コピーさせてもらっている。儀礼の具体的な様子を、文書として記録したものは少数にとどまっており、こうした映像は、研究者にとっても貴重な資料となるだろう。

また市場や祭りの会場では、仏教実践を撮影したVCDやDVDを容易に購入できる。中国側で制作されたものもあれば、ミャンマー製のものもあり、家庭での視聴用に廉価で販売されている。村の家庭にあるVCDを見せてもらうと、どのような実践が彼らを魅きつけているのかが明らかになる。

村人宅でよく見かけるのは、著名なホールーによる誦経を撮影したVCDである。もちろん、徳宏タイ文字やシャン文字によって書かれた経典も出版されているが、村人たちの多くは文字の読み書きができず、経典を読んでいる姿はまず見かけない。ホールーの唱える経典を耳で聴くことこそ、在家の人々が慣れ親しんだ仏教徒としての行いであり、病気などで寺へ行くことができない老人は、自宅でＶＣＤを視聴することによって功徳を積む場合もあるのだという。

誦経ＶＣＤの中でも筆者が特に関心を持ったのは、徳宏州仏教協会が二〇〇七年に制作した『中国徳宏南伝仏教念誦集』である。仏教協会関係者への聴き取りによれば、徳宏における誦経の唱句や節回しは地域差が大きく、誦経法が地域によって異なるのは儀礼を行う際に不便であるため、標準的な誦経法の普及を目指したのだという。これが実践に対してどれほど影響力を持つか、現段階では予測できないが、このようなＶＣＤの販売という現象自体、仏教協会による新たな実践のあり方として注目される。

この他、現在では北タイに住むカリスマ僧ウンズム師（タイではブンチュム師として知られる）の映像も多い。近年、ウンズム師の誕生日には、瑞麗からもバスを連ねて北タイに向かう人たちが増加している。彼らはミャンマー側のシャン州を数日かけて横断し、ウンズム師の姿を一目でも見ようと長旅に出る。参加者の増加には、こうした映像の普及という現象も関わっている。

今後、映像は徳宏の仏教実践にどのような変容をもたらすのだろうか。引き続き注目していきたい。

葬儀映像に見るカリスマ表現の一形態

高尾賢一郎

宗教団体や宗教家が宣教や広報の活動において頻繁に映像を用いる今日、偶像崇拝を禁じるイスラームの場合においてもそれは例外ではない。シリア・アラブ共和国のイスラーム系団体であるアフマド・クフターロー財団は、その創設者であるアフマド・クフターロー（一九一五年―二〇〇四年）の生前の講義や説教、また社会活動などを撮影しており、それらをＶＣＤにして販売、配布している。クフタ－ローはイスラーム法学者の家庭に生まれ育った宗教家であるが、同時に世俗主義・社会主義政策が敷かれている現代シリアで宗教法裁定官の役職を務めた国家公務員でもある。したがってＶＣＤの映像で伝えられる彼の人物像は必ずしもイスラーム的な価値観、世界観に沿ったものに限らず、シリア政界との強いパイプを持つ公人、あるいは社会的指導者として描かれることも多い。それを分かりやすく教えてくれる映像作品の一つが、二〇〇四年に同財団によって編集、製作された彼の葬儀の映像である。

二〇〇四年九月一日にクフタ－ローが逝去した際、シリア国内のテレビやラジオを通してその訃報は早々と知れ渡り、多くのシリア市民が首都ダマスカス市内の幹線道路で行われる野辺送りに足を運んだ。ダイアナ元英国皇太子妃の国民葬（ロンドン、一九九七年）を思わせる情景であるが、決定的に異なるのは足を運んだ彼らが葬儀の単なる参列者ではなかった点にある。人々はクフタ－ロ－の棺が市内の病院からモスクへと運ばれる間、それを悲痛または厳粛な面持ちで眺めていたわけではなく、棺を乗せた霊柩車を囲みながらともに道路を走った。そのような大規模かつ躍動的な公葬の一部始終を、生前のクフタ－ロ－の説教や活動を録画・保存してきたクフタ－ロ－財団の映像制作部が映像として残している。

葬儀映像はクフタ－ロ－の簡単な紹介と賛辞のナレーションに始まり、続いてダマスカス市内の病院から同旧市街のウマイヤド・モスクまで霊柩車が移動する様子を映し出す。ウマイヤド・モスクでは礼拝を始めとする宗教儀礼の後、シリア国内の著名な宗教家や、大臣を含む政治・社会的指導者が弔辞のために訪れている姿が確認できる。大規模な公葬の後、遺体を収めた霊柩車とそれを取り巻く一般市民を含めた多くの参列者はクフタ－ロ－の故地である市内のアブ－・ヌ－ル・モスクに移動し、そこではウマイヤド・モスクでの葬儀に比べると宗教的でしめやかな葬儀が行われている。こうして映像作品は、静寂の内にエンドロ－ルへと向かう。

以上のように葬儀映像は、病院を出てからウマイヤド・モスクでの公葬、そしてアブ－・ヌ－ル・モスクでの本葬を切れ目なく映し、その二つの葬儀の違いを分かりやすく示している。つまり、公葬の場面ではクフタ－ロ－のシリア国内における高い社会的立場に焦点が当てられており、その一方で本葬の場面では彼の在野の一宗教家としての側面に焦点が当てられている。

公葬を終えて本葬が行われるアブ－・ヌ－ル・モスクへと移動する野辺送りでは、クフタ－ロ－が生前に指導したス－フィ－教団のメンバ－が霊柩車を幾重にも囲い、身内による密葬の印象が強まる様子がうかがえる。そしてアブ－・ヌ－ル・モスクに舞台が移ってからはそれまで流れていたＢＧＭも止み、視聴者にも黙祷を促すかのような厳粛な雰囲気が伝わる。そのような本葬で葬儀礼拝の指導を務めたのはラマダ－ン・ブ－ティ－氏である。彼はクフタ－ロ－とは違って政界との関わりを避けてきた在野のシリア宗教界を代表する人物である。そのような彼がクフタ－ロ－の本葬に現れることで、葬儀の参列者、葬儀映像の視聴者は、クフタ－ロ－の人的ネットワ－クがシリアの政教双方の最高位にまで広がっていることを再認識させられる。

また公葬と本葬がひとつの葬儀映像としてまとめられることで、政教双方にまたがる人物というだけではなく、クフタ－ロ－の大衆性が描き出されている。葬儀映像を見て強く印象に残るのは、市内の野辺送りで霊柩車に離されまいと懸命に走り、またモスクに搬入される棺に必死に触れようとする群衆の姿に代表されるような、人々が彼に対して抱いている強い思慕である。先述のようにクフターローの多様な人物像を考えると、その思慕は必ずしも宗教的な背景を持つものに限らない。ウマイヤド・モスクを出てから本葬に移る際に棺の直近にいたのはアブー・ヌール・モスクの関係者であるが、それ以外の群衆にとってクフターローという人物は権威ある社会指導者であるか、また宗教的才を極めたイスラーム聖者であるか、一様ではないだろう。

葬儀映像の作品の制作過程で録画と編集を担当したクフターロー財団の映像制作部に勤務するズールギナー氏によると、講義や説教などの映像作品の場合とは異なって、葬儀映像の作品では「多くの人がクフターロー師を慕っている様子を映し出すことが最も重要」であり（註）、作中ではクフターロー本人の動画や彼個人の宗教家としての資質よりも彼を慕う多くのシリア市民の躍動的、情熱的な姿を優先的に用いたとのことである。その意味では、クフターローがシリア市民に対して持ちえた「カリスマ」は預言者ムハンマドの権威に源流を持つ「イスラーム的」なものに限らない、やはりローカルな性格を強く有するものだと言え、葬儀映像はそうしたカリスマの地域的形態の一端を表現しているのである。

【註】二〇〇九年二月一八日、筆者によるムハンマド・ヤースィル・ズールギナー氏へのインタビュー（於アフマド・クフターロー財団、ダマスカス、シリア・アラブ共和国）。

『じいちゃんさま』の家
——梅佳代の〈批評的〉民間信仰映像

菊地暁

目には見えない田の神様を丁重に迎え入れ、お風呂とご馳走でもてなし、収穫を感謝、豊作を祈願する民俗行事「奥能登のアエノコト」。その素朴な客神歓待の姿が民俗の原形を伝えているとして研究者の注目を集め、以来、この行事は宮中の新嘗祭に比すべき「民間の新嘗祭」として世に知られることとなった。とはいえ、そうした原形を求めるノスタルジックな視線そのものが、ヒト、モノ、カネ、情報の絶え間なく流動する「近代」という巨大なシステムのもたらす効果であり、その影響から免れない民俗行事も、学知、保護法制、観光産業、マスメディアといったもろもろの近代的契機との接触・交渉を経て現在の姿へと至っている。拙著『柳田国男と民俗学の近代——奥能登のアエノコトの二十世紀』（吉川弘文館、二〇〇一年）は、そのようなアエノコトの「近代」そして「現在」を私なりに辿り直す作業だった。そしてその作業は今も淡々と続いている。

奥能登に広く行われたこの行事も、離農、過疎化、高齢化といった事情から本格的な行事をおこなう家は徐々に減少、現在は十指に満たない数となってしまい、必然的にそれらの家に外部者の注目が集まることとなった。その一つが石川県能登町（旧柳田村）十郎原の梅勝二さんの家である。筆者はここ十年ほど、梅さんの家にお邪魔させていただいているが、多くの人の出入りにいつもながら驚かされる。地元の新聞社やテレビ局、プロやアマチュアのカメラマン、研究者や役場職員、二〇〇四年には作家の椎名誠まで訪れている。そうした数多の珍客を大正五年生まれの梅さんはいやな顔一つせず応対し、茶をすすめ、行事の由来など滔々と語ってくれる。やがて、つつがなく行事を終えると、奥様お手製の蕪寿司といったご馳走を賞味し団らんする。ひとしきり接待を終えた奥さんは美味しそうにコカ・コーラを飲み干していた。

　ある時から、お宅で奇妙な写真を見かけるようになった。梅さんが頭にバナナやキュウリを乗せた写真。奥さんと一緒に赤い斑点状の化粧をした写真。黄色い帽子に半袖ワイシャツに短パンという制服の小学生たちが路上に転げまわり、鼻に指をつっこんだり白目をむいたりと思い思いの表情を見せる写真。それらは独特のユーモアと存在感を放って壁に貼られていた。聞けば、大阪の写真学校に進んだ孫娘の作品だという。この孫娘、件のエネルギッシュでバカ丸出しな児童たちを活写した「男子」シリーズで「写真新世紀」佳作に選ばれ、さらに写真集『うめめ』（リトル・モア、二〇〇六年）を発表、Today's Happeningという副題のとおり、日常生活に潜む異様な瞬間をユニークな感性で切り取り、一流写真家の登竜門として名高い木村伊兵衛賞の栄に輝いた。以後、『男子』（リトル・モア、二〇〇七年）を発表、その活躍は止まるところを知らない。この孫娘こそ新進気鋭の写真家・梅佳代である。

『じいちゃんさま』（リトル・モア、二〇〇八年）はそんな梅佳代の三冊目の写真集だ。「じいちゃんを長生きさせるために作りました」と梅さんに捧げられた本書は、十年あまりで撮りためた二百枚弱の家族写真（含む愛犬）が収められ、帯には「永遠のジャパニーズファミリーポートレート」と銘打たれている。その当否はさておき、本作品がこれまで何度となく新聞や雑誌に取り上げられ、ニュース映像やドキュメンタリー番組で撮影されてきた梅さんの「アエノコト伝承者」以外の側面を記録していることは確かである。プレステで囲碁を楽しむ姿、招き猫風にポーズをとる姿と、およそ「純朴な農民」の「敬虔な信仰」というメディアが切り取りがちなフレームに収まらない、御茶目で、自信家でアクティブな梅さんの姿が捉えられている。本書に収めら

『じいちゃんさま』を眺める梅勝二さん（筆者撮影）

れたアエノコト写真はわずか三枚。うち一枚は裃を着た上に頭にエイリアンの仮装帽子を被ったもの。梅さんは孫娘に頼まれれば仮装も厭わない。そもそもアエノコト自体が仮装なのかもしれない。いずれにせよ、アエノコトは梅さんの人生のごく一部、梅家の生活の一コマに過ぎないという当たり前の事実が浮かび上がる。そしてその事実を無自覚的にではあれ〈批評的〉に摘出したのは、カメラに晒され続けた一家に生まれた一人の写真家のまなざしだった。

写真であれ映画であれ、およそ映像というものは、連続する時空から任意の切片を切り出す技法／行為であり、映画が動きや時間を捕捉し得るという重大な特性も、現実の複雑さに比べれば所詮程度問題に過ぎない。であればこそ、切片を切り出す技法／行為に携わる主体の、その営為に対する〈批評的〉スタンスが限りなく重要となる。たとえば、宗教を映像化する際、不可視の内面に包まれた「信仰」なるものが可視化される「儀礼」なり「芸能」なりがその被写体に選ばれるわけだが、その「儀礼」なり「芸能」なりを遂行する主体が四六時中それに従事しているわけではないという当たり前の事柄は、しばしばメディア容量や制作条件の制約によって等閑視されてしまう。対象に肉薄してなおその外部を予感させる周到さが必要とされるはずだ。たとえば、野本真吉『冬の夜の神々の宴――遠山の霜月祭』（一九七〇年）が、夜を徹して踊り続ける人々の陶酔を執拗にカメラに収めつつ、最後の静寂に包まれた村の遠景で、その余韻を突き放したように。

さて、梅さん、九十歳を迎えたのを区切りに農業もアエノコトの執行も自動車の運転も止めてしまった。それでもあいかわらず元気で悠々自適な日々を送っている。孫娘にいろいろなポーズをさせられたことを苦笑しつつ、そんな写真が写真集として世に出ることに驚きつつ、なかなか地元に顔を出さなくなった孫娘のことを淋しがりつつ、そして何より、孫娘の活躍を喜びつつ。

公共放送における宗教をめぐる映像実践

新田義貴

テレビメディアは宗教とどのように向き合っているのか？　この大きな命題に到底答えうる自信はないが、テレビ局でドキュメンタリー番組を制作してきた個人的な経験から可能な限り論じてみたい。特に二〇〇四年に放送したNHKスペシャル「情報聖戦――アルカイダ・謎のメディア戦略」は、テレビと宗教という問題を深く考えさせられた仕事であり、研究会では同番組を上映した後に話をさせていただいた。

番組の企画の発端は二〇〇一年十二月。同年九月十一日に起きたアメリカ同時多発テロ事件への報復として、アメリカ軍がアフガニスタンへの空爆を行っている最中であった。私は隣国パキスタンのペシャワールという国境の町で、アフガニスタンから避難してくる難民たちを取材していた。宿泊先のホテルには世界中のメディア関係者が滞在しており、ホテル自体が臨時のプレスセンターと化していた。ある日、部屋に外線から電話が入った。「お見せしたいビデオがある……。」

翌日、ホテルのロビーに現れた男は、カシミールを拠点とするイスラム過激派団体のメンバーを名乗った。アフガニスタン国内のアルカイダのキャンプで四ヶ月訓練を受け、現在はカシミールでインド軍と戦っているという。

「この映像を世界に流してくれ」。男は一〇枚ほどのVCDを手渡し去っていった。ビデオの内容は衝撃的なものだった。アルカイダが新兵を募集するために制作したリクルートビデオをはじめ、アフガニスタン各地での北部同盟との戦闘の様子や、タリバンによる大仏破壊の一部始終を克明に記録したものもあった。いくつかのビデオの最後の部分に、制作クレジットが字幕で記されていた。制作クレジットとは、テレビ番組や映画の最後に制作者の名前を記したものである。そこには、「アッサハブ・メディアプロダクション」と記されていた。

「アッサハブとは？　アルカイダの中に映像を専門に扱う組織があるのではないか？　そのメディア戦略とは？」　その時に感じた疑問が、番組企画の出発点となった。

その後、同僚たちと協力して三年がかりで取材を進め、アルカイダなどのイスラム過激派組織が制作する膨大なビデオを入手した。イスラム世界でこうした映像作品は「ジハードビデオ」と呼ばれ、VCDの形で広く流通している実態も分かってきた。

アッサハブは、ソ連のアフガニスタン侵攻に対する聖戦への参加を広く呼びかけるために、八〇年代にペシャワールで結成されたイスラム原理主義団体の広報組織が母体となっていた。その活動はソ連への聖戦で始まり、湾岸戦争以降は矛先をアメリカを中心とする欧米キリスト教社会に向け、現在は世界的規模に拡大している。

パキスタン、アフガニスタン、アラブ首長国連邦、アメリカ、イギリス、スペイン。長期にわたる取材を終えた私たちは、東京で膨大な取材テープの編集作業に入った。ここで最も注意したのは、イスラム過激派のジハードビデオの取り扱いだ。ジハードビデオはどれも当時ほとんどメディアに露出していないものばかりでスクープ性が高いうえ、映像的にもインパクトが大きかった。しかし一方でこれらの映像をイスラム過激派の主張として無秩序に編集しテレビでたれ流すことは、それこそ彼らの思惑通りに利用されたことになってしまう。番組の目的は宗教的プロパガンダを正当化することではなく、あくまでアルカイダをはじめとするイスラム過激派のメディア戦略を分析し、その実態を描き出すことにある。

こうした事情から編集には細心の注意を払った。例えば番組内で使用した「一九人の殉教者」というジハードビデオがある。アメリカン航空一一便をハイジャックし世界貿易センタービルに突入したアブドルアジズ・オマリらの遺言メッセージが収められているもので、実際は六〇分の長編だが、番組の中で使用したのは一分。うち遺言メッセージは一七秒。そのかわりに、アルカイダのメンバーがテロの準備を進めていると思われる映像などを使用した。彼らが同時多発テロ実行以前から周到にビデオ制作を進めていたことを裏付ける証拠として編集したのである。また、「リヤドの決戦」というジハードビデオでは、外国人住宅地に自爆攻撃を行う映像を四〇秒使用した。爆弾を満載した自動車の運転席から、実行犯がテロの一部始終を、携帯電話を使って実況中継した生々しい映像だ。これも、アルカイダが最先端の通信機器を駆使してジハードビデオを制作している実態を裏付ける証拠として編集した。

テレビというメディアを考えるうえで、興味深いエピソードがある。パキスタンの部族地域を拠点に、アフガニスタンに駐留するアメリカ軍への越境攻撃を行っているイスラム過激派の取材テープを観ていた時のことだ。彼らは右手にカラシニコフ、左手にビデオカメラを持って戦場を駆けめぐる。そして、アメリカ軍との戦闘の生々しい映像をすぐにパソコンで編集しＶＣＤに焼き、翌日には独自のルートでイスラム世界に配布しているという。彼らいわく、「われわれの攻撃でアメリカ軍に死者や損害が出ても、アメリカ軍の攻撃で住民が犠牲になっても、欧米の大手メディアは一部しか伝えない。自分たちこそ真実を伝えているのだ。われわれはこのメディア戦争に必ず勝つ」。彼らはいわば紛争地の通信社のようなものだ。その主張が正しいかどうかは別として、大手メディアとは異なる視点に立って活動するある種のオルタナティブ・メディアとも言えるのではないか。テクノロジーの進化が、世界のメディア状況を大きく変えている最前線を垣間見た気がした。

二〇〇四年の九月十一日に放送された番組は光栄にも視聴者から高い評価を受け、国内ではギャラクシー月間賞、アメリカのユージーン国際映画祭では最優秀長編ドキュメンタリー賞を頂いた。テロとの戦いで劣勢が続くアメリカでこそ、この番組のメッセージがリアリティを持って受け入れられたのではないかと考えている。

精神文化映像社　十年の星霜

並川　汎

平成十一年十月一日午前九時、「二十一世紀は心の時代」と亡くなるまで訴え続けた当社の初代最高顧問・

鈴木治雄氏の筆によるオープニングタイトル『精神文化の時間』がテレビ画面に映し出された。放送開始の瞬間である。それに続く特別番組で、司会のアグネス・チャンさんが「歴史的な番組の開始」と高く評価してくれた。今、放送開始一〇周年記念特別番組の編成を行いながら、この十年を振り返り感無量である。

最初に「精神文化映像社」を紹介させていただく。当社はCS放送「スカイパーフェクTV」で、宗教・芸術・文化や、その研究動向などを伝える番組を視聴者に届ける映像配給会社である。宗教文化の番組の重要性は多くの人が認識していても、それが事業として成立しうるのかどうかは別問題であった。これらの映像を公衆電波に乗せるという事業が幾多の壁にぶつかりながらも、いかにしてそれを乗り越え、今日を迎えたか、エピソードを交えて記していく。

当社の旧社名「宗教チャンネルランチ」の設立を推し進めたのは、初代社長・北畠清泰氏（元朝日新聞論説副主幹、宗教記者、平成十五年逝去）らである。当時、宗教間対話・宗教協力の進展、世界宗教者平和会議の設立、比叡山宗教サミットの開催があり、一方、放送関係ではスカイパーフェクTVの放送開始・多チャンネル時代の到来という時代背景があった。宗教専門のチャンネルを持ち、連日、早朝から夜中まで宗教に関連する番組を流すというのが、北畠氏の壮大な構想であった。そしてその実現に向け各種宗教団体などに呼びかけ、設立準備会の開催など、会社設立に向け努力された。

しかしその準備のための会合に集まった人々が、その計画をどこまで信頼していたか、不明な点が多い。北畠氏の名刺の肩書きにはそれなりの力があり、ほとんどが面と向かって反対はしないが、様子見の状況であった。このため膨大な収入を期待した北畠氏の思惑は、思うように進展せず、結果、会社設立の平成十年十月時点で新会社への出資に応じたのは、僅かの関係者だけであった。

会社は設立されたものの、多額の借入金を背負い、月々の固定費により資本金は減少していった。この企業状況に驚いたのは、それまで具体的なことをあまり知らされていなかった鈴木氏であった。その上、北畠氏が社長を辞め長崎の新設大学へ赴任するというタイムリミットが迫っていた。鈴木氏から突然私に声がかかった。北畠氏の長崎赴任まであと二ヶ月足らずのことである。

企業状況は破産寸前であり、私としても簡単に受けられるような状況ではない。だが鈴木氏は、「資金集めには自分が先頭に立つ。難関を乗り切るためぜひ社長を受けて欲しい」とのこと。鈴木氏は著書も多く、文学や美術を愛し、日本経済界最高の文化人であり、企業メセナ協議会初代会長。私とは永年、経営トップ対労組トップとして時には対決、時にはともに産業政策に取り組んだ間柄、断ることは出来ず受諾した。私の社長就任は平成十一年四月一日。鈴木氏も資金集めに東奔西走された。大阪に構えていた本社を横浜の私邸へ移し、「年中無休二十四時間営業のコンビニ的活動」と自ら揶揄しながら現在を迎えた。

放送開始直前、郵政省（現在の総務省）に呼ばれた。厳しい指摘の一つは社名に「宗教」がついていることであった。当時の番組提供者の㈱清水建設、五井平和財団からも「宗教」を外して欲しいとの要望があったこともあり、翌春、「精神文化映像社」へと社名を変更した。もう一つは、「布教の放送」は許可しないとの宣告であった。「布教」とは何か、郵政省の許可・不許可の基準は何か、その疑問から生まれたのが宗教社会学者・井上順孝氏（國學院大學教授）をヘッドに五名の学者で構成する当社番組検討委員会である。その名簿を届けた後クレームはない。放送希望団体の可否は、大部分は先生方に決めていただいている。これが当社の社会的信用度を高めている所以でもある。

改めて振り返るとこれまでに放送した番組数は約千二百（再放送は含まず）を数えた。第十九回国際宗教学宗教史会議世界大会、各種研究団体主催のシンポジウム、比叡山宗教サミットの放送など、他では観ることは出来ず、当社の独壇場となっている。小倉百人一首競技かるた、大塚国際美術館の紹介など、数々の文化的番組も好評を得た。また、文化という観点から「精神文化映像社文化講演会」（現在の名称は応現院文化講演会）として毎年著名な講師を招聘し、講演会を開催してきている。三浦朱門、曽野綾子、櫻井よしこ、五木寛之、安田英胤、瀬戸内寂聴、松平定知氏等々であり、許可いただい方の講演は放映している。伊勢神宮式年遷宮講話集は、國學院大學・皇學館大学の諸先生に出講いただいて話題を呼んだ。「ひろさちや仏教さんぽ道」全十二話も好評を博し、カトリックの「心のともしび」は年末には三百話に迫る長寿番組である。

現在、当社は国際宗教研究所宗教情報リサーチセンター（略称ラーク）と映像面で連携させていただいている。ラークのホームページには毎月当社の番組案内が掲載され、当社が放映した映像はラークで視聴出来る。中外日報、仏教タイムスは定期的に番組案内を載せていただいており有り難いことである。

現代の日本社会において宗教文化教育の充実は緊急の課題である。複数の学界組織を背景に、多くの大学に属する多様な視点をもつ研究者の協力が着実に前進し、その中から宗教文化についての理解が深まることが期待される。今後これらに当社が少しでも貢献することが出来れば嬉しいことである。

天理教と映像メディア活動

木村 成人

天理教は、天保九（一八三八）年一〇月二六日に立教した。立教以来、教祖・中山みきから教えを聞いた先人たちが、身に行い、人に伝え、また教えを聞いた人がそれを実践し、さらに人に伝え続けて、今年で一七三年を迎えた。

天理教が始まった江戸幕末期、人に教えを伝える手段としてのメディアは、口頭伝承や口頭筆記、それらの写本等がほとんどであった。その後、技術の発達により、さまざまなメディアの活用法が考え出されたが、天理教がその時代に生きる人たちに最も有効な、あるいは当時の人々の求めに応じたメディアを選択・利用することによって、教えを伝え広めてきた歴史は、他の諸宗教と同様のものであろう。

最も古い天理教の映画は、大正四（一九一五）年、中山眞之亮・初代真柱（なかやましんのすけ・しょだいしんばしら）の葬儀記録映画である。また大正一三（一九二四）年には、日本政府の要請により松竹キネマが撮影した映画『実写 天理教』を、ローマで開催された世界宗教博覧会へ出品した。筆者はこのフィルムを探したが、天理でもローマでもいまだ見つかっていない。

昭和に入り、『大聖天理御教祖』（マキノ映画株式会社制作、同七（一九三二）年）、『輝く地場』（京都太秦日活現代劇部制作、同年）等の劇映画の制作が盛んに行われ、全国主要都市の常設館で上映された。当時の映画は、一般的に娯楽映画が多かったようであるが、天理教の劇映画では、教えを伝えることはもとより、信仰生活の手本を示したりすることが主な目的とされた。

記録映画も重要視された。撮影者には「いまを撮る」ことが強く求められた。たゆみない信仰実践の営みは、旬に応じ時に応じてさまざまな形となって表れるので、その姿を克明に記録することを第一としたためである。これは映像史料として重要であると同時に、ニュース映画としても各地の教会等で盛んに上映され、教信者の「勇みや励みの材料」として活用された。

余談になるが、昭和一〇（一九三五）年四月に執り行われた『第一回教祖御誕生奉祝旬間』の記録映画は、国産初のネガフィルムで撮影された第一号作品として日本映画技術史に残っている。

また、電波による活動、つまりラジオ放送やテレビ放送は、「大風に灰をまく」、すなわち「いずれ誰かの目あるいは耳に入る」、また「一石の波紋が全国各地へ直ちに伝わる」ことを意図し、ラジオ・テレビ局の開局時から放送を開始した。

ラジオ放送は現在も継続中だが、テレビ放送に関しては近年、提供番組はほとんど放送していない。主な理由としては、局側の考査基準による影響が少なからずある。考査基準とは、「宗教を取り上げる際は、客観的事実を無視したり、科学を否定したりする内容にならないよう留意する」「特定宗教のための寄付の募集などは取り扱わない」等であるが、実際は局の自主的な判断によるものが大きい。自主的な判断には、「役員会で一人だけ大反対があったので」あるいは「天理教の放送は良いけれども、天理教を許可すれば他のすべての宗教団体も許可しなくてはならないので」等があった。

ＣＭスポット放映についても同様の基準があるが、昨年から少し緩やかになってきた。ただ、考査基準は地上キー局、準キー局に関する話で、衛星デジタル局やローカル局については、必ずしも当てはまらない。

ところで、通信衛星を介した宗教衛星放送がさまざまに議論され、話題になった時期があった。天理教でも平成七（一九九五）年から天理教道友社に地球局（送信基地）を設置し、ＪＣＳＡⅡ号機を介して衛星による新たな活動をスタートさせた。ところが、高価な受信機を新たに購入することや、テレビを視聴する時間的余裕がないといったことが壁となり、教内においては広く普及しなかった。現在はスカイパーフェクTVに移行して放送を続けているが、これも世の中の動向と教内の反応を見極めていかなくてはならない。

近年、世界におけるインターネットの普及は著しい。動画配信も盛んになり、天理教でも、スカイパーフェクTVで放送したテレビ「天理教の時間」を配信している。この動画配信は、環境さえ整えば、世界中いつでもどこでも、しかも放送方式に関係なく、ストリーミングであれダウンロードであれ、視聴者側の都合に合わせて視聴できる。これからの映像伝送メディアとして、欠かせないものになりつつある。さらに、進化し続ける携帯電話も見逃せない。電話そのものより、それ以外の機能の充実ぶりが際立っている。特にスマートフォンなどの携帯端末の普及が著しく見られ、これらを自由自在に操る若者世代に対し、どのように教えを伝えればいいのか。このツールを有効利用した布教伝道はいかにあるべきかを、真剣に検討していかなければならない時期に来ていると思う。

天理教は、この世に「陽気ぐらし」世界を建設することを目指している。信仰とは、人間の生き方の拠り所であるから、「教えを人生の道しるべにする」、「教えに基づいた生活を送る」ことを、まず信仰者自身が実践し、その姿を社会へ映していくことが求められる。その手段としてのメディアの活用はいかにあるべきかを、人間の理想とする生き方を伝えていくという目的を踏まえて、今後しっかりと考えていかなくてはならない。

最後に、印刷、電波、映像等の「マス」といわれるメディアは、あくまで補助手段であり、教えを伝える基本は、信仰者の「誠の心」から発する「言葉」というメディア、つまり人から人へ、「胸から胸へ」であると付言しておきたい。

寄稿一　映像を超えて　内的体験を記録／再生するということ

蛭川　立

「信仰、儀礼、霊的体験 - この三つが宗教のかなめ石である。中でも最大のものは、霊的体験である。これは、少なくとも自分を宗教的人間と考えている人々が、一致して認めるところである。しかし現在、宗教の研究に携わっている社会人類学者の中で、このことが広く共有される判断基準になっているかと言えば、実情は逆である」（Ｉ・Ｍ・ルイス）［ルイス　一九八五：七］

※この論考では、いくつかの映画を題材として取りあげており、ストーリーの一部が「ネタバレ」してしまう部分があることを予めお断りしておきたい。

序――踊る阿呆に撮る阿呆

私は、本場の阿波踊りというものを知らない。しかし、この原稿の第一次締め切りを二日後に控えた日の夜、気分転換にちょっと踊りにでもいってみようかと思い立ち、浴衣を羽織って、杉並の高円寺阿波踊りに出かけた。

信号の消えた路上で、鉦や太鼓の楽しげなリズムに合わせて踊る人たちを、多くの観客が取り巻いて見ている。しかし見物客はせいぜい手拍子をするぐらいで、一緒になって踊っている人はいない。不思議に思い、ＳＴＡＦＦとプリントされた黄色いＴシャツを着た男性に、いま来たのだが、踊りには加われないのかと訊いてみた。連に入っていない一般客は、踊れません、というのが答えだった。

そこをなんとか、飛び入りで踊れないのかと、もう一度訊いてみたが、そういう仕組みになっているから、という官僚的な答えしか返ってこなかった。それ以上の会話は成立しなかった。仕方なく見物人の群れの中に戻った。陽気な女声のアナウンスが響く。「さあ、次は○○連が入ってきました！皆さん、踊りの楽しさを、体で感じてください！」

踊ることを禁じておきながら、かつ、踊りの楽しさを身体で感じよという矛盾したメッセージ。なぜ、多くの見物客はそれで納得しているのだろうか。あらためて、彼／女らが何をしているのか、見回してみる。写真を撮っている人がじつに多いことに気づく。腕を伸ばして携帯電話を向けている人。デジカメのシャッターを切る人。研究者やジャーナリストが記録として撮るのならともかく、そうではない多くの人たちにとって、他人が踊っているのをそんなに写真を撮ってどうするというのだろうか。家に帰ってから自分のブログにでもアップするのだろうか。

私は脱力して帰路についた。

一　映像技術と参与観察

人類最古の視覚的表現手段は絵画と彫刻である。旧石器時代の洞窟壁画には、描き手の外部に存在する人間やそれ以外の動物の姿などのほかに、おそらくは変性意識状態で知覚されたと思われる内的な幾何学模様や精霊のような存在が描かれている。以降、絵画や彫刻というものは、呪術的、宗教的なテーマを好んで表現してきた。世俗的な題材が主たるテーマになったのは、数万年にわたる美術史の中では、むしろつい最近のことにすぎない。

写真という革新的な技術が発明されたのは、およそ二百年前のことである。それ以前には、博物学的な探検隊には画家が同行し、知られざる土地の珍奇な動植物や人々の風俗習慣を描きとって記録とした。その後、カラー写真、銀塩フィルムによる動画、ＣＣＤを使用したビデオカメラ、等々と記録手段は進歩を遂げたが、それはあくまでも外部世界での現象を記録するものであり、内部世界の記録方法については、四万年前からつい最近に至るまで、ほとんど実質的な進歩がなかったといっても過言ではない。

人類学的・民俗学的な記録映像の中でも、とりわけ呪術的・宗教的なテーマの場合、外的な儀礼の様子を映像におさめることにも、もちろん学術的な価値はあるが、それは儀礼全体の記録にはならない。なぜなら、儀礼の核心をなすのは、冒頭に引用したルイスが指摘しているように——それを「霊的」という言葉で呼ぶのが適切かどうかはともかく——むしろ参加者の内的体験だからである。

だから、とりわけ文化人類学が進んで採用してきた参与観察というアプローチは、つまり、体験者と観察者、「踊る阿呆」と「見る阿呆」という役割を同時に演じようとする困難な、しかし、それゆえにユニークな方法論だといえる。たとえば伝統的な宗教学が、文字というメディアによって記された経典の解釈を中心に文献学的な研究を進めてきたことと比較すれば、はるかに「踊る阿呆」に近い位置にあるといえる。にもかかわらず、こと宗教人類学の領域においては、それでも参与観察はまだ十分に行われてきたとはいいがたい。ある場所に生きる人々を訪ね、そこで寝食を共にすることと、彼／女らと超自然的世界を共有することの間には、大きな質的飛躍があるからだ。

もとより追体験という方法論には限界がある。異なる文化的背景で育った人間が同じ儀礼に参加しても、同じ体験ができるとは限らない。内的体験もまた文化的な制約を強く受け、その相当な部分が社会的に構成されているからである。また、とりわけ呪術的・宗教的領域では、その体験世界に飛び込むことには相応のリスクが伴う。宗教とは、いわば聖なる狂気であり、その「狂気」をたんに研究者としてではなく、自らの生活全体に引き受ける心づもりが必要となる。たとえば、サイケデリックスを含む薬草の安易な服用は、しばしば心身のバランスを崩す。しかし、近代化された社会では、人は、サイケデリックスには、いわゆる依存性薬物とはまったくちがった意味で潜在的な危険性があるということの意味を学ぶことなく育つ。歴史的には、西洋近代的理性にもとづく「良識」が成立していく過程で、意識状態の変容によって活性化される無意識の神話論理は周縁化され、管理され、治療されるべき「狂気」や、更生されるべき「犯罪」という領域が形成されてきたという事実も指摘しておかなければならない[1]（ただし、そうであればこそ、逆にその「狂気」が研究者自身の私生活に救いをもたらす可能性もあるのだが）。

かといって、そのような理屈をあれこれこね回すのはやめて、とにかく現場に飛び込み体験さえすれば良いのだというナイーブな体験至上主義に陥ることも賢明ではない。また、スーフィーのような神秘主義は別として、イスラームや浄土真宗のように、人間のがわから超越的世界に接近していくことの不可能性を強調する世界観もあり、超自然界から召命されたものだけがシャーマンになれるという文化もある。このような文化に焦点を当てる場合、研究者がその聖性の領域に参入していくことは容易ではない。

いっぽう、瞑想という体系化された手段によって積極的に意識変容体験を求める文化、あるいは、修行型のシャーマニズム、とくに薬草の生化学的効果によってビジョンを得ようとする中南米先住民のシャーマニズムは、研究者にとっては追体験が比較的容易である。たとえば、かなりの部分がフィクションではないかという疑いが持たれているものの、カルロス・カスタネダの一連のシリーズや[2]、日本では青木保、中沢新一[3]らの先駆的な研究は、こうした文化的背景によるところが大きい。

ヒンドゥー・仏教文化に育まれてきた瞑想の伝統はしかし、最終的には感覚的体験を放棄する。なるほど瞑想の伝統の中にも二つの相反するベクトルがあって、禅のように最初から視覚的なイメージを捨象する志向性がある一方、タントリズム（密教）は、むしろ仏像や曼荼羅などの図像を重視し、瞑想の中で種字や尊格のイメージを積極的に作り出そうとさえする。しかしその場合でも、イメージはあくまで仮構であり、実体のあるものだとは考えられない。それは一種の方便であって、最終的に求められるものは、形があり言語であらわされるものを超えた空性の体験である。

それと比較すると、シャーマニズムはむしろ視覚的なイメージ自体を、霊的実体とみなして重視する。とくにサイケデリック植物によって得られたビジョンをモチーフとした視覚表現としては、ペヨーテを使用するメキシコ先住民ウィチョールの毛糸絵ネアリカや、アヤワスカを使用するアマゾン先住民シピボの壺や布などがよく知られている。

二　アマゾンのアヤワスカ・アート

アマゾン上流域のアヤワスカ美術は、儀礼によって得られた内的なビジョンを記録する伝統として、もっとも注目すべき事例のひとつである。

シピボ（シピボ＝コニボ）は、アマゾン川最大の支流のひとつで、ペルー領内を北上するウカヤリ川流域の先住民族である。ウナヤと呼ばれるシャーマンは、治療儀礼などでアヤワスカと呼ばれる薬草茶を飲むことで超越的意識状態に入り、病因の特定などの職務を遂行する。

アヤワスカとは、ケチュア語で「霊の蔓」を意味する。アンデス先住民のケチュア語はかつてインカ文化圏の共通語として使われた経緯もあり、アマゾンのシピボ社会も多くの語をそのまま借用している。アヤワスカ茶は、基本的には二種類の植物を煮込んでつくられる。ひとつは、チャクルーナ（*Psychotria viridis*）の葉であり、神経伝達物質であるセロトニン（5-HT）と類似した分子構造を持つDMT（N・N-ジメチルトリプタミン）を含む。その構造も作用も、メソアメリカでやはり儀礼的に使用されるシビレタケの有効成分シロシビンや人工合成物質であるLSDとよく似ている。しかし、DMTはそのままの形で経口摂取すると、モノアミンオキシダーゼによってすぐに消化、分解されてしまう。そこで、アヤワスカ茶は、やはりアヤワスカ（*Banisteriopsis caapi*）と呼ばれるつる植物の蔓を加えてつくられる。アヤワスカにはハルミン、ハルマリンなどの物質が含まれていて、DMTを分

図１　シピボの、妊婦をかたどった壺

解するモノアミンオキシダーゼの阻害剤（ＭＡＯＩ）として作用する。

ウナヤはアヤワスカ茶を一服することで、地母神である蛇の精霊などと出会うという。しかし、メキシコのウィチョール美術とは異なり、その姿がシピボ美術の中で具体的に描かれることはほとんどない。衣類として使われる布、妊婦をかたどった壺（図1）などには、茶を服用した初期、三十分後ぐらいにあらわれてくる、具体的な意味を持たない幾何学模様が描かれる。妊婦をかたどった壺などは、とりわけ、勝坂式に代表される縄文時代中期の土器とよく似ているのにもかかわらず、具体的な蛇などの動物の姿が描かれることはない。現在、新たに都市をつくりアマゾン上流域に移住してきたメスティーソの社会にもアヤワスカを使ったシャーマニズムは広がっている。その世界観は、先住民のシャーマニズムとカトリックのシンクレティズムだが、そこで得られたビジョンを美術として表現しようという文化は、やはり発展しなかった。

その中でひとりの注目すべき人物が、西暦二〇〇九年一一月、七一歳で逝去したメスティーソの画家、パブロ・アマリンゴである。彼は元々アヤワスカ茶を使って儀礼を行うクランデロ（治療師）だったが、アヤワスカ・ビジョンの表現者として彼の才能を見いだしたのは、ヨーロッパ系コロンビア人の人類学者、ルイス・エドワルド・ルナである。ルナはアマリンゴに、アヤワスカ茶を飲んだときに見えるビジョンを絵に描いてほしいと頼んだ。その絵はじつに「写実的」なものだった。アマリンゴは幼少時より画才に恵まれた人物で、緻密な偽札を描いて貧しい家族の生計を助けていたという逸話も残っているほどである［アマリンゴ 一九九八：五二］。

その後、クランデロどうしの呪術戦に身の危険を感じたアマリンゴは第一線を退き、ペルー・アマゾン第二の都市プカルパにUsko Ayar（霊の子）という絵画学校を設立する。アヤワスカ・ビジョンの描き方を伝授することだけが主たる目的ではなく、地域の子どもたちに森の絵を描かせてあげながら生態学の基礎を教えたり、その他の簡単な勉強を教えたりするという役割を担っていたが、私もそこに住み込んでアクリル画を学んだ。才能という問題のほかに、滞在期間が短かったということもあって、残念ながら絵はあまり上達しなかった。しかし、そうするしか、自分が体験したビジョンを記録する方法がないと考えたからである。

アマリンゴがビジョンを描くときには下書きというものをしなかった。祈りの言葉を呟きながら、精霊に導かれるように、白紙におもむろにアクリル絵の具を塗っていく。その描画速度は驚異的である。以降、彼は数百枚におよぶアヤワスカ・ビジョンを描いた。そこには、アマゾンの土着の精霊、歴代のインカの王たち、キリスト教の天使から、現代風のUFOまでが描かれている[4]（図2）。

図2　アマリンゴの描いたアヤワスカ・ビジョン（アクリル画）

もちろん、アヤワスカ茶会にお相伴にあずかっても、彼／女らとまったく同じビジョンを見るわけではない。意識状態が変容していく最初のプロセスでは、透明なチューブに赤や青や緑の電球を入れたイルミネーションを思わせるイメージが絡みあいながらあらわれてくるが、自分にはそれが蛇の精霊だとは思えない。さらに時間が経過してから展開してくる具体的な映像の中では、子どものころに見た風景や、古代の日本かと思われるような光景などが見えてきて驚かされたこともあるが、それは、きっとアマゾンの人たちが見ている光景とはだいぶ違うはずだ。ビジョンは文化的背景の規定を強く受ける。しかし同時に、個々人が見るさまざまなビジョンの背後には、ある共通の普遍文法のようなものがあるらしいということも実感した。だから、アマリンゴの絵に、強い写実性を感じたのだ。

三　CGの可能性

じっさいのアヤワスカ・ビジョンは静止しているわけではない。むしろ、睡眠中の夢を数十倍に加速したかのような、かなりの速度で動いていく。ビジョンが高速で変容していくだけでなく、視点も高速で移動する。アマリンゴに絵を習っていたとき、彼が、それはアクリル画などではなく、できることなら本当は三次元コンピュータグラフィックスで表現したい、と語っていたのを印象深く憶えている。

近年の特撮技術、特にコンピュータグラフィックスの急速な進歩は、既にそれを実現しつつある。たとえば七〇年代に、感覚遮断タンクをテーマにつくられたアメリカ映画『アルタード・ステーツ』では、主人公がメキシコの先住民社会を訪れ、シャーマンに「最初の魂（primero alma）」を求める内的な旅の儀礼への参加を許される。そして、洞窟の中でキノコ（おそらくシビレタケ）の煮汁を回し飲みし、神話的なビジョンを見る。(5) その映像は、もはや古典となっている。

類似のテーマを扱った近年の映画としては、二〇〇四年に公開された、ヤン・クーネン監督のBlueberry(6)がある。主人公は、やはりメキシコのシャーマンに「ペヨーテ茶」を振る舞われる。ペヨーテはふつう、液体の形では摂取しない。しかも、映画の中でシャーマンの着ている服装は明らかにペルー・アマゾンのシピボの正装であり、シピボ語でイカロと呼ばれる精霊の歌をうたっている。制作者の知識不足なのか意図的な演出なのかはわからないが[7]、結果的に、この映画はシピボのアヤワスカ茶会を再現することになっており、映像自体は、近年のCG技術の進歩とも相まって、多分に誇張はあるものの、相当に「写実的」なものとなっている。

また、ヒンドゥー・仏教的なコスモスの再現としては、やはり密教的なビジョンを中心に映像化の試みが進められてきたが、特にチベット仏教におけるバルドゥ（死後に経験されるとされる意識世界）をCGによって描いた『チベット死者の書』[8]を、特に優れた試みとして挙げておきたい。

こうした映像は、いずれ（往々にして陳腐なストーリーの）映画やドラマそれ自体とは切り離され、学術的価値を持つ独立した映像としてインターネット上や、あるいはドームに上映されるという形で見ることができるようになるだろう。たとえば、Powers of Ten[9]や、それの発展型ともいえる4D2U（四次元デジタル宇宙プロジェクト）やMitaka[10]が、いわば外宇宙のシミュレーション映像であるなら、それに対応した内宇宙のシミュレーション映像をつくることも可能なはずだ。ただし、それは、たんに極彩色の映像が万華鏡のごとく渦巻く、安易で悪趣味な「ヴァーチャルドラッグ」的映像で終わってしまいかねない問題点もはらんでいる。

視覚にかぎっても、サイケデリックスは、通俗的には閉眼時にさまざまなビジョンが見える部分が強調され、それゆえ「幻覚剤」という不名誉な別名で呼ばれることが多い。しかし、サイケデリックスや瞑想は、開眼時の情報処理もまた変容させること、むしろそのほうがより本質的な知覚の変容なのだということは指摘しておかなければならない。神経生理学的には、網膜で視神経の興奮に変換された一次的な視覚情報は、より高次の情報処理過程によってフィルターにかけられ、ある「意味のまとまり」としての表象へと変換される。

その過程で、不要な情報は意識に上る前に捨てられる。たとえば、星空を見上げると、無数のランダムな星の並びは「星座」という、人間やその他の動物などの表象と結びつけられ、網膜レベルでは見えていても星座を構成しない多数の星たちについては、その視覚情報が意識に上ることが抑制される。しかし、ある種の変性意識状態では、この表象作用が逆に抑制され、「エポケー（判断中止）」や「純粋経験」という概念に近い、表象というフィルターを介さない認知が体験される。[11] このような知覚体験をいかに再現するかが、ＣＧによる表現の次の課題となるだろう。

四　視覚を超えて

ヒトを含む昼行性の霊長類は、他の感覚チャンネルに比べ、視覚が優越している。ふつう、映像といった場合には、多数の静止画からつくられる近似的な動画と音声との組み合わせのことである。しかし、人がある超越的経験の領域と交感する瞬間は、そのような視聴覚情報だけではどうしても表現しきれない。聖性の領域では異なる媒質を通じた感覚入力が相互に変換しあって共感覚[12]を形成し、それは最終的に融合されて身体自体を超え出る身体感覚となる。内的経験と外的経験の区別は意味を失う。

Blueberry のＣＧは、体験者である主人公の視覚的なビジョンだけでなく、（内部世界における）外部からの視点から、ある程度の身体感覚を描くことにも成功している。たとえば、自らの身体が絡みあった蛇の集合体と化し、それが個々の蛇に解体していくシーンなどは、やはり、ある意味できわめて写実的である。

しかし、身体感覚も含めて、それを映像としてどんなに正確に再現できたとしても、それは体験自体の再現とはなりえない。超越的な体験は、身体感覚まで含めたすべての感覚をさらに超えている。だから、超越的体験という、もどかしい言語でしか表現できないのだ。厳密には、そこに出現する霊的存在がいわゆる幻覚であるのか、それともある種の非物質的実体であるのかという議論を避けて通るわけにはいかないが、その結論がどうであれ、体験者自身がそこで超越的な意味を帯びた聖性の領域に参入し、その結果として認知と価値の根源的リフレーミングを経験しなければ、それは「宗教体験」とは呼べない。逆にいえば、それは必ずしも視覚的経験を必要としない。視覚的なイメージが重要な役割を果たすとしても、それは内的な変容を引き起こすきっかけにすぎない。

仏教の場合、密教が象徴的なイメージと神秘体験を重視することはすでに述べたが、八世紀、大学での学問を捨てて山野での修行に身を投じた佐伯真魚は、室戸岬の御厨戸・神明窟で、虚空蔵求聞持法（虚空蔵菩薩の陀羅尼を百万回読誦する）を行じていたところ、天空に姿を顕した「明星」が口中に飛び込み、ハタ・ヨーガにおけるクンダリニー覚醒にも似た体験を得る。ひとりの行者であった佐伯真魚が弘法大師空海へとトランスフォーメーションを遂げるこのプロセスは、CG技術が未発達だったころの映画『空海』[13]や『曼荼羅――若き日の弘法大師空海』[14]によって、光の中に仏の姿を見る空海自身の視点と、彼自身の身体が青く光り輝くなど、外的視点の両方から映像化されている。若き日にこの明星の体験を得たことで、世俗的な名誉や物質的な富への欲望が減じ、また人里離れた自然の中に起居したいという思いが強まり、さらには不運な境遇にある人々への慈悲の心が深まったと、空海は後に自著『三教指帰』[15]に記している。この事後効果の表面的な記述だけを抜き出して、二〇世紀アメリカのサイケデリック体験談だと言われてもわからないぐらいに典型的なフレームの変容である。しかし、伝記映画の映像は、その体験が彼自身の生のベクトルをどのように変容させたかを充分に描き切れていない。これは、特撮技術の未熟さの問題ではない。たんにCGを使ったクンダリニー覚醒の視覚的表現というだけなら、インドの子どもたちのヒーロー、シャクティマーンの誕生シーン[16]のほうがまだ技術的にはすぐれているかもしれない。しかし、単純な映像技術の進歩は、意味の表現技法を進歩させる必要条件にはなりえても、十分条件ではない。聖性の顕現による心身の変容を視覚映像だけで描写することには原理的な困難がある。

平安時代も後期に入ると、時代精神は密教から浄土教へと移行していく。これ以降の日本庭園の流れを振り返ると、平等院鳳凰堂のような浄土庭園は、極楽浄土の視覚像をそのまま立体的に表現しようとしたものであり、その色彩も造られた当初は写実性の高い極彩色であった。いっぽう、その後の時代に造られるようになる枯山水庭園は、瞑想中の視覚像を表現しようとしたものではない。むしろ、それを見る側に、神秘的変容を引き起こす「きっかけ」としてつくられている。狭義の枯山水ではないが、添水（鹿威し）のコンという音には、聞くものを頓悟させてしまうような音響作用がある。この場合は、むしろ聴覚が変容へのトリガーとしてはたらく。

五　技術的な展望

映画『ブレインストーム』（ダグラス・トランブル、一九八三年）では、頭部に装着することによってその人間の経験のすべてを「録画」し、別の人間が装着することによってそれを「再生」できる装置が発明される。[17] 映画では、最終的に臨死体験が「録画」されることになる。このデータの再生場面では、体外離脱体験（ＯＢＥ）や「走馬燈体験」など、現実の臨死体験をよく吟味した内容が描写されている。そして、ラストシーンの映像は、まるでPowers of Tenのような宇宙的イメージへと発散していく。

しかし、ＳＦではなく、現実にこのような記録技術は可能になるだろうか。もし、主観的な体験が脳の電気的な活動に還元されるか、あるいは、少なくとも心的経験と神経細胞の活動との間に並行関係があると仮定すれば、ニューロンの活動を時間的にも空間的にも十分に小さな解像度で記録することで、それは原理的には可能となるはずだ。近年では、ｆＭＲＩ（機能的磁気共鳴画像法）を使用することによって、後頭葉にある一次視覚野（Ｖ１）の神経活動を三ミリメートル程度の空間解像度で計測し、ある人物が見ている図形をある程度読み取ることが可能になりつつある。[18] ただし、こうした技術も、やはり視覚的な活動を記録するという発想を越えてはいない。より高次の知覚情報処理の過程を記録することも可能かもしれないが、現在のボトムアップな神経生理学的手法は、一次視覚野の段階ですでにその複雑さに突き当たり、その先に進むことが容易ではないという問題を抱えている。

いっぽう、脳波という、より古典的な生理的指標を用いて瞑想中の脳活動を測定する研究は、すでに一九六〇年代から行われてきている。通常の閉眼覚醒時には、α波はもっぱら後頭部からしか出ないが、瞑想中には前頭部からもα波が、さらに深い瞑想中にはθ波（FMθ）が出ることが知られており、このような方法によって、たんに視覚情報だけでない、主観的な意識状態を計測することができる。ただし、こうした脳波のパターンは他の精神状態でもみられるので、これはきわめて間接的な方法にすぎないが、たんなる視覚的イメージを超えた内的な意識状態の計測と可視化への可能性につながる方法論だということはできる。

図3は、私自身がハタ・ヨーガの瞑想を行っている状態の脳波である。上は、閉眼安静時、つま

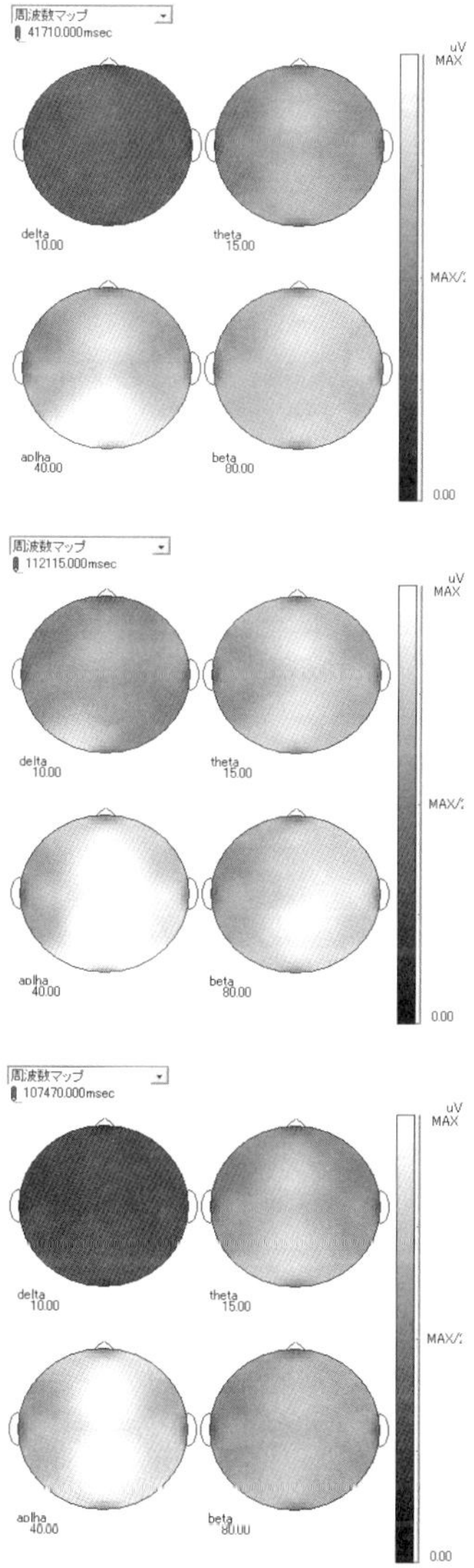

図3　瞑想状態にある著者の脳波。周波数が低い順にδ（左上）、θ（右上）、α（左下）、β（右下）の四つの帯域に分割してその強度を示している。（上）閉眼安静時。（中）保息を伴わない瞑想時。（下）保息（呼吸を止めること）を伴う瞑想時。計測、データ提供は河野貴美子（国際総合研究機構）

り、ただ目を閉じてじっとしている状態で計測したもので、α波はもっぱら後頭部から出ている。中の図は、通常の瞑想状態で、後頭部だけではなく、前頭部からもα波が出ている。下は、さらに保息(kumbhaka)を伴う瞑想状態の脳波で、前頭部からα波だけでなく、さらに周波数の低いθ波が出ている。このとき私は心地よく静まった、しかし適度な緊張感のある意識状態を体験しており、閉眼状態でアージニャー・チャクラ(ājñā cakra)に相当する眉間の部分にゆらめく藍色の光斑を見ていた。外側から見ているかぎりでは、ただ同じように目を閉じて座っているだけなのだが、脳波を計測することによって、ただの閉眼状態か瞑想状態なのかを、さらには瞑想状態の「深さ」をあるていど判断することができる。(19)

また「録画」だけでなく、感覚器官を介さずに脳に直接信号を送って「再生」する装置の可能性も考えることができる。外科手術中に露出した大脳皮質を直接電極で刺激するという実験はむしろ過去にさかんに行われた。(20) 後頭葉の一次視覚野を単純に刺激してもシピボの壷の模様のような単純な図形しか見えないが、側頭葉を刺激すると、部位によっては超越的な光を見たり、体外離脱体験をしたりなど、宗教体験に似たような経験が引き起こされるという。現在の技術を用いれば、大脳皮質を直接刺激しなくても、外部から間接的に電磁場を操作することによって特定の部位の神経をプログラムに沿って刺激することができる。じっさい、外部から磁場を変動させ側頭葉を刺激することで、やはり神秘体験を引き起こすことができる、という研究も報告されている。(21)

ただし、以上のような議論は、あくまでも意識的体験が神経系の電気的な働きに対応しているという仮定にもとづいているが、つまるところ、こうした技術論を考えていくと、最終的には、意識体験は脳の活動に還元できるのか、という原理的な問題にぶつかる。それはまた、超越的体験が個人の主観的な体験以上のものなのかという基本的な問いかけにも発展していく。こうした問いかけは、さらに、われわれが外部世界だと認識している空間それ自体が逆にある基本的な心的実在によって「夢見られている」のではないかという反問となって跳ね返ってくる。むしろ、内的経験の本性にかんする認識論的議論はここから始まるのだが、それはこの小論のテーマではない。その先の議論は機会をあらためて展開することにしたい。

謝辞

原稿の段階で貴重なコメントをいただいた東京大学の箭内匡氏にはこの場を借りて御礼を申し上げたい。そして、執筆の最終段階で逝去されたパブロ・アマリンゴ氏には、重ねて感謝と追悼の意を表しておきたい。

【註】

（1）ヨーロッパではすでにプラトンの時代から宗教体験は狂気の一種だとみなされていたが、それは神から授かった狂気であって、人間的な病としての狂気とは区別されていた［プラトン 一九六七：五二、一〇八］。フーコーは、聖なる狂気が西洋文明の中で「非神聖化」され、治療の対象とされていったのは一七～一八世紀という、比較的新しい時代であることを指摘している［フーコー 一九七五：八二］。

（2）［カスタネダ 一九七四］ほか。

（3）［青木保 一九七三］、［中沢新一 一九八三］ほか。

（4）アマリンゴの主要な作品は、［Luna, L. E. and Amaringo, P. C. 1991］に収められている。ただし、印刷の状態があまり良くないので、原画の蛍光色に近い色彩がうまく出ていない。アマリンゴの作品の一部はインターネット上でも公開されているので、そこにアップされているものをディスプレイ上で見たほうが原画の色彩感覚に近い。

（5）ラッセル、K（監督）『アルタード・ステーツ――未知への挑戦』（ワーナー・ホーム・ビデオ、二〇〇五年）

※映画の公開は一九七九年。

（6）Kounen, J. (Director), 2004, *Blueberry : l'experience secrete*, A.J.O.Z. Films.

（7）西洋で作られた映画の中で異なる民族、たとえば日本人と漢民族が混同されたりすることはよくあることで、これらの映画だけの問題ではない。『アルタード・ステーツ』でも、メキシコのシャーマンたちは儀礼の中でオーストラリア先住民のような格好をしており、流れるBGMはチベットの仏教音楽である。

(8) NHKエンタープライズ(制作)『NHKスペシャル、チベット死者の書』(ウォルト・ディズニー・スタジオ・ホーム・エンターテイメント、二〇〇九年)※放映は一九九三年。

(9) イームズ、Cとイームズ、R監督の *Powers of Ten* は一九六八年にラフ・スケッチ版が、一九七七年に完成版が公開された。その映像は、イームズ、Cとイームズ、R『EAMES FILMS:チャールズ&レイ・イームズの映像世界』(パイオニアLCD、二〇〇一年)に収められている。

(10) 4D2U(四次元デジタル宇宙プロジェクト)は、国立天文台(三鷹)の牧野淳一郎、小久保英一郎らによって開発されたドーム上映用映像である。*Mitaka* と *Mitaka Plus* は、それぞれ加藤恒彦、高幣俊之によって開発されたパソコン画面用の簡易版である。これらについては次のURLを参照のこと(http://4d2u.nao.ac.jp/html/program/mitaka/)。

(11) このような体験の文字による表現としては、サルトルの『嘔吐』[サルトル 一九九四]や、ハクスリーの『知覚の扉』[ハクスリー 一九九五]などが古典として挙げられる。

(12) 共感覚(synesthesia)とは、異なる感覚チャンネルから入力された情報が互いに変換され、音が見えたり色が聞こえたりする現象で、狭義には二千〜二万人に一人ぐらいの割合で、通常の意識状態でもそのような体験が起こるとされている。ただし、もっと一般的に「黄色い声」のような浅いレベルでは誰もが体験する感覚である[Marks 2000]。ドーム映像の新たな表現や用途の可能性を研究している近清武(日本科学未来館)(私信)によると、ドーム映像表現において、たんなる「映像」ではなく、「空間(の体験)」そのものをリアルに再現するためには、上映時の音声は不可欠であり、しかもそれはいわゆるBGMではなく、視覚情報と音声情報が本質的に不可分な状態で共感覚的なリアリティが実現されるまで、音声と映像の因果関係を吟味して映像設計することが重要であるという。

(13) 佐藤純彌(監督)『空海』(東映ビデオ、二〇〇八年)※映画の公開は一九八四年。

(14) 滕文驥(監督)『曼荼羅——若き日の弘法大師・空海』(ポニーキャニオン、一九九二年)※映画の公開は一九九一年。

(15) [空海 二〇〇三:四—五] ※原書は七九七年に著されたとされる。

（16）Dinker Jani. (Director), 1997, *Shaktimaan* (*Episode No.1: The Beginning of SuperHero*, India's national television network.

（17）トランブル、D（監督）『ブレインストーム』（ワーナー・ホーム・ビデオ、二〇〇〇年）※映画の公開は一九八三年。なお、この映画自体のテーマでもあるのだが、こうした技術から生じうる倫理的な問題は無視できない。たとえば世界連邦運動は、物理科学の進歩によって実用化された原子力が核兵器をはじめとする副作用を生んでしまったことに対する反省などから始まったものであるが、日本の「世界連邦二一世紀フォーラム」の代表である木戸寛孝は「意識の倫理学」（「世界連邦二一世紀フォーラム」二〇〇九年五月三日の講演）において、意識科学の研究においてもそれと同じか、それ以上のリスクが生じる可能性について指摘し、専門外の分野からのウオッチを続けていく必要性を主張している（http://www.wfmjapan.com/program02.html）。一方で意識研究者自身によってもすでに同様の議論は行われている。一九九九年に東京の国連大学で行われた国際学会「意識の科学に向けて」の大会では、研究者自身が物理科学や生命科学の歴史を知った上で、意識科学の進歩が有害な副作用を生まないよう、それを未然に食い止める必要があるという主旨の「東京九九宣言」が出された［Jibu & Della Senta 1999: 15-17］。ただしこれ以上の倫理的な議論は本稿の目的ではないので、別の機会に譲りたい。

（18）例えば、［Miyawaki (et al.), 2008: 915-929］。

（19）自分の脳波や、あるいは空中浮揚と称する写真などを公表することで、あたかも自らが覚者であるかのように喧伝することは、望ましいことではないのだが、ここではそのような意図はない。脳の活動を生理的に計測することによって何が映像化できるのかという、その可能性の事例として挙げたまでであるということを、自戒の意味も込めてお断わりしておきたい。

（20）例えば、［ペンフィールド 一九八七］。

（21）例えば、［Persinger 1987］が、先駆的研究として挙げられる。

【参考文献】


青木保　一九七六『タイの僧院にて』、中央公論社。

アマリンゴ、P・C　一九九八『アマゾンの呪術師』（永武ひかる訳）、地湧社。

カスタネダ、C　一九七四『呪術師と私――ドン・ファンの教え』（真崎義博訳）、二見書房。

空海　二〇〇三　『三教指帰、ほか』（福永光司訳）、中央公論社。
サルトル、J・P　一九九四　『嘔吐』（白井浩司訳）、人文書院。
中沢新一　一九八三　『チベットのモーツァルト』、せりか書房。
ハクスリー　一九九五　『知覚の扉』（河村錠一郎訳）、平凡社。
フーコー、M　一九七五　『狂気の歴史――古典主義時代における』（田村俶訳）、新潮社。
プラトン　一九六七　『パイドロス』（藤沢令夫訳）、岩波書店。
ペンフィールド、W　一九八七　『脳と心の正体』（塚田裕三・山河宏訳）、法政大学出版局。
ルイス、I・M　一九八五　『エクスタシーの人類学――憑依とシャーマニズム』（平沼孝之訳）、法政大学出版局。
Jibu, M. and T. Della Senta. 1999, "Tokyo '99 Declaration", In Yasue, K., M. Jibu,T. Della Senta (eds.). *No Matter, Never Mind*, Proceedings of Toward a Science of Consciousness : Fundamental Approaches (Tokyo '99), Amsterdam : John Benjamins Publishing Company.
Luna, L. E. and Amaringo, P. C. 1991, *Ayahuasca Visions : The Religious Iconography of a Peruvian Shaman*, Blueberry : North Atlantic Books.
Marks, L. E. 2000, Synesthesia. In Cardeñ, E., Lynn, S. J., and S. Krippner (eds.), *Variaties of Anomalous Experience*, Washington DC : American Psychological Associa tion.
Miyawaki , Y. et al. 2008, *Visual image reconstruction from human brain activity using a combination of multiscale local image decoders*, Neuron, 60(5).
Persinger, M. A. 1987, *Neuropsychological Bases of God Beliefs*, New York: Praeger Publishers.

映像実践2　映像から考える

前衛芸術と映像の真実

石倉敏明

映画という芸術様式は、早くから人類学との深いかかわりのなかで発展してきた。このことは「映画」にとっても、「人類学」にとっても、決して避けて通ることのできない、重要な問題となっている。

映画は人間の想像力や歴史的な記録をもとに、過去や未来の仮想現実を可視化し、再構築する。また神話や伝承文学を豊かに肉付けして、私たちの目の前に提示する。さらに、歴史に埋もれた出来事を掘り起こしたり、人類学者が出会った異文化での体験を紹介したりすることもある。たとえばエドワード・カーティスの『闘うカヌーの島』(一九一四年)、ロバート・フラハティの『極北のナヌーク』(一九二二年)、『アラン』(一九三四年)といった民族誌的作品は、そうした初期のすぐれた「人類学的映画」の例として、よく知られている。

こうした映画は、単に冒険的な体験や、新奇な習慣をカメラによって記録するばかりではなく、人類学者が自ら体験した現実や他者のイメージを編集し、翻訳し、自己と他者の意識の相互運動の中でとらえられた繊細な行為の網目を、効果的に可視化しようとするものであった。人類学者たちは半ば自覚的に、技術革新の成果によって次第に小型化・軽量化していくカメラを駆使しながら、映像表現の認知的な精度を上げるべく、数々の実験を重ねてきたのである。

ジャン・ルーシュによって制作された一連の作品は、その意味でも斬新な試みだったと言えるだろう。ルーシュは闊達なフレイムワークや卓抜な構成によって映画芸術と人類学との境界を横断し、観る者の視覚の枠組みに大胆な揺さぶりをかけるような、前衛的な作品を作り続けた。たとえばエドガール・モランと共に創られた『ある夏の記録』(一九六一年)のなかで、彼は登場人物にどの映像が「真実」で、どの映像が「嘘」であるかを議論させている。この印象的なシーンは、他者の表象にまつわる誠実さ／生々しさの基準を問いつつ、自由で生き生きとした「映像の真実」を私たちに垣間見させてくれる。我々と彼ら、彼岸と此岸、虚構と現実、物語と非物語という二項対立の境界を解体し、瞬間にうごめく柔軟な現実をとらえること。ルーシュの提唱した「シネマ・ヴェリテ（真実の映画）」とは、まさにそのような映像の冒険だった。

別の作品『人間ピラミッド』（一九六一年）の冒頭部分で、ルーシュは「この映画は現実を反映するのではなく、別の現実を創造している」という興味深い解説を挿入している。こうした「前衛（アヴァン・ギャルド）」としてのドキュメンタリー映像の手法は、まさにさまざまな実験をとおして「別の現実」を立ち上げることをめざすものである。ルーシュは一九四〇年代からマルセル・グリオールのもとでエチオピアをはじめとするアフリカ人類学の講義を聴講し、自らもニジェールやガーナでの憑依儀礼を研究し、実験的な映像を撮影しはじめる。ガーナのアクラで憑依カルトを撮影した『狂気の主人たち』（原題は『ハウカ』、一九五五年）は、まさに憑依という「別の現実」をスクリーンに映し出す衝撃的な作品であった。

ところで、意識の変容体験を可視化する手法は、ルーシュ以前にもマヤ・デーレンの傑作『神聖騎士』（一九四七年）などが、成功を収めている。トランス、憑依、神話語り、巡礼、祈りといった宗教にかかわる行為は、「既に見えているものを見る」という体験を超えて、眼に見えないもの、知覚できないものの彼方へと、人間たちを誘っていくのだが、こうした現象に潜む脱自と変身への欲望の動きをとらえるために、人類学者のカメラは「意識の変容した状態」にある人間の身体運動を繊細にたどろうとする。マヤ・デーレンやルーシュによって記録された生々しい映像は、いまだに鮮烈な印象をあたえる。

過去半世紀以上の歴史のなかで、映像人類学の担い手たちはさらに、「見えてはいるが気づかれていないこと」に焦点を当て、「見る」という経験の根本にある世界像そのものを問い直す試みが続けられた。彼らは民族誌テキストとは異なる次元から「別の現実」を照射しようとしてきた。それは「人間の外部からのまなざし」を手に入れるという課題とパラレルであるが、今日ではさまざまなデジタル編集技術とアナログの芸術手法を独自の仕方で組み合わせることで、これまでは難しかった神話的な現実の可視化という挑戦さえもが可能になってきている。未来のイメージ人類学は記録された動画映像だけでなく、絵画やアニメーションやCG技術等を駆使することによって、同じ問題に新しい角度からアプローチしていくことになるのかもしれない。

この点で、映像作品『ホミチェヴァロ（*Homičevalo*）』（高木正勝、企画＝中沢新一、多摩美術大学芸術人類学研究所、エピファニー・ワークス、十二分、二〇〇八年）は、前衛芸術と映像人類学の切り結ぶ可能性の一つをしめしているように思う。『ホミチェヴァロ』は制度的な宗教の管轄外にまで躍り出て、活き活きと動いている人馬一体の運動イメージをコラージュすることによって、世界中の神話や民間伝承のなかに語られた「かつて人間と動物が対話し、結婚していた時代」の濃密なリアリティを、現代に蘇らせようとしている。各地の先住民族が自覚的に再構築しつつある神話の映像化という課題とも呼応しながら、この作品は二一世紀の世界に、新たな映像芸術の可能性をしめそうとしているように、私には思える。

パブロ・ピカソはかつて、「芸術とは真実を覚らせる嘘だ」と述べたことがある。たしかに映画ほど、この芸術の定義にかなうジャンルも少ないかもしれない。それでも、それが真実を含まないただの「嘘」であるか、なんとか「嘘」を超えた真実の作品であるかは、その映像を体験した人間の判断に委ねられるほかない。「真実の映画」は過去の様式ではなく、常に更新されるべき映画の未来像であり、人類学の未来像でもあるのだろう。私たちは「別の現実」を創造する未知の扉の前に立ち続けている。

音が変えるモノの見方
――フィールドレコーディングの経験から

柳沢英輔

ビデオカメラは音と映像を同時に記録することができる。しかし、撮影者は、事象を記録する際、ファインダーあるいは液晶画面内の映像に集中するため、音（聴覚）に対する意識が薄れてしまうことが少なくない。またビデオカメラの音声記録は、マイクロフォンがカメラに固定されるという「フィジカルな拘束」を受けるだけでなく、映像が記録されている時にしか音声が記録されないという制限がある。すなわち、ビデオカメラの音声記録は、カメラのフレームとフレーム内に捉えられている映像によって支配されていると云える。たとえば、被写体がある一連の動作を終えたため、撮影者はストップボタンを押して、撮影を停止する。その瞬間に、カメラのフレーム外から発せられていた音の記録も停止してしまう。つまり、映像の場合、フレーム内に映っているものしか記録することはできない。一方、音声は、フレーム内の音源が発する音だけでなく、フレーム外の音源が発する音も記録しているのである。

作曲家・映画音響理論家のミシェル・シオンによれば、映画（映像作品）における音には、インの音（その場面でその音源が見える音）、フレーム外の音（音は聞こえるがその音源が画面では見えない音）、オフの音（画面で示される場面とは別の時間あるいは空間にある不可視の音源が発する音）の三種類がある。すなわち、ビデオカメラが記録する音声は、インの音とフレーム外の音であり、後者は、音源が映像に映っていないため、撮影中には気づかないことが多いのである。一方、録音機とマイクロフォンを使えば、カメラによる拘束を受けずに、音を記録することができる。普段あまり意識しないような身の回りの環境を、様々なマイクを通して「拡張された耳」で聴くことで、視覚的世界とは全く異なる聴覚的世界が立ち現れてくる。

フィールドレコーディング（野外など、レコーディングスタジオ以外の場所で音を録る行為）の際は、自分の存在を緩やかに音環境の中に溶け込ませることが肝要である。初めは人の気配を感じてか、鳴くのを止めた鳥や昆虫などが、十五分もじっと気配を消していると、だんだん人の存在を忘れたかのように鳴きはじめることも少なくない。日常生活で我々は実に様々な音に囲まれているが、実際にはそれほど周囲の音風景（サウンドスケープ）を意識して聴いていない。多くの音は、意味のない音、聴くに値しない音として、脳内で自動的に識別され排除されている。つまり、多くの音は、受動的には「聞こえている」が、能動的には「聴いていない」のである。例えば、会話をする時や、音楽を聴く時、言葉やメロディなど、注意・関心を惹きつける部分に焦点を当てて聴いており、その他の音は曖昧にしか聴いていないことが多い。もし全ての音が等しく聞こえてきたら、あまりの情報量に圧倒されることだろう。フィールドレコーディングでは、マイクを通して普段あまり意識して聴くことのない背景のさまざまな音がクローズアップされるのである。

マクルーハンが指摘したように、アルファベットと活版印刷術の発明・普及により誕生した活字メディア（書物）が視覚を強調し、聴覚や触覚を抑圧することで、視覚中心の近代西洋文明が形成された。現代社会では、インターネットなど双方向的なメディアが登場し、我々を取り巻くメディア環境はより複雑な様相を呈しているが、日々の生活を振り返るに、視覚偏重の度合いはますます強くなっているのではないか。サウンドスケープ概念の提唱者であるマリー・シェーファーがいう「五感のなかに、バランスを取り戻す」ためには、身の回りの環境を聴覚的に体感することが大切で、フィールドレコーディングという実践は、そのために有効な方法の一つであると筆者は考えている。興味深いのは、意識が「聴くモード」へと変わると、触覚や臭覚など視覚以外の感覚も鋭敏になるように感じられることがあることだ。聴覚に意識を集中させると、音の聞こえ方だけでなく、視覚偏重のバランスが変わることで、その他の身体感覚が開かれていくからかもしれない。

同じ空間、同じ音源でも、どこにマイクロフォンを設置するか、つまり、どこに「聴取点」を置くかによって、録音される音、聞こえてくる音は著しく異なることが分かる。これは普段でも注意深く聴くと確かに異なることは分かるのだが、マイクによって「拡張された耳」で聴いてみると、より明白にその違いが分かる。また、ちょっとした身じろぎや呼吸音、足の組み替えの際に生じる音でさえ、時に大きな音として記録されてしまうことがあるため、録音中は地蔵のようにじっとしている必要がある。すると聴覚に意識を集中させているので、普段気付かないような音に気付くこともままある。あるいは、録音した音を後で聴いてみて、あらためて音環境の豊饒さに驚くこともある。こうした聴覚の意識化、音環境への気づきなどを通して、周囲の環境やモノに対する見方も変わっていく。

たとえば、雨の日にアパートの排水溝を流れる水の音が妙に面白く聞こえてきて、普段気にも留めない排水溝が、複雑な音色を奏でる楽器のように見えてくる。モノとモノ同士が、擦れたり、ぶつかったりする際に生じる音に興味が向くようになる。あるいは、自分にとって心地よい音、面白い音がする場所を探したりするようになるかもしれない。このような聴覚的経験によってモノ・環境の見方が変わる。これはある種の共感覚的発見と言えるかもしれない。ありふれたモノや見慣れた周りの環境が、新鮮な驚きをもって再認識・再発見されること、そうした認識の変化を通して、世界はそれまでとは全く異なる様相を呈する。それは身体とモノ・環境との関わり方が変わるということでもある。

〈食べる〉ことから映像学を吟味する

——集権的な視覚、文字、そして映像

小田雄一

近年、映像技術が飛躍的に進歩しているにもかかわらず、知が、そうした技術に追いついていない。映像学がこれまで未整理であったおおきな理由は、学問の世界において、文字が圧倒的な支配力をもっていたからである。文字は、他のメディアでは代えがたい知の構築力を今なお有していることは確かだろう。しかし、そうした文字の圧政によって、映像の学がいまだ規制されているのであれば、映像学の建築にあたって、ひとまずすべきことは、〈文字の権域〉と〈映像の権域〉とのあいだに境界線を引き、わけ、映像学がもつ領野を明確化することである。整理された土地があれば、建物は建てやすい。そうした学の完成までの工程表をつくる作業は、しかるべき専門家に委ねるとして、ここでは、いささか突飛なようだが、〈食〉という視点から、文字と映像をながめ、これから映像学が建築される基礎土のほんの小さな区画整理をしてみたい。

文字が、知的な領域において、映像にたいしてある種のいびつな力をもっていたことにふれたが、視点をずらして〈食〉から見るならば、より大きな見

取り図のもとで、このふたつのメディアの性格を位置づけることができる。その見取り図とは、身体における五感の布置である。〈食べる〉というおこないは、目で見、匂いを嗅ぎ、舌で触れ、味を味わい、素材の音を楽しむ、といった五感を動員する行為である。これを直接的経験と呼べば、メディアとは媒介であるから、媒介を通じてわれわれの身体は、間接的な経験を得る、と言える。メディアは、直接的経験を与えない以上、経験をある種の相面によって、切り取っている。これらを身体における五感という断面で見れば、以下のようなかたちで、ゆるやかに対応させることができるだろう。

食—視覚、聴覚、触覚、味覚、嗅覚（直接的経験）
映像—視覚、聴覚（メディア）
文字—視覚（メディア）

梅干を例にとろう。映像化された梅干を、われわれは、目で見、素材の音を聞くことしかできない。映像は、われわれの直接的な経験を喚起させ、擬似的な嗅覚や触覚、味覚をともなわせることがあるが、映像経験が成立する条件は、視覚と聴覚である。また同じように、文字化された「梅干」によって、諸感覚が惹起されることはあっても、文字そのものは、唯一、〈目で見ること〉だけしかできない。匂いや感触や味、くわえて形や音までも、われわれの身体からは疎外されている。ただし、文字の場合、目で見るといっても、写真とはちがい、記号へと再視覚化された姿を眺めているのである。そこにおいて、具体的な個物は、われわれの身体から隠されている。文字において、われわれは、特別な〈見方〉を要請されているのである。つまり、〈食〉からみて浮き上がってくる、文字と映像の違いは、視覚の純度である。われわれの前から、具体的個物が感覚的諸要素の衣を取り払い、身体という堅い牢から離れ、姿を記号に変えて、視覚へと純化されていく過程において、その抽象性は高められていくことになる。

アリストテレスは、『形而上学』の有名な序文、「すべての人間は、生まれつき、知ることを欲する。」を述べたあと、われわれ人間は、眼をつかってこそ多くのものを知ることができるとつづけ、五感における視覚の特権的地位をみとめている。古代ギリシャ以来、知のありようを視覚の類比によって捉える伝統が連綿と続いており、その影響下に、われわれも生きている。これまで、知と視覚は、きわめて固く結びついてきたのである。ひとまず、われわれは、知の領域における、この視覚の集権的な力に、目を向けておく必要がある。

身体がもつ感覚の権力秩序について、もうすこし触れておこう。視覚と聴覚が高級感覚とよばれる一方で、味覚、嗅覚、触覚は、人間の生理や欲求と結びつき、卑しいものとされてきた。視覚化されたものや聴覚化されたものは、そもそも、複製ができ、再現性が高い。一方、味覚、嗅覚、触覚は、厳密に複製ができず、再現性が低い。また、後者は、つねに一回的であり、経験の地平にとどまり続けねばならない。ひるがえって、前者については、経験の地平を離れ、理念の翼をつかって、抽象的な世界へ羽ばたいていくことができる。

それでは、視覚と聴覚の差異はどうか。聴覚の本質は、その時間性にある。聴覚は空間をもたず、そのため「並置」することができない。複数のメロディが並べられている場合を考えてみれば分かりやすい。では、視覚の特徴とはなにか？ それは、空間性にあり、無―時間的である。そのため、空間のなかで並置可能となり、盛りこめる情報量は、他感覚の比ではない。視覚は、無時間的に多くのものを空間的に把握できるのである。知にかんして、我々の身体はなお、視覚に中央集権化されたようなありようをしていると言えるだろう。

再び文字と映像の話にもどろう。〈食べる〉ことから文字と映像を眺めたとき、五感における視覚の集権化という方向を見て取ることができた。経験がメディアによる加工をへて抽象化していく過程において、また、知的な領域において、視覚は主要な役を演じている。文字と映像は、ともに、視覚を含んでいることに変わりはない。異なるのは、文字が、厳格な視覚的メディアである一方で、映像は視覚的でありながら、聴覚的その他の要素を含ませる余地を持っていることである。また、映像のなかの視覚は、文字とは違い、より直接性の高い経験を与えることができる。つまり、映像は、文字とくらべて、身体の「濁り」を有しているのである。裏を返せば、だからこそ、映像は経験の地平にとどめられ、知の領域に参与することが許されてこなかったと言えるだろう。〈食〉の学問が未整理であるのと同様に、映像の学が未整理であった要因は、そのあふれる身体性にある。今後、映像学は、豊かなさらなる経験の光景を描いていくのか、もしくは、あらたな抽象化の方途を切り開くのか、望むなら後者の展開を期待したい。

映像撮影における方法論としての嫉妬の生かし方

和崎聖日

筆者は、中央アジアのウズベキスタンにおいて、農村の若い夫婦間でしばしば諍いの原因となる嫉妬感情（以下、「嫉妬」と記す）に関心を寄せる者である。嫉妬の本質論からはじめたい。羞恥や対人罪責感など負の感情と行為との連関を思索した社会学者・高橋由典によれば、嫉妬は羨望と類似した感情として「嫉妬・羨望群」に大別される。その上で、同感情群は「自分のほしい客体を自分よりも多く所有している他者に対して主体が感ずる感情」と定義される。ここから、「ほしい客体」が愛である場合とそれ以外のものである場合とが区別され、前者は嫉妬、後者は羨望と類別される［高橋 一九九六：八九］。嫉妬発生の機序を示す図として、人類学者・ジラールの欲望の三角形は重要である。ここでは、上記の定義を採用しつつ、〈主体―客体の所有者（欲しい愛の所有者）―ライバル（欲しい愛を自分よりも多く所有している他者）〉という用語でそれを表現する。

以上をもとに、筆者が題目として掲げている「撮影をめぐる嫉妬」をどのように想定しているか、ウズベキスタンでのエピソードから示しておこう。筆者が調査する東部・フェルガナ盆地の農村で暮らしているウミドとノジムは、ともに軽度の知的障碍がある男性だ。ウミドは、筆者と同い年であり、二〇〇〇年に妻と死別している。ノジムは、われわれより三歳年下であり、未婚である。彼らは、村で行われる結婚式の祝宴で必ず見かける存在であり、またその参加と手伝いをめぐり相互に排他的な縄張りを持つことで有名である。

二〇〇九年七月一二日（日）、ホーム・ステイ先家族の末息子の元同級生にあたる青年男性が結婚式の祝宴を催した。筆者は、開始時刻を少し過ぎた一八時頃に祝宴会場の花婿宅に到着したのだが、会場内の蒸し暑さと大音量の音楽、そして酔っ払いの執拗な絡みなどにより、一時間もするとヘトヘトに疲れてしまった。少し休憩をするために会場の外へ出ると、給水車の横をぶらぶらと歩き回っていたウミドが筆者に気づき、「俺の悪い奴（Yomonim／悪友）！」、「こっちへ来い（Bu yoqqa kel）！」と声をかけてきた。彼からの荒々しい握手と抱擁を受け、挨拶を終えると、今度はノジムが筆者を見つけ近寄って来た。

二人が一つの祝宴会場で居合わせていたので聞けば、この地域はウミドの縄張りにあたるらしい。彼らが祝宴での縄張り争いでよく喧嘩をすると以前から聞いていた筆者は、その様子を撮影できるかもしれないと思い、ビデオ・カメラでその様子の撮影をはじめた。すると、ウミドは「俺を撮れ（Menni ol）！お前（※ノジム）は行け、失せろ（Senbor, yuqol）！（※筆者に）こっちへ来い！（Bu yoqqa kel）」と筆者のビデオ・カメラを手で制し、ノジムを撮らせてくれないのであった。このときのウミドのノジムに対する攻撃的で、そして彼から筆者を独占しようとするかのような言動は、筆者（客体の所有者）を対象としたウミド（主体）のノジム（ライバル）に対する〈嫉妬心〉を強く抱かせるものだった。しかし一方で、率直で無様なウミドの〈嫉妬ぶり〉を目の当たりにして、筆者が心打たれたこともまた事実だった。第三者の目から見て〈嫉妬〉

と呼べるような感情を露骨に表出させるというやりとりの感覚は筆者にとって馴染みのない異質なものであったが、その感情表出のやり方の直接性と筆者に向けられた関心の〈強さ〉には胸を打つものがあった。

学術的な映像作品の製作における方法論として、調査者と被調査者との関係のあり方とその提示が重要な実践として問われて久しい。映像撮影における方法論としての嫉妬への注目は、こうした問いのなかで、調査者と被調査者が相互に必要とし合う関係に支えられた映像製作へ、そのきっかけを与える一つの実際的な手段となりえる。確かに、調査者と被調査者との蜜月関係は素朴な理想かもしれないし、そのような関係のあり方を映像作品のなかで提示（表現）することは別問題だろう。しかし、少なくとも、調査地における人間関係のなかで、調査者をめぐって生じる嫉妬は、その主体である被調査者を被写体とした映像撮影の好機到来を知らせる指標になりえる。なぜなら、そのときの被調査者は調査者との間に何らかの関係を持とうと身構えているからだ。被調査者が撮影されることにあまり乗り気ではない場合、その撮影は、こちらが相手を一方的に収奪しているかのような負い目を感じて、つらい。そして、負い目を感じながら撮影した映像における被調査者と調査者とのやりとりは、調査者自身にだけでなく視聴者へも、時に見るに耐えない感じや物足りなさを与えるだろう。〈物足りなさ〉とは、上述したように、被調査者が撮影を欲していないという関係の非対称性に根ざすやりとり上の捻れを指す。映像撮影に嫉妬を意識的に生かそうとする試みの方法論的な意義は、調査者と被調査者とが相互に欲し合う負い目のない関係をつくろうとすることにある。ここでの負い目のない関係とは、別の言い方をすれば、お互いに愛があると実感できる関係のことである。こうした関係に立った映像製作こそ、人々のやりとりに活力をもたらしはしないだろうか。

【参考文献】

高橋由典　一九九六『感情と行為――社会学的感情論の試み』、新曜社

ジラール、ルネ　一九七一（一九六一）『欲望の現象学――ロマンティークの虚偽ロマネスクの真実』（吉田幸男訳）、法政大学出版局

民族誌の方法としてのホームビデオ

大石高典

透明人間の眼

人間が、人間を厳密な意味で客観的に観察するのは著しく困難なことである。自然科学の立場から人

間性の解明を企図しようとする試みにおいては、この点を乗り越えようと様々な工夫がなされてきた。例えば、観察者は被観察者にとって空気のような存在になることが志向された。観察者の主観の入る眼の代わりに、その期待はカメラに負わされることもあった。その好例は、アイブル・アイベスフェルトによって行われたトロブリアンド島における特殊カメラを用いた人間行動に関する映像資料収集の試みである。現実には、社会的な存在である観察者が、「そこにいる」ことが与えてしまうバイアスを取り除くために多大の努力が払われたのである。

ホームビデオの両義性

映像機器が産業社会の中で大量生産されるようになると、映像手段は報道や学術研究だけでなく、一般家庭にも浸透してきた。その中で必然的に生まれたのがホームビデオと呼ばれる家庭内映画である。ホームビデオでは、言うまでもなく撮影者の家族や、親しい友人が被写体とされることが多い。典型的なのは、子供の成長を記録した映像などであろう。近年ビデオカメラと撮影者の存在を意識的に取り入れた資料として、こういったホームビデオの収集・分析が試みられてもいる。例えば、ニコルソンは北イングランドにおける「子供時代」や「家族」の表象の歴史をホームビデオの中にたどり、ホームビデオ撮影の中で実現される大人と子供の権力関係や子供観の社会的構築過程を批判的に検討しつつ、ホームビデオ作りが家族経験や子供時代の記憶や概念形成に果たす役割について論じている（Nicholson, 2001）。

ホームビデオの特徴の一つは、限定されたローカルな社会的文脈においてのみ固有の意味をなすということである。そのため、ホームビデオの中に映されるものは、家族や会社といった集団の中でのみ意味や「面白み」を持ち、それ以外の人にとってはあまり価値のない「面白くない」ものであることも多い。私たちが身内でホームビデオを撮影し、それを人前で上映することになったときに味わう躊躇や羞恥心は、親密な関係性を無防備なままにさらすことになりかねないことへの危惧に根ざしている。私的な記録としてのホームビデオは、見せたいが、そう安易に見せることもまたはばかられる、そういった両面性を持っている。

参与と観察をつなぐカメラの眼の「主体性」

そんな、撮影者にすらはっきりとした存在意義の見えないホームビデオに、学術的探求の対象としての余地はあるのだろうか。私がフィールド調査で得た映像資料をもとに制作した作品『採る、捕る、獲る、ドンゴを撮る！』（二〇〇八年）（註）を例に考えてみよう。私は、自然環境と人々の生活の関わりを明らかにしようとする生態人類学の研究を志して野外調査を行い、狩猟や漁撈の手続きを正確に記述する資料とするため、資料映像を収集した。しかし、帰国後に再生すると、調査研究のテーマとは直接関係のない映像が殆どであるのに気がついた。生業活動には休憩やおしゃべりなど様々な空白の時間があり、その間に「カメラで遊んだ」だけのデータになりようのない副産物が残されていたのである。

しかし、データになりようがないからこそ、研究者の仕込んだ意図を逃れたカメラ遊びの記録はいろいろなことを物語ることができる。

例えば、調査を終えて帰国の途につく私は、いつまで待っても来ない乗り合いバスをホームステイ先の少年Mと待っている。手持ち無沙汰にカメラを取り出して、少年Mを撮影し始めた。と、私と少年Mの間でカメラを媒介にした遊びが始まり、親密なじゃれあいが映像として映りこむ。帰国後一年以上も経ってから、編集のために偶然この映像を見たとき、私は言いようのない羞恥に襲われた。撮影時には意識されなかったある種の親密な関係性が、そこにはあからさまに刻印されていたからである。カメラは、撮る者、撮られる者の意思とは関係なく一人歩きする。カメラ遊びは、参与と観察の間の矛盾を越えた新たな関わりや共同性をもたらす可能性を持っているし、同時に関係の破綻の引き金にもなり得る。

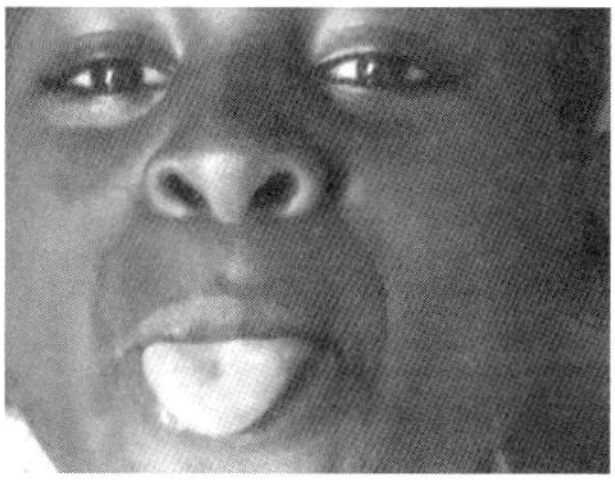

映像作品『採る、捕る、獲る、……』の中の少年M

通常、野外研究では調査者と研究対象の独立を建前とする。それが入り混じることはよくないこととされる。しかし、カメラは研究者や研究対象の意図とは関係なく、両者の間で起こる出来事を誘発したり隠ぺいしたりすることにより、結果としてその「質」的痕跡が残る。それは、感情的な普遍性を帯びて見る者に伝わり、参与観察の客観性を問い返し、テキストやデータで示された「事実」をそれだけでは済まない「いきもの」に生き返らせる力を持つ。この意味で、撮るものでも撮られるものでもないカメラの眼に「主体性」を想定しなかったことを除けば、「客観的な資料収集」をカメラに託したアイベスフェルトたちのアイデアは間違っていなかったのかもしれない。

【註】

大石高典、アルフレッド＝ジェドム撮影、大石高典編集、新井一寛編集協力、二〇〇八年、一五分。

【参考文献】

アイブル、アイベスフェルト、二〇〇一『ヒューマン・エソロジー——人間行動の生物学』、ミネルヴァ書房。

Nicholson, H. N. 2001. "Seeing how it was?: childhood geographies and memories in home movies", *Area* 33(2): 128-140.

第二部　映像の宗教性

第五章　霊の増殖とメディア　霊媒、霊媒の映像、霊媒的な映像をめぐって

岩谷彩子

はじめに

一八世紀末、映画が発明される前のフランスで誕生したファンタスマゴリー（幻燈ショー）では、人々はスクリーン上で亡霊や骸骨が動くのを見て恐れおののいたという。二一世紀となった今も、われわれは映画館のスクリーンに映し出されるさまざまなイメージに心動かされる。動くイメージを見る場所ももはや映画館に限られてはいない。友人やレンタル・ショップから借りたDVD（ビデオテープというメディアはもはや稀少となってしまった）を、あるいはインターネットでダウンロードした映画を、好きな時間に好きな場所で鑑賞することができるようになった。テレビやラジオのようなマスメディアで流されるイメージも、いまや携帯電話によってどこからでもアクセスすることができる。

巷にさまざまな形でスクリーンが登場し、イメージが氾濫するなかで、あえてメディアの宗教性を掲げて議論する意味はどこにあるのだろう。メディアの浸透によって世界のあちこちがイメージとして映し出されるようになり、信仰の領域において隠されていた「真理」や「聖なるもの」も複製可能なクリシェ（陳腐なもの）になってしまったのではないか。その結果、いわばわれわれは「宗教」にもはや幻惑されることはなく、宗教に幻惑されるのは一部の辺境に住む人々くらいなのではないか。そんな風に感じる人もいるかもしれない。

ところが、ここでいわれている「宗教」こそ、実はメディアによってつくられてきた宗教のかたちなのである[1]。秘境と呼ばれるところにテレビカメラが潜入し、世

にも不思議な「宗教」を信奉している人たち、としてある生活様式が報道される。あるいは、「イスラーム過激派によるテロ」、「部族間の宗教対立」として報道される場合に用いられる「宗教」である。ここでは、「宗教」というものを客体化し、そこから距離をとることによって「宗教」やそれに関係する他者を批判・啓蒙しようとする啓蒙主義的なまなざしが「宗教」をつくり出している。

本稿で論じる宗教とは、メディア（媒体）によって作り出されたプロダクトとしての「宗教」、啓蒙主義的な規準に照らし合わせて定義された「宗教」ではない。「今、ここ」にはない何かを呼び起こし、人々を動員するメディアのはたらきそのものに宗教性を看取してみたいのである。このようなメディアと宗教との関係について論じるにあたって、メディアが濫用してきた一見客観的・科学的とも受けとれる「宗教」という言葉よりも、あえて「霊」という言葉を用いてみようと思う。実は、「霊」も「宗教」と並んでテレビ番組で頻繁に現れる言葉であり、それが批判的に検証されてもいる［石井 二〇〇八］。しかし、本稿であえて「霊」という言葉を用いるのは、それがメディアによって生まれる何かを特徴的に示しているからにほかならない。霊は、「人間の肉体および精神活動をつかさどる人格的な実在」［上田 一九七三：七五七］としてのみではなく、実体としてはとらえられない存在（神霊、聖霊、死霊、幽霊）やはたらき（霊能、霊視、霊験）としても用いられる。また多くの社会で霊は、目に見えない霊的存在から人間へ、人間から別の人間や対象へのりうつる（憑依する）実体としてもとらえられている。

メディアは、霊のように「今、ここ」にはない、目に見えない存在を自らにうつ（映）らせ、それを人々に見せて効果を与える媒体である。メディア（media）の語源が「霊媒（medium）」の複数形であることは、決して偶然ではないのである。このような視点からメディアをとらえることで、霊媒からマスメディア、マルチメディアに至るメディアに共通した性質や違いを浮かび上がらせることができるかもしれない。

本稿では、制作者、制作目的、想定されている視聴者、用いられている映像効果が異なる三種類の映像作品を例に、異なる「霊」、それにかかわる人間、メディアとの関係を考察する。議論の対象として取り上げたのは、（一）筆者が制作した民族誌映像、（二）南インド、タミル・ナードゥ州の映像製作会社によって製作され、寺院で販売されているＶＣＤ映像[2]、（三）日本の実験的な映画監督、黒澤潤が製作した映像作品、『東京天使病院』（『黒澤潤短編作品集』、ＶＨＳ、ミストラルジャパン、一九九八年）である。

一　問題の所在――メディアが生み出すもの

異なる種類のメディアを比較検討するために、まずはそれぞれのメディアをめぐる諸言説とそれを取り上げる意義について確認しておく必要があろう。

まず（一）と（二）で取り上げる霊媒というメディアについて、述べてみたい。霊媒とは、神霊、死霊あるいは生霊など、いわゆる霊的存在と人間とのあいだのコミュニケーションの媒介となるメディアである。彼／女は、感覚を操作する事物（痕跡、呪文、呪薬、音）を用いて日常的な「自己」を分裂させ、霊的存在である「他者」を模倣的に再現（ミメーシス）[3]する。これによって霊媒は、模倣的に再現した「他者」がもつ力（霊力）を彼／女らをまなざす人々に分け与えるのである。霊媒は「他者」と限りなく同一化をすすめることで、自らのなかに異なる存在を共在せしめる。

霊媒が行う宗教実践や呪術にみられる同一化原理は、対象との距離を広げていくことで普遍的な原理を概念的に把握していこうとする近代科学や啓蒙主義による試みとは異なるものである。アドルノは次のように述べる［アドルノ　一九九〇：一二］。

> 呪術の段階では、夢や映像も、事物を支持する単なる指標というわけではなく、類似性や名称を通じて事物と結びついたものとみなされていた。夢や映像と事物との関係は、志向的関係ではなく類縁関係である。呪物は科学と同じく目的を志向しはするが、その目的追求の仕方は模倣（ミメーシス）を通じてであって、客体との距離を広げていくことによってではない。

近代の科学や学問体系で用いられてきた概念的思考においては、記号と写像とは分離しており、意味は〈言葉〉における諸要素間の差異や同一性を通じて生み出される。しかし霊媒や呪術が体現するミメーシスでは、記号とかたち（霊媒の身体、霊媒が用いる諸事物）とは合体し、類似性を通じて意味が表される。類似性およびミメーシスによって対象を把捉する人間の思考は、始原の芸術や呪術にみることができる。ミメーシスの原理は、タウシッグがインディオのキュナ社会で悪霊払いや狩猟成功祈願のために用いられる像や木彫りのカメを例に述べた、次のような言葉に集約される。「『どういうわけか』何かを描いた工芸品を作ること、またそれが存在することは、描かれたものに対して力を与える」［Taussig 1993：13］。ところが、プラトン以降カントに至るまで、ミメーシスは現象の模写（replica）の位置におとしめられ、概念による普遍的真理の把握に劣るとされてきた[1]。ところがこの概念的なものとミメーシス的なものとのあいだに打ち立てられたヒエラルキーは、二〇世紀のメディアの拡張によって転覆されつつある。

マクルーハンは、人類に新たなメディアが加わることで人間の知覚構造に変化が生じてきたことを指摘した［マクルーハン 一九八七］。マクルーハンは、メディアの拡張の人類史を、文字文化以前、文字文化、電子メディアの時代に分け、文字の発明以前に統合されていた感覚が文字というメディアの登場によって視覚の偏重にかわり、続く電子メディアの登場によって再び感覚の統合が目指されている、と論じている。またジジェクも、「電脳空間では、野生の思考への回帰、『具象的』、『感覚的』思考への回帰が見られる」［ジジェク 一九九九：一九八］と指摘している。

それでは、ここでいわれる具象的思考、ミメーシスによる対象把握の復権はいわゆる世界の再呪術化を意味しているのだろうか。単に「今、ここ」にはない何かをイメージとして表象するテクノロジーとして映像や電子メディアをとらえた場合、映し出される「現実」や「モデル」がイメージに先行していることになり、それを再現する精度の違いがメディアの質を左右することになる。ところが、一九八〇年代から指摘され、われわれにも実感として共有され始めているのは、現代のメディア環境においては、そのような「現実」や「モデル」は想定できない、という点なのである。ボードリヤールはそれをシミュラークルとシミュレーションの時代と呼び、次のように述べた。

隠すという行為は、あることをないように見せかけることだ。ところが擬装する（simuler）とは、ないことをあるように見せかける。前者は存在に至り、後者は不在に至る。……シミュレーションは、〈真〉と〈偽〉、〈実在〉と〈空想〉の差異をなしくずしにしてしまう。［ボードリヤール 一九八一：四］

シミュレーションは、類似（similarity）と語源を共有する言葉だが、シミュレートされた世界で示されるイメージはオリジナルに類似したコピーではない。シミュレーションによって生み出されたイメージであるシミュラークルには、オリジナルなものは存在しない。[5] シミュラークルを生み出すのは、神でもメディア製作者でも視聴者でもない。さまざまな主体のまなざしが交錯し、まさに幻影とも霊ともとれる、集積した複数の主体の欲望の痕跡なのである。

霊にかたちを与えているのが、イデアではなくそれをまなざす主体の欲望が生み出すイメージの連鎖であるとするなら、イメージや情報を際限なく複製することができ、どこかで見たようなシミュラークルを模倣的に再現しつづける現代のメディアは、霊を人々に分与してきた霊媒にどこまで近接しているといえるのだろうか。メディアによってイメージが増殖・跋扈し、世界がますます呪術化し、虚構的となるというような言説に一足飛びに乗っかるのではなく、具体的に映像がミメーシスによってつくり出すイメージを、霊媒の実践や彼／女らを撮影することで作り出されるイメージと対比させながら考察してみたい。いまや、霊媒をイメージした映像も「霊媒」を映した映像も同時にわれわれの世界に並存し、「霊」を増殖させているのである。異なるイメージに翻弄されながら、われわれはどのように「他者」や世界と向き合っていけばよいのだろう。このような問いから、新しいメディアと人間とのつきあい方について考えてみたい。

二 「のりうつる」映像

それでは、本稿で扱う事例を詳しく検討していこう。

まず、南インド、タミル・ナードゥ州で活躍する霊媒およびそれに類する司祭の事例を取り上げる。筆者が一九九六年以降定期的に訪れ、滞在してきた同地では、霊媒は人々の生活に大変身近な存在である。インドでは世襲的に神に仕える存在としてバラモン司祭が有名であるが、人々の生活に密着し、遺失物や日々の悩みに応えてきたのがサーミ（*cāmi*）と呼ばれる霊媒や司祭である。サーミはタミル語で「神」を一般的に呼ぶ呼称でもあり、彼／女たちは神に仕え、自らの身体にのりうつる神のメッセージをクライアントに告げる。あるいは、種々の霊（*āvi*）を身体に呼びこみ、悪霊を除去したり呪術をかけることもある。彼／女たちが関係をもつ神々は地域に根ざした存在であり、その多くは肉食神で、人間に危害を及ぼしかねない強い力をもっている。しかし強い力をもっているからこそ、正しいやり方で近づけば人間を悪霊や災厄から守ってくれる非常に頼もしい存在である。

(1) 神が降臨する場としての霊媒と民族誌映像

筆者が霊媒の映像を撮影した目的は、霊媒がごく身近な存在であるインド、タミル・ナードゥ州の宗教環境を明らかにすると同時に、それを研究会や学会で報告するためであった。撮影に同意してくれた霊媒の名前はアンビカ(仮名)。彼女との出会いは、二〇〇三年九月、その頃急速に信者数を集めていたヴィーランマ・カーリ寺院を筆者が訪れたときにさかのぼる。

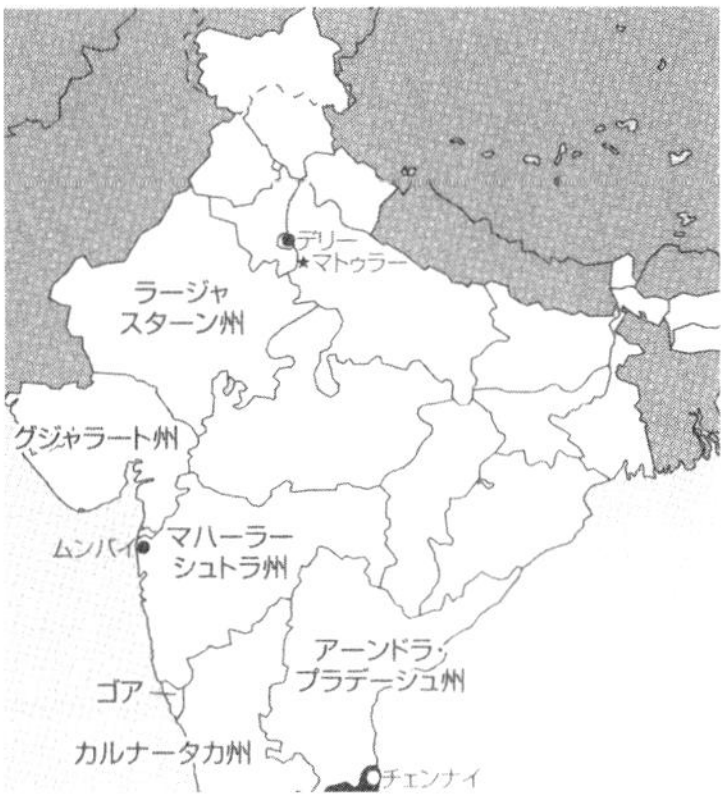

①インド、タミル・ナードゥ州

この寺院は、タミル・ナードゥ州の州都チェンナイから約三〇〇キロ南西のティルチラーパッリとタンジャーヴール(地図①参照)を結ぶ道路から、さらに南に約三〇キロ入った小さな村の寺院である。ヴィーランマ・カーリとは、シヴァ神の妻パールヴァティの怒れる相を体現したカーリのことだ。呪術や個人的な祈願の効験が高いとされるこの寺院には、一九九〇年代以降、カーストや地域を超え、海外からも多くの人々が参拝に訪れている。[6]

二〇〇三年九月、筆者がヴィーランマ・カーリ寺院で、寺院に通うようになってから占いを生業として始めたという知人男性にビデオカメラを向けてインタビューをしていると、たまたま彼の背後で、ある女性にヴィーランマ・カーリが降りてきた。舌を出して飛び回り、まさにカーリの図像(写真1参照)を思わせる姿がそこにはあった。しかし、驚いたのは筆者くらいで、周囲の人々はそれほど驚くこともなくの

1　カーリ

んびり彼女を眺めている。「君（筆者）に彼女（ヴィーラ ンマ・カーリ）のことを話していたからやってきたのさ」と言う知人男性。彼は女性に話しかけた。「やってきたのは、いったい誰なんだ？」「私に聞くのか？」カメラの前で、神と人との会話が始まったのである。「私は、お前たちに伝えることがあってここに来た…彼ら（参拝者）は…私の場所で…ろうそくを灯し…寺に座って私のいうことを聞くべきなのに…ここに来るどれほどの人が母（神）に会うことを考えている？….呪いをかけるために…悪いことをするときだけに…何かがなくなったときだけに…私は我慢している…もう我慢ならない！」はっきりとこのような言葉を告げて、彼女は倒れこんでしまった。心配そうに女性二人が彼女に近づく。ひとりは七〇代くらいの女性で、涙を流しながら手を前に合わせて倒れこんだ女性を拝んでいる。失神した女性はやがて意識を取り戻し、一緒に来ていた夫と五ヶ月になる子供と寺院の中へ入っていった。

この一部始終は、ビデオカメラにおさめられ日本やインドの研究会で報告されることになった（霊媒の映像一—①）。その後二〇〇五年八月にこの女性、アンビカ（二〇〇五年時は、三〇歳）の自宅を訪問することになった。彼女はティルチラーパッリのサマヤプラムという町に夫と男児一人、寺院に連れてきていた女児一人と一緒に住んでいる。サマヤプラムは、マーリアンマンという天然痘をもたらすと同時に治癒するといわれる女神の寺院で有名な巡礼地でもある。アンビカはマーリアンマンをはじめとしてさまざまな神に仕えながら、除霊や人生相談のために彼女の家を訪れる人々の悩みにこたえる仕事をしている。その日もアンビカはマーリアンマンの祭壇を整え、複数の顧客の相談に乗っていた。香をたき、助手である夫と話をしていると、急にアンビカの身体が変化し始めた。このとき、すでに了承を得てビデオカメラは回っていた。

アンビカは手を頭の上にかかげ、プシュー、プシューと口から音を出しながら上半身を上下に大きく動かし始めた。そのまま彼女は床に身を投げ出し、身体をくねらせている。彼女の助手をつとめる夫は、彼女が身につけているサリーがはだけないように、彼女の背後からそっとサリーの乱れを直し、彼女に向かって手を合わせている。アンビカにのりうつっているのは、マーリアンマンを守護するとされるヘビなのである。その後、マーリアンマンが彼女に憑依し、供物にささげられていたインドセンダンの葉[7]を食べ始めた。そしてその場にいたクライアントであるバラモン女性に託宣をくだした。ひととおり女性とのやりとりを終えると、次にカルプサーミ神が彼女にのりうつった。カルプサーミはマーリアンマン神の眷属神であり、肉食でタバコと酒を好物とし、呪術をつかさどる神でもある。

　アンビカは夫から渡された葉巻に火をつけると、おもむろに吸い始めた。そこへ彼女の義理の兄が入ってきて、彼女にひざまづいた。彼女は聖灰を彼の額につけ、彼をしかり始めた（写真2参照）。彼女を「父上（*appā*）」と敬称で呼ばないこと、（上半身は衣服を身につけないというのが神に向かう際の正装だが）彼が胸元をはだけてシャツを着ていること、神を前にしてビデオカメラの方を気にしていること、彼が子供の世話をしないでふらふらしていること、神に対して「見守ってください」とお願いしたこと（神にして注文をつけるのは不遜である）、神に対して手を上げて話しかけたこと、このようなことがときには大声でとがめられ、徐々にアンビカの義理の兄は手を背中の後ろに回して、最敬礼の姿勢をとらざるを得なくなる。そんな彼を見て、アンビカは愉快そうに葉巻をくゆらす。

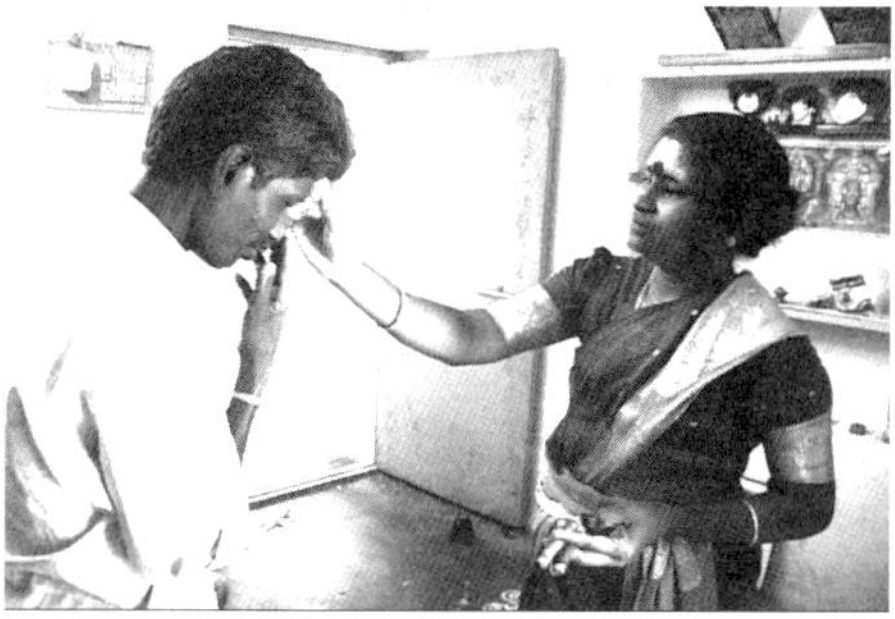

2　憑依した女性、手には葉巻

　このときビデオカメラで撮影された内容の一部が『呪術の気配—南インドの移動民ヴァギリの現在』（一八分、二〇〇六年）という作品になった（霊媒の映像一—②。同作品の一部は［岩谷二〇〇六］に付属のDVD参照）。

　神がのりうつること（*arul*）はタミル語で神がもたらす恩寵と同語である。神の恩寵を受けたアンビカは、九歳のときにヘビが身体の上に乗ってきたことを契機に、さまざまな神の乗り物としての身体をもつに至った。神が憑依すると、彼女はさまざまな言語で話したり、気がついたら自分がまったく知らないところにいたりすることもしばしばあるという。アンビカの詳しいライフヒストリーはここでは割愛するが、まぎれもなくアンビカはタミル・ナードゥ州で活躍する霊媒の一人であり、彼女に神がのりうつる前後の状況をおさめた映像を撮影することができた。

ここで、①と②の映像の違いについて少し触れておきたい。①の映像は状況がそのまま映像化されたものであり、簡単な状況説明とやりとりが字幕として付け加えられている。①は生データに近いといってもよい。一方で、タミル地域の呪術の浸透を物語る映像作品の一部を構成する②では、実際のセアンス（降霊）の一部しか用いられず、ヘビの次にアンビカに憑依したマーリアンマンの映像は省略されている。またアンビカが語りかける言葉のうち、説明が必要なものはわかりやすい言葉におきかえられることになった。たとえば、「アルワル（農耕用の刀。カルプサーミ神の武器ともされている）の上に立ってやろうか」というアンビカの言葉は、カルプサーミが自らの力が最高潮に達したときにとる動作を表す（次節参照）のだが、これを、場面展開を妨げずに字幕で説明するのは不可能である。そこで「そんなに私の怒りが買いたいのか」と訳して字幕にしている。また作品全体のなかでは、タミル人がカルプサーミを見たという経験談を話すインタビュー場面の後にアンビカが登場する場面が挿入されており、②は編集によって既に解釈を加えられた映像となっている。

（２）神の霊力を拡張するメディアとしての司祭とＶＣＤ

次に紹介する映像作品は、同じくタミル・ナードゥ州で活躍する司祭の映像である。これは二〇〇四年にラーガム・デジタル（Ragam Digital）という映像製作会社によって製作されたものである。撮影内容は、タミル・ナードゥ州テニの山中、ヴァルサナードゥにあるカルプサーミ寺院で二〇〇四年の七月一六日から一八日に行われた、寺院の司祭（*pucāri*）によるセアンスを含む例大祭である。テニはチェンナイから約四七〇キロ南西に位置しており、ケーララ州と隣接している。この寺院の司祭はバラモンではない。カルプサーミ神が憑依して託宣をくだすという点で、サーミであり霊媒に近い。現在の司祭であるＰ・カールメーカム（二〇〇五年現在、二六歳）の祖父によって一九五〇年代に建設されたこの寺院は、二代目である彼の父の託宣で一躍有名になった。二〇〇三年に逝去した父親の後を継いだカールメーカムはテニで生まれ、二〇〇一年、初めて神の憑依を受けたという。寺院では一年に一度、例大祭で大規模な託宣が行われる。二〇〇五年の例大祭には三日間で約五〇万人が訪れたという。なおこの映像はＶＣＤとして寺院の前で、一〇〇ルピー（二〇〇五年八月の為替レートで二六〇円）で販売されている（写真3参照）。全部で六二分に及ぶ映像のシークエンスは、次の三つに大別できる。

〈導入部〉（音――カルプサーミをたたえる歌）
①映像製作会社の名前、寺院の名前、祭礼の実施日、司祭の写真、カルプサーミ神の立像写真が、テニの風景と寺院の映像を背景に流れる。文字は映像製作会社の名前と住所を除いて全てタミル語である。②寺院で信者にとり巻かれるカールメーカム司祭。カルプサーミの像、花で飾られた前司祭の写真のアップ。③祭礼に集まってきた多くの信者たち。そのなかに司祭の姿が見える。司祭が寺院で信者たちから供物を受け取り、祝福を与えている。前司祭の写真にも花が飾られる。（以上一四分）

3　寺院で売られているVCDのジャケット（司祭とカルプサーミ像の写真つき）

〈託宣を待つ人々〉（音――その場で録音された音）
④寺院にあふれる、司祭の託宣を待つ人々。⑤司祭が樟脳に火をつけココ椰子を割って、神に祈りを捧げる。儀礼の始まりを告げる鐘が激しく鳴らされ、司祭は像の周りを回る。司祭の顔のクローズアップ。神の憑依が近いことをうかがわせるように、信者たちの口笛や太鼓の音、歓声が大きくなる。⑥司祭が寺院の外に出てくるが、それまでと表情が異なっている。彼の前に刃を上にした大きなアルワル（刀）が用意される。白目を剥き出した司祭の身体が前後に大きく揺れ始める。二人の男性信者に両肩を支えられようやく立っていられるといった具合の司祭は、前方に差し出されたアルワルの上にまずは片足、そしてもう一方の足を乗せ、アルワルの上に仁王立ちになる。信者たちの大きな歓声。⑦司祭が片手を上げて託宣を告げる。最初は信者の口笛や歓声にかき消されて聞こえない。「今年は豊作になるはずだ」などと言っている。⑧刀の上に立ったまま、司祭は順番に信者に託宣を下す。人々は真剣に託宣に耳を傾けている。託宣を待つ

多くの信者たちにもカメラが向けられる。大勢の信者たちを整理するために、地域の警察官も動員されている。（託宣のシーンは、合計一五組、映像全体の約三分の一を占める。以上一八分）。

〈託宣が終わって〉（音――その場で録音された音）

⑨信者たち（寺院関係者、地域の有力者）がすわっている。⑩食事の提供。[8] ⑪司祭が信者（地域の有力者）一人ひとりの首に布をかけ、レモンを渡す。⑫食事の提供。⑬信者と司祭が供物（バナナ、ココ椰子、花、樟脳など）を準備する。⑭バラモンによるマントラの朗詠。司祭の憑依の際と比較すると、信者の声は聞こえない。寺院関係者が私語をかわしている。⑮ナイトプログラム（舞台でのダンス、歌、スピーチ）。テンポの速い現代風の音楽に合わせたダンスの踊り手は、丈の短いスカートやジーンズ姿の二十代以下の若年層。続いて、中年女性によるインドの伝統的な楽器を用いた歌の披露。カルプサーミに扮した男性の演技。年配女性によるスピーチと歌の披露。背景には司祭や信者たちの姿が映し出される。歌に合わせた若い女性の踊り。（ナイトプログラムは合計八分半）⑯寺院関係者から有力者とみられる信者へ布の贈与。最後に司祭も登場し布を渡す。この様子が約五分間続き、突然映像は終了する。

映像全体を通して臨場感はあるものの、音声は割れ、カメラは不安定にぶれ、映像そのものも途中で終了するなど質的にはアマチュア映像の域を出ない。カメラは常に寺院と司祭をまなざすアングルにあり、寺院周辺や信者の様子はほとんどうかがえない。カメラマンが司祭に話しかけて、司祭がカメラの方を向くシーンもある。つまりこの映像は、祭礼に集まった信者と同じ視点から撮影されているといえよう。それゆえ、託宣のシーンは編集してあるものの祭礼全体のなかで時間的にもっとも長くおさめられている。また、カルプサーミ神をたたえる歌が導入部のBGMとして流されていること、地域の有力者がアップで映っている時間が長いことからも、祭礼に参加した地域の信者を主な購買者として製作されていることがわかる。

(3)「今、ここ」を攪乱する映像、『東京天使病院』

最後に紹介するのは、日本のアヴァンギャルド映画の旗手ともされる黒澤潤監督による短編映画、『東京天使病院』（一九九八年、一四分）である。これは霊媒を撮影した映像作品ではない。ところが種々の編集技法や音響効果、象徴的なモチーフの使い方により、作品そのものが非日常的で彼岸的な感覚を観る者に体験させる媒体となっている。作品には特にストーリーの展開はない。性、生、死といったモチーフが、画面の明滅と呪文のように繰り返される言葉とともに差延のなか反復されていく。あえて場面の構成から作品を五つに分けてみよう。

〈①導入部〉（音響――無音）

赤色の背景に横を向いた西洋人女性の像が置かれ、その周りに光がともっている。低い男性の声で、「死んでいる者とは、過去のある一点において、死んだ者というのみではない。かつて死に、今もなお死につづけ、これからも死に進んでいく者のことだ。これに対し、生きている者とは、単に死んでいない者ということに過ぎない」。この言葉に続き、赤色の背景でタイトルバック、東京天使病院。

〈②女性と花〉（音響――ノイズが入った現代音楽）

赤い画面のなか、何かがクローズアップで映されるが、最初は判別が困難である。やがて、それが花であることが判別可能になる。ゆっくりと言葉を切るようにつぶやく女性の声が聞こえてくる。「あなたの身体には私の名前…あなたの陰茎には私の名前…私を愛するあまり…あなたは私の名前を傷つけてしまうの…それほど私を愛してしまうの…それほど私を愛してしまうの」。

薄い灰色の空を背景に木の枝が映しだされるが、画面が下方向にぶれて、青と赤の光が明滅しはじめる。明滅する光を背景に女性の顔がクローズアップされる。女性の声で「名前から汗のようにダラダラ血を流すの…」。赤と青の光が明滅するなか、女性の顔が時折焦点を失いながら映し出される。クローズアップで女性の着物、顔、目、唇から再び目、着物、そしてまた目へとゆっくりと画面が動く。女性の声で、「私の姿を探して名を呼び傷つけるの…傷つけ哀願するの…声かけてあげないの…」。赤と青の光が激しく明滅。画像は判別不可能になり、女性の声だけが聞こえてくる。「髪の毛の先ほどいたって…さわらせてあげないの…」。

〈③男性、花、墓場、女性〉（音響――ノイズが入った現代音楽）

黄色を帯びた画面に映し出される緑の木々に囲まれた一本道。その前に、赤い花を口にくわえた男性が立っている。やがて彼が花を食べていることが判別可能になる。女性の声が響く。「一部始終見届ける前に許してあげないの…」。画面が明滅し、花びらを食べている若い男性の顔がはっきりする。背後には墓場が見える。女性の声が「愛してるっていうのよ」と繰り返し聞こえるが、ノイズが大きすぎて時折挿入されている別の言葉は聞きとれない。画面は白っぽく明滅し、花が大きく映し出され、墓場と文字（女性がつぶやいている言葉）が同時に重なって見える。白い画面の明滅が激しくなる。黄色を帯びた林を背景に、着物を着た女性が立っている。画面は白っぽく激しく明滅する。女性がクローズアップで映されるが、映像のぶれが激しく、女性の姿もはっきりしない。光の激しい点滅。言葉だけが呪文のように聞こえる。「愛してしまうの…」。画面は明滅しつづけ、花、着物の柄、女性の顔が映し出される。赤と白と黒の背景のなか、女性のクローズアップ。「私の姿を探して名を呼び傷つけるの…なんて哀願しても声かけてあげないの…髪の毛の先ほどいたって…（ここで画面は激しく明滅し、寺の前に立つ女性とクローズアップされた彼女の顔とが重ねて映る）さわらしてあげないの…」。

〈④女性の裸体に書きこまれる文字〉（音響――ノイズが入った現代音楽）

赤い画面のなか、女性が上半身の一部を脱いでうつ伏せで横たわっている。背中の上には花びらがのり、画面下方には着物が見える。筆で女性の背中に文字が書きこまれ始める。これまで聞こえていた「あなたのなまえに…あなたの…愛して…それほどわたし…」というような言葉がランダムに書きこまれていくが、一部を除いて判読不可能である。女性の背中はやがて文字で埋めつくされる。女性の横には花びらが散らばっている。女性の声が聞こえる。「一部始終見届ける前に…してあげないの…」。そして「愛してるっていうのよ」と何度も繰り返される。

女性が仰向けになって横たわっている。女性の身体の下方から上方へゆっくりとパン。着物、花びら、乳首が見える。乳首の横にも筆で文字が書きこまれ始める。

〈⑤エンディング〉（音響――現代音楽から転調し、オルガン音楽へ）

暗闇のなか、十字型に置かれた明かりが点滅している。明かりの数は少しずつ減っていく。最後は無音となり、明かりが全部消え暗闇が広がる。

この作品は、意味をとらえようとして観る者の意志を徹底的にくじかせ、不安感をかき立てる。作品は、生と死との連続性を告げる隠喩的な言葉で始まる。背景は血を想起させる赤色である。画面には何かがクローズアップされているが、なかなか認識できない。観る者がようやく画面を認識できるとすぐにそれは変転し、無関係にも思える次の奇妙な映像に移行する。あるいは極度の画面のぶれと光の明滅によって、スクリーンを直視することさえ困難になる。ここでは画面の質感そのものが、画面に映し出される不気味な像（墓場を背景に花を食べる男性、寺の前に立つ女性、身体に文字を書きこまれる半裸の女性など）以上に観る者を拒んでくる。われわれは、近づいては遠ざけられる意味の世界に宙吊りになり、行き場を失うことになる。一方で、画面の明滅は対象がこちらに迫ってくるような感覚を与え、多用される部分（花、目、唇、着物、乳首）のクローズアップは、映されたものと観る者との距離感を狂わせる。(9)

音声も同様である。作品全体で女性がつぶやく言葉は聞き取りにくく、画面やノイズに気をとられて意味をとりづらい。つぶやかれる言葉は、作品説明によると浅間山荘籠城中の詩ということだが詳細は不明である。何度も執拗なほどに繰り返される「愛してしまうの」、「愛してるっていうのよ」という言葉は、呪文のように観る者の耳に迫ってくる。その言葉はやがて、墓場と花を食べる男性の映像と重なりながら明滅する文字となり、最終的には半裸の女性の肌に書きこまれていく。ここでは文字も画像や音声同様に、一部しか判読できず、まとまった意味をなさない。ただただ明滅し、書きこまれて増殖していくのである。

この作品を一度観た限りでは、激しい画面の明滅と音に意識を奪われて不気味な印象しか結べないかもしれないが、作品全体を支配するテーマが生と死、そして性であることは明白である。冒頭の像を取り巻いてゆらぐ光と言葉、最後の十字型に並んだ光がやがて消滅していく様子は、対となって生と死のイメージを喚起する。同様に、花、緑に囲まれた一本道、花を食べる男性、墓場、着物（花柄）、女性、寺、花弁、女性、半裸の女性、花弁、と登場する記号を並べてみると、生と死、そして性のイメージが反復されて強化され、エンディングが導かれていることがわかる。音楽も最後の十字型におかれた明かりへ画面が移行する直前で、教会のミサで流れようなるオルガン音楽になり、そのあと冒頭の無音の世界に戻る。

まるで葬儀を終えた後のように、作品は終わる。

三　考察——霊の在と不在

それでは、第三節で紹介した三種類の映像を比較検討しながら、「霊」を媒介する異なるメディアについて考察してみる。

最初の霊媒アンビカの映像は、筆者が対象の分析および研究報告のために制作したものである。この映像は、対象から距離を保った科学的な視点から撮影・編集されている。アンビカの映像①は、たまたまカメラのファインダーに映りこんだ映像であった。それは神の憑依を受けた霊媒と偶然にも遭遇した人間の視点から撮られたものだ。しかしそれは、ある人間が霊媒を「見たまま」ではない。たとえば舌を出し恐ろしい形相をした女性の顔は、クローズアップで撮影されている。また字幕をつけることで、彼女が口にする言葉の「意味」を観る者に理解させようとしている。アンビカの映像②は、①よりもさらに編集が加えられ、空間的にも時間的にも圧縮されている。意味レベルでも観る者がおかれた文化的なコンテキストに変換された言葉が字幕で示されている。

この映像を興味深くしているのは、ヘビやカルプサーミのミメーシスである。霊媒は身体をくねらせたり、普段は吸わないタバコを吸ったりして、平時とは異なる他者が身体に共在していることを示している。またもうひとつの興味深い点は、アンビカの義理の兄の不遜な態度である。彼は普段の彼女をよく知っており、どこかで「信者」を演じているようにも見える。カメラをちらちら見て霊媒に怒られる彼の視点は、彼らをまなざすわれわれのそれと近い。

そして実はアンビカとて例外ではなかった。撮影後、カメラが向けられていないところで、彼女の夫も私の調査助手もいない部屋で私だけにアンビカがひとことつぶやいたのだ。「誰も信じちゃダメよ」。霊媒として数奇な人生を送ってきた彼女の言葉だけに、それはさまざまに受けとれる重みのある言葉だった。

①②の映像は、編集の度合いは異なるが、共通して現代日本社会では身近に接することがない霊媒と彼女を取り巻く人々、そして神の憑依の瞬間をカメラにおさめることが目指されている。それでは、これらの映像は霊的存在を感じさせるものだろうか。われわれはおそらく画面に映る霊媒に対して、そこに映る一部の人々のように拝むことはないだろう。「ここ」とは違う「ど

こか」が、距離をともなってそこに映し出されているから、われわれは安心して画面を「鑑賞」することが可能なのである。

これらの映像にリアリティがないというわけではない。画面には、神の憑依に無頓着な人々も予期せずに映りこんでいる。そこには霊媒をかかえる社会のほころびとそれゆえの生活感が見出せる。おそらくそのような生活感こそが、これらの民族誌映像が目指しているものであるのだが、このような映像においては、霊媒に降りてくる「神」、「霊」は不可視なままである。見えてくるのは、霊媒の存在を支える人々のまなざしであり、われわれのまなざしにすぎない。「霊的存在」と呼ばれるものを実際に目の当たりにしたところで、人間はただちにその存在に動員されるわけではないことが、これらの映像から指摘できるだろう。それでは、どのように人々は霊的次元を体感するに至るのだろうか。この点について、第二、第三の映像からさらに深めていこう。

第二の男性司祭カールメーカムの映像は、映像製作会社によって製作され、商品として販売されている映像である。インドには多くの民間の映像製作会社があり、冠婚葬祭や祭礼に呼ばれて出来事を映像に残す仕事を行っている。おそらく司祭が依頼し、作成したものであろう。毎年寺院の祭礼時に撮影が行われるらしく、先代の司祭のＶＣＤもカールメーカムのＶＣＤと一緒に売られていた。想定されている購買者は、寺院周辺の住民や信者である。カメラは常に司祭を追い、司祭を画面の上半分の位置にとらえている。この映像から祭礼の全体像は見えてくるが、祭礼の次第をもれなく盛り込もうとする意図は汲みとれない。途中に字幕などの説明は一切なく、最後も唐突に終わる。ゲストであるバラモンによるマントラの朗詠よりも、託宣やナイトプログラムを映した時間が圧倒的に長い点から見ても、カメラは祭礼に参加した信者のまなざしを再現しているといっていいだろう。

全体の構成をみると託宣のシーンを中心に編集されているが、その他にも布の贈与や食事の供与などのシーンが多い。あふれかえる人々、そして次々に彼らに伝えられる神の言葉、言葉、言葉……、与えられる食事に次ぐ食事……、布に次ぐ布……。これらのシーンは実際に祭礼に組み込まれた重要な部分であるが、あらためてこの部分が十分映像に取りこまれていることで、神の恩寵が多くの人々に分け与えられ、広がっているような印象を受ける。ここで司祭は、祭礼の場だけにとどまらず、映像を通して神の恩寵や力を再現し増殖させる役割を果たしているといえよう。

さらに注目してみたいのは、音による効果である。この映像の冒頭では、神をたたえる大音量の歌が一四分(全体の二割)続いたあと、祭礼の喧騒が最後まで途切れない。視覚に訴えかける大勢の信者たちや彼らに分け与えられる言葉や物の洪水に加え、神をたたえる歌や祭礼の熱狂を伝える音に耳がさらされることで、いつしか観る者は祭礼の熱狂にいざなわれる。霊媒による憑依が前提としているのは、神の降臨という現象の一回性、個別性、場所限定性であろう。しかし、映像によってその憑依による効果が量的に再現されるとき、量は質を凌駕し新たな力を及ぼすようになる。その結果、この映像では司祭に降りる霊の力をある程度再現できているといえる。ただし、耳をつんざく音やあふれる人ごみになじみがなく、司祭が話すタミル語や現地の宗教事情を共有していない視聴者にとっては、この映像は最大の疎外感を与えるものでもありうる。

最後に第三の映像について考察してみたい。この映像では、生(エロス)と同時に進行する死(タナトス)がミメーシスされている。映りこんでいる事物(花、男性、女性、文字、墓場、着物)は、映像のなかで互いに侵食しあい、安定した意味の場は一度として形成されることがない。このように部分がもつ日常的な意味を崩落させ、別の部分に連結させることで新たな意味を発生させることは、呪術や霊媒の実践では以前から行われてきたことである。これにより、人々は日常にかかえている一元化した意味の世界から解放されることになる。たとえば、この映像に出てくる花を食べる男性は、神が憑依したアンビカがインドセンダンの葉を食べていたシーンを髣髴とさせる。

ただし、このような日常世界からの解放は快楽をもたらすとは限らない。快楽はわれわれが自らの欲望を他者に投影したとき、それが他者に認証されることに根ざしている。しかし第三の映像は、あえて喚起されるエロスを絶えず座礁させるように画面をぶれさせ、光を明滅させ、ノイズをかきたてる。観る者が統一的な意味を映像に見出し快楽を得ようとする試みは常に失敗させられ、記号や音は常に意味に同定されることなく浮遊することになる。この映像は意味が保証された

「何か」を再現する機械としてのメディアではなく、それ自体が画面の明滅や音を通して新たな世界を体現する、霊媒に近いメディアとなっている。

この映像が体現しているのは、霊媒の託宣の内容のように既存の世界観に代わる別の意味の世界ではない。むしろ霊媒の身体そのものを再現しているようにみえる。それを可能にするのは、映像による種々の効果（クローズアップ、画面のぶれやスクラッチ、光の明滅、不協和音）である。画面をまなざすわれわれは、この映像を落ちついて鑑賞してはいられない。顔をそむけるか、幻惑されるか、いずれにしても観る者の意識と身体感覚の統御が攪乱された結果、映像終了後、「あれは何だったのだろう……」とまるで憑依を終えた霊媒のように我に返るのである。この意味で、第三のような映像を作る映像作家の営みは、自己の身体を分裂させ霊的存在に明け渡す霊媒の実践に近接しているのである。このような映像は、霊的存在をフィクションとして作り出すのではなく、統一的な意味の世界から常にはみ出しているわれわれの身体に気づかせる。「霊」は神の世界やインドからやってくるのではなく、「今、ここ」で画面をまなざしているわれわれ自身の身体に潜在していることが示されるのである。

四　おわりに

本稿では、霊媒、霊媒を撮影した映像、そして生と死をミメーシスする実験的な映像について検討し、現代のメディアの複層的な環境について検討してきた。最後に、本稿で示された映像のそれぞれの特質から学術映像や映像による宗教研究が今後目指しうる方向性について触れておきたい。

本稿で紹介した霊媒を撮影した映像には、（一）霊媒や霊媒を取り巻く人々をカメラにおさめることでそこから距離をとって定義し、われわれとの差異を確認するまなざし、（二）カメラの向こう側で、霊媒から距離をとる人々のまなざし、（三）「神の恩寵」や「霊」が言葉や物の形で分与され広がっていく動きが映りこんでいた。それぞれ（一）（二）は研究を目的とし、（三）は布教や宣伝、あるいは記念を目的とするものであった。目的に応じて異なる撮影と編集が行われることで、カメラは他者との距離と関係性を操作する媒体となっていた。学術的な映像が目指すところとは、そのようなカメラのメディア性、映像の宗教性をたたみこんだ映像をいかに作り出せるか、という点である。すなわち、「霊媒」を単にカメラにおさめるという目的に終始していては、霊媒や映像が人類にもたらしてきた世界の生成のあり方や、そこにわれわれが関与しているあり方までは見えてこないのではなかろうか。

（二）のような生活世界の広がりが偶然盛りこまれることの重要性と可能性については、すでに別稿［岩谷二〇〇六］で指摘した。それに加えて、（三）のような映像がもつ意味や効果についても注目していく必要がある。それは単にそれが当事者の視点を反映しているからではなく、映しだされる対象を拡張し増殖させるメディアにすでに宗教的な力が宿っているからである。映像による宗教研究とは、そのような力を再現させるメディアのテクノロジーについて理解していくことでもある。

そのような点で、映像作家黒澤潤による実験的な映像作品は、メディアと人間との根本的な関係について考えさせてくれる、いわば霊媒の身体を模倣的に再現する映像であるといえるだろう。霊媒的身体とは、霊的存在をミメーシスし自己を分裂させることで、霊的な力を増殖させていく身体を意味する。それは、規範的な身体配置や霊をめぐる物語をなぞる行儀のよい身体ではない。それは「常に、すでに」、他者そして自己の死を内包しており、常に誰かによるのっとりを予期している身体である。〈聖なるものをめぐる光学〉としてメディオロジーを提唱したフランスの思想家ドブレにならえば、「イメージの誕生は部分的に死と結びついている」［ドブレ二〇〇二：一一］。まさに黒澤の作品は、身体イメージの誕生と死によって「霊」の増殖を媒介するメディアとなっていた。

複製技術といわれる現代の映像メディアが可能にしたのは、不在の「何か」を呼び出し、それをコピー・複製することで所有・操作することではない。メディアが可能にしたのは、人間がもつさまざまな感覚に訴えかけ、意識を攪乱することで、われわれがもともともっているさまざまな世界創出の力、霊的とも呼べる力に気づかせることであった。霊媒が夢や幻覚、さまざまな事物を用いて霊媒的な身体を獲得するように、現代のわれわれにも映像という手段が加わったのだともいえよう。映像による霊媒的な身体のミメーシス、それは、自己というアイデンティティが生まれるときに闇に葬られた他者の領域にわれわれの思いをめぐらすことでもある。今後の映像による宗教研究とは、そのようなイメージング技術と感覚の変容によって生み出される世界に関する研究を含むものでなければならないのである。

【註】

(1) 同様の指摘は、[サイード 二〇〇三] [吉岡二〇〇五] [石井 二〇〇八] [内藤 二〇〇八] を参照のこと。

(2) CDの規格を用いて映像を記録する媒体であり、DVDに比べて安価で製造できるため、インドでも普及している。

(3) ミメーシス (mimēsis) とは、「ありそうな仕方で、あるいは必然的な仕方でなされる行為を再現するもの」としてアリストテレスが概念化した、創造性をはらんだ模倣行為を指す [岩谷 二〇〇九]。

(4) これを最初に批判したのは、[ニーチェ 一九六六] であった。ニーチェは現実の模写としての造形芸術ではなく、物事にかたちをとらせる力に無媒介的に接近しその意思を表現する音楽を評価し、ミメーシスは概念的思考以上に真理へ接近できるとした。

(5) イデアとの類似の程度で表象が種別化されたり限界づけられるプラトニズムをシミュラークルとの対比で論じたドゥルーズ参照 [ドゥルーズ 二〇〇七]。

(6) 人々の生活に根づいていた呪術は、現在さらに信者を拡大しつつある。近代化と呪術の拡大を論じたものとしては、[Geschiere 1997] [荒川 二〇〇二] [伊豫谷・成田 二〇〇四] [岩谷 二〇〇七] 参照。

(7) 発熱を覚まし殺菌する効果があるとされるインドセンダンの葉は、英名ニームとしても知られる薬草である。そのような薬効と、女神の憑依 (熱) をコントロールし、女神の退出をうながすという意味からも、インドセンダンの葉はマーリアンマン祭祀で用いられる。

(8) 祭礼における食事の提供 (aṉṉatāṉam) は、「食べ物」を示す aṉṉam と「施す」「ふるまう」を意味する tāṉam が合わさってできた言葉。祭礼時に神の名のもとに料理を振舞うことを指す。

(9) 映像の発明によって生まれたこの触覚的な視覚については、[前川 二〇〇四] 参照。

【参考文献】

アドルノ、T・W& ホルクハイマー、M. 一九九〇 『啓蒙の弁証法——哲学的断想』(徳永恂訳)、岩波書店。

荒川敏彦 二〇〇二 「脱魔術化と再魔術化——創造と排除のポリティクス」『社会思想史研究』二六、四九—六一頁。

ボードリヤール、ジャン 一九八四 『シミュラークルとシミュレーション』(竹原あきこ訳)、法政大学出版局。

ドブレ、レジス 二〇〇二 『イメージの生と死』(西垣通監修、嶋崎正樹訳)、NTT出版。

ドゥルーズ、ジル 二〇〇七 『意味の論理学 下』(小泉義之訳)、河出文庫。

石井研二　二〇〇八『テレビと宗教——オウム以後を問い直す』、中公新書ラクレ。
伊豫谷登士翁・成田龍一（編）　二〇〇四『山之内靖対談集　再魔術化する世界——総力戦・〈帝国〉・グローバリゼーション』、御茶の水書房。
岩谷彩子　二〇〇六「語られる呪術を撮る——インド、移動民社会の変化のきざし」『見る・撮る・魅せるアジア・アフリカ！——映像人類学の新地平』、北村皆雄、新井一寛、川瀬慈（編）、新宿書房、四六—六八頁。
——　二〇〇七「接触領域としての呪術——南インドの移動民ヴァギリの呪術忌避とその変容をめぐって」『コンタクト・ゾーン』第一号、京都大学人文科学研究所、七二—八九頁。
——　二〇〇九『夢とミメーシスの人類学——インドを生き抜く商業移動民ヴァギリ』、明石書店。
上田賢治　一九七三「霊魂」『宗教学辞典』（小口偉一、堀一郎監修）、七五七—七五九頁。
前川修　二〇〇四『痕跡の光学——ヴァルター・ベンヤミンの『視覚的無意識』について』、晃洋書房。
マクルーハン、マーシャル　一九八七『メディア論——人間の拡張の諸相』（栗原裕、河本仲聖訳）、みすず書房。
内藤正典　二〇〇八「西欧とイスラームとの衝突——主要な言説の再検討」『現代宗教　特集——メディアが生み出す神々』（国際宗教研究所編）、六五—七九頁。
ニーチェ、F・W　一九六六『悲劇の誕生』、岩波書店、一九六九年。
サイード、E・W　二〇〇三『イスラム報道』（浅井信雄、佐藤成文、岡真理訳）、みすず書房。
吉岡正徳　二〇〇五「バラエティ番組における未開の演出」『電子メディアを飼いならす——異文化を橋渡すフィールド研究の視座』（飯田卓、原知章編）、せりか書房、九〇—一〇三頁。
Geschiere, Peter. 1997, *The Modernity of Witchcraft: Politics and the Occult in Postcolonial Africa* (translated by W.Macgaffey), Charlottesville: University of Virginia Press.
Taussig, Michael. 1993, *Mimesis and Alterity: A Particular History of the Senses*, New York: Routledge.

第六章　映像の肉感学

古川優貴

序

芸術とは呪文であり魔術である。
——これが芸術の体験のいちばん始めの形であったに違いない。
芸術とは模倣であり現実の模写である。
——これが芸術の理論のいちばん始めの形、ギリシアの哲学者たちの理論だった。
解釈学の代わりに、われわれは芸術の官能美学（エロティックス）を必要としている。
（スーザン・ソンタグ「反解釈」より）

カント美学[1]に寄りかかった知識人や批評家が支える芸術の営みにおいては、さまざまな解釈的テクストが溢れかえっている。オーソドックスな美術館の多くは我々の日常生活の場から切り離されているが、そのような場所で画家の名を冠した展覧会が催され、絵はテーマや時系列に沿って展示される。額縁に入れられスポットライトに照らされた一枚の絵の脇には作品をめぐるさまざまな解説が付せられ、絵を見るよりも解説を読み込むことに熱心な来館者も少なくない。こうした美術館のようないわば「非日常」を提供する空間と作品をめぐる様々な解釈が、鑑賞という営みを支えていると言っても過言ではないだろう。

例えば、ここに一枚のチラシがある。二〇〇八年に国立西洋美術館および神戸市立博物館で行われた「コロー——光と追憶の変奏曲」展の宣伝のために作成されたものだ。一人の女性が、静かにこちらを見つめている。絵の作者はカミーユ・コローであり、作品名は『真珠の女』(2)、一八五八年〜六八年頃に制作されたものだ。そして、「コローのモナ・リザ」という説明も付されている。

また、同展覧会を監修した高橋明也は『コロー——名画に隠れた謎を解く!』〔高橋　二〇〇八〕の中で、『真珠の女』について次のように解説している。

真珠の女　*La femme à la perle*
一八五八—六八年頃
カンヴァス・油彩／七〇・〇×五五・〇cm
ルーヴル美術館　Musée du Louvre, Paris

最も人々に知られるコローの人物画であろう。『モナ・リザ』を想起させる古典的ポーズ、モデルとなった近所の古織物商の娘ベルト・ゴールドシュミットの若く(当時十六—十七歳)メランコリックな美しさに加え、コロー家の居間に掛けられて多くの人の眼に触れていたことなどもその成功の原因かもしれない。頭部を飾る繊細な木の葉のモティーフの髪飾りが真珠と見間違えられ、すでに十九世紀からこの名で呼ばれるようになっていた。モノクロームに近い色彩は、コローがかなりの程度レオナルド・ダ・ヴィンチの作風を意識していたことを思わせる〔前掲：一〇六〕。

冒頭で引用したように、ソンタグは、「反解釈」という挑発的なタイトルを付した論考において、芸術の内容についての解釈に偏重する批評家的態度を批判しつつ、様式のエロティックス——感覚的経験——に立ち戻る必要性を説いている〔ソンタグ　一九九六a〕(3)。内容についての解釈とは、「芸術作品とは本来何かを言っ、ている、ものだ」(強調は原著)〔前掲：一七〕という前提の下、「本文の『裏側』を掘って、真の本文である『背後の本文』(サブ・テクスト)を見つけようとする」〔前掲：二一〕ことである。

ソンタグが批判したような解釈は、絵画や映画についてこれまで盛んに行われてきた。例えば民族誌映画をめぐっては、「映像を用いて対象をいかに表象するか」という問題意識に基づいた議論が目立つ。具体的には、作品の意図や制作の背景についての制作者自身による説明を中心に据えた論考〔eg. Gardner&Östör 2001；北村・新井・川瀬　二〇〇六〕や、制作者の立場から民族誌映画のあり方に照明を当てた論考〔eg. Hockings 2003；El Guindi 2004〕が挙げられる。こうした議論は、専ら制作者の視点に基づいた、映像の背景についての解釈・再解釈という営みである。(4) つまり、民族誌映画の制作者の多くは批評家を兼任して映像を解釈してきた。もちろん、ソンタグが作品を〈発言〉として扱う批評家の態度に関して芸術作品が何らかの発言をしていると捉えることは全くの的はずれではないと指摘する通り［ソンタグ 一九九六b：四四］、解釈という営みは必要ではある。

だが、同時にソンタグは次のようにも述べている。「芸術作品として出会った芸術作品はひとつの経験であり、発言とか、質問に対する回答などではない。芸術は何かについて述べるものではない。それ自体何かなのである」［前掲：四五］。

本稿では、彼女のこの主張に寄り添いながら、映像の制作者にではなく観者の経験に注目しつつ「今、ここにある映像」について考えてみたい。

二　葬儀の記録ビデオに魅惑される

筆者は、二〇〇三年から二〇〇六年までの間に計二十二ヶ月間にわたって、ケニア西部に所在する寄宿制の初等聾学校に住み込み、学校の長期休暇期間中は何人かの生徒の帰省先に居候しながらフィールドワークを行った。

筆者が聾学校に滞在していたとき、聾学校に勤める教員の父親の葬儀の模様を収めた二本のビデオテープをめぐって、不思議に思える出来事が起きた。

教員ピーターの父親がある日亡くなった。ピーターが喪主を務めた葬儀には、聾学校の教職員のほか、高学年の何人かの生徒も参列した。後日、筆者がピーターの家を訪ねたところ、二本のビデオテープがあった。それらには、『ピウス（筆者註：ピーターの弟）の父の埋葬——故バラバラ・ウィリアム・シチエネイの最後の旅』（一・二巻）というタイトルが英語で付けられていた。「葬儀のときには全く気づかなかったが、誰かが葬儀の模様を撮影していたようで、それを持ってきてくれてびっくりした」とピーターは言った。ピーター宅にはテレビはあったがビデオデッキがなく、聾学校にあるデッキを借りて見たようである。そのビデオの存在を聾学校の子供たちが知り、食堂で見ることになった。

子供たちは、ピーターの父親の葬儀の模様を記録したビデオを、「もう何度も見たのにまた見たがっている」とピーターに言わしめるくらい、幾度も幾度も飽きずに見たがり、実際見ていた。ビデオについて子供たちに尋ねると、「ピーターのお父さんが死んだ」とか「ピーターのお父さんが埋葬されていた」とか「女性が気絶した」とか「××さんが行ったり来たりしてた」などと言うばかりで、目立った興奮は筆者には見出せなかった。彼らが何に惹きつけられてそんなに何度も葬儀の記録ビデオを見たがったのかは、結局分からずじまいだった。

ピーターによると、不思議なことに、聾学校の子供たちばかりか近所の人たちもこのビデオを見せてくれとせがんだと言う。そのうち、「何でみんながこんなに見たがったり借りたがったりするのかわからない」と言いつつ、ピーターは「テープが痛んだり紛失したりしても大丈夫なように」、町に出た折に電気屋でビデオテープをダビングし、ダビングしたものを箪笥の引き出しにしまい込んだ。

こうしてしばらくの間、葬儀の記録ビデオが聾学校の子供たちや近所の人たちを魅惑し続けた。この例では、子供たちは確かにビデオの内容を語っているのだが、その内容を知ろうとすることがこのビデオを何度も見ようとする彼らの原動力だったと言えるのだろうか。「葬儀の記録ビデオ」は、字義通り葬儀「についての」ビデオだったのだろうか。

聾学校の子供や近所の人たちは、葬儀の模様を撮影した記録ビデオを何度も見たがり、そして見た。この、ごく素朴な彼らの振る舞いを出発点に考えてみたい。恐らくここで立てるべき問いは、彼らの行為の「背後」を知るための「なぜ」ではない。彼らは「葬儀の記録ビデオ」を見ることで、一体、何をしていたのだろうか。

三　観者の経験としての映像

レニ・リーフェンシュタールは一九三六年のベルリンオリンピックの記録映画として『オリンピア』[5]（一九三八年）を制作した。この映画は、第二次大戦後、ナチを賛美したプロパガンダ映画として糾弾されることになる[6]。その根拠は、第一に同作品内でヒトラーがすべてを支配する王のように描かれている点、第二に、ドイツおよび同盟国だったイタリアと日本の選手に映像が偏っている点、第三に当時のドイツ政府から資金提供を受け、上映に関してもバックアップがなされたという点にある［瀬川二〇〇一：二三八―二四一］。

しかし、ソンタグは「様式について」［ソンタグ一九九六b］の中で、『オリンピア』にナチのプロパガンダという内容を読み取って批評を重ねることはしなかった。そうではなく、〈オリンピア〉それ自体を官能的に感じたようだ。

たしかにそこにはナチの宣伝はあるが、しかし、それを拒めば損をするような他のものもそこにはたしかに存在するのだ。知性と優雅さと官能性の複雑な運動を投射するがゆえに、……宣伝の領域はもとより、ルポルタージュの領域すら超えている」〔前掲：五一〕。

『オリンピア第２部　美の祭典』（DVD）より

ソンタグ自身はユダヤ系アメリカ人であり、また、リーフェンシュタールの制作意図が政治的な文脈からどのように語られてきたか知っていたはずである。それでもなお、彼女は〈オリンピア〉の「背後」すなわちナチのプロパガンダという「内容」を読み取ったのではなく、映画という「様式」として現前した〈オリンピア〉それ自体を感じたのだろう。[7] このとき彼女が目にしたのは、もはや記録としての「ベルリンオリンピック」ではなかった。「……われわれは――たしかに居心地悪い思いで――ヒトラーではなく〈ヒトラー〉を、一九三六年のオリンピックではなく、〈一九三六年のオリンピック〉を目のあたりにしていることに気づく」〔前掲：五一〕。

当時のソンタグにとって〈オリンピア〉は、一九三六年に行われたオリンピックを背後にもつ映画ではなく、今ここにある映像としての〈一九三六年のオリンピック〉そのものだったと言えるのではないか。[8] すなわち〈オリンピア〉は、それ自体〈オリンピア〉としてソンタグの前に存在していた。ソンタグは一九三六年のオリンピックを経験したのではなく、ソンタグが見たそのときの〈オリンピア〉を経験したと言えるだろう。では、「見たそのときの〈オリンピア〉を経験する」とはどういうことなのか。

ここで参考になるのが、マイケル・リチャードソンが「映像人類学の新たな可能性」〔Richardson 2008〕の中でウジェーヌ・アジェの写真を主要な事例として展開している議論である。彼はまず、マテリアルとしてではなくイメージとして写真を捉える。そして同論考を通じて、ナイーブな実証主義者による「写真＝現実をそのまま切り取ったもの」という思い込みを退け、また写真を「現実の模倣」あるいは「現実の偽物」として捉えるのではなく、〈写真的現実〉（*photographic* reality）として捉えている。

アジェは十九世紀末と二十世紀初頭のパリをめぐる一つのイメージを私たちに提供し、次のことを気づかせてくれた。そのイメージとは、それが描写した現実（アクチュアリティ）の中にではなく、アジェがそうしたイメージを我々に提供したという事実の中に真実を有するイメージだということを。……個々の写真は純然にあるのだ。そして百年後、私たち見る者をその写真との関係の中に入り込ませ、その写真が撮られた当時のパリの生活に何らかの形で私たちを結びつけるのである［Richardson 2008 : 19］(9)。

アジェについて少し触れておこう。アジェは一八九二年頃、「芸術家のための記録資料」と銘を入れた板切れを自宅の扉に取り付け、とりわけ美術家と工芸家のための参考資料として役に立つ写真を撮影していた［クラーゼ二〇〇二：三二］。この記述から、撮影者アジェ自身は、パリの街並みを記録として撮っていたに過ぎないことが窺える。

こうした撮影者アジェの意図に関係なく、写真は観者であるリチャードソンの前に立ち現れる。アジェの写真の多くには人が写っていない。彼が撮ったのはパリの街並みであり、パリに生きる人々を「実際に」撮ったのではなかった。しかし、リチャードソンは、「実際には」写り込んでいない人々の、その痕跡を見る。「彼が生み出した多くのイメージには人が全くいないとしても、それでもなお、それらのイメージは人々が生きて彼らの印を刻み込んだ場所なのだ」［Richardson 2008 : 13-14］。

このようにして〈写真的現実〉はまた、撮影者が撮らなかった、「実際には写っていないもの」をも観者に見せることがある。マテリアルとしての写真の中には、映画のような動きはない。しかし、観者との関係において、写真もまた動的だと言える。つまり、観者にとっての写真は、撮影者の意図の下に切り取られた「固定的な」モノではなく、動くことさえあるイメージ――リチャードソンはもはや「写真」とは言わず「イメージ」と言い替えている――なのである。

このように、写真を静止したマテリアルとしてではなく動くイメージとして捉える際に重要になってくるのは、時間についての考え方である。リチャードソンは、アジェの写真が提供するイメージが時間超越的だという点で特異だとしている。しかし、「時間超越的」というのは決して「無時間的」という意味ではない。彼はアジェの写真がアンリ・カルティエ＝ブレッソンによる「決定的瞬間」の写真とは異なることを指摘しつつ次のように述べている。アジェの写真＝イメージは、「この瞬間（モーメント）――写真の瞬間――が全瞬間であるという印象を与えている」[*ibid* : 14]。写真は確かに物理的には動かない。しかし、一枚の写真を通じて、観者は他のどの一瞬にも立つことができ、時間の流れをも経験できる(10)。

　同論考に掲載されている写真の一枚は一九一〇年に撮影されているが、少なくともリチャードソンにとってその写真は、「一九一〇年」のある瞬間に切り取られ静止した風景ではない。ちょうど、ソンタグにとって〈オリンピア〉が「一九三六年のオリンピック」ではなかったように。

　リチャードソンと同様、動かないものの中に動的なイメージを見出し、議論を重ねた論考にフロイトによる「ミケランジェロのモーゼ像」[フロイト　一九六九]がある。興味深いのは、フロイトが同論考で直接採用したのは精神分析学の手法ではなかったことである(11)。彼はモーゼ像の制作者ミケランジェロの幼年期の家族関係や無意識という概念を持ち出してモーゼ像の「背後」を解読しようとしたのではなかった[岡田　二〇〇八：二一六―二一七]。そうではなく、今は彫刻となって静止しているモーゼ像の石版を抱える右腕の位置に注目しながら、その前後の動きを映画のコマ送りのように図解し、その動きをめぐって先人達が試みた解釈を次々と退けてゆく(12)。

　フロイトは同論考を書くまでの間、繰り返しイタリアに足を運び、何度も何度もモーゼ像を見たという[前掲：二二二―二二五]。リチャードソンも恐らく、アジェの写真を何度も見たのではなかろうか。そうだとした場合、同じ作品を（飽きずに）何度も見ることは、どのようなことだと言えるのか。

　アルフレッド・ジェルは遺稿となった『アートとエージェンシー――人類学的理論』[Gell 1998]において、パースの記号論を援用し作品（事物）をインデックスと捉えている。ジェルによると、パースに従えば、例えば人の笑顔は「自然的記号」であるインデックスであり、その人に対面した別の人はその笑顔を友好的な態度とみなす。「笑顔」から「友好的な態度」を推測することは「因果的推測」になる。しかし、ジェルはそこに必ずしもパースが言うような因果的関係を見出さない。なぜなら、「笑顔」は「欺き」の可能性をも孕んでいるからである。ジェルの言葉で言えば、「笑顔」は「友好的な態度」という推測を起こす引き金に過ぎない［*ibid*：13-15］。

ジェルの議論で、とりわけ注目したいのは次の箇所である。「魅惑あるいは魅了は、……観者がインデックスの罠にはまる結果として起こる。なぜならそのインデックスは、本来的に解読できないエージェンシーを体現しているからである」［*ibid*：71］。具体事例として彼は様々なモノの幾何学的・反復的で複雑な模様を挙げつつ、次のように言う。模様を観者は完全に認識することができないわけだが、そうした模様はやがて人とモノとの間に様々な関係を生み出す。なぜなら、模様は我々の思考に常に「終わりなき営み」を提供するからである、と［*ibid*：80］。

モーゼ像はフロイトに、アジェの写真はリチャードソンに、「今、ここ」の営みを繰り返し提供し、彫像や写真を前にした彼らはその都度少しずつ異なる経験をしたに違いない。そして、フロイトやリチャードソンが彫像や写真をめぐって議論を展開したこと自体が、それぞれの作品に対する彼らのさまざまな経験の一つだったと言える。

このとき、アジェの写真とリチャードソン、モーゼ像とフロイトの関係は、作品と批評家という関係ではなく、作品と観者という関係であった。リチャードソンは、冷静に議論を重ねる一方で、アジェの写真について「その掻き乱されるような性質が分析を免れている」［Richardson 2008：13］と言う。フロイトもまた前出の論考の冒頭で、次のように語っている。

> ……そのようにして感動の原因を探っているうち、私は、二、三のまさにもっとも雄大な、もっとも圧倒的な芸術作品ほどかえっていつまでもわれわれの理解力には不解明のままに残されているという一見逆説的な事実に気づくようになった。私はそれらの作品に驚嘆する。自分が圧倒されたのを感ずる。が、それらが何を表わしているのかはいうことができないのである［フロイト 一九六九：二九二］。

観者の「今、ここ」の映像経験にとっては、映像の「背後」にあると想定される定まった「現実」や「制作者の意図」といったものは重要ではない。映像はむしろ、観者の側の経験を通してこそ、その姿を顕わにすると言える。

本章で扱ったのは、観者の映像経験が最終的に言葉を紡ぐという形で現れた事例だが、そうした経験は映像そのものに対し観者が肉体的に働きかけるという形をとることもある。次節で具体的に考えてみたい。

四　映像の肉感学（corpothetics）

映像を受容する行為それ自体が観者として映像に働きかけることになる顕著な例として、クリストファ・ピニーが「イドル（idol）の皮膚を刺す」［Pinney 2001］で取り上げた、インドの「宗教画」の事例を紹介したい。この絵は、いわゆる「芸術作品」として一枚一枚描かれたものではない。大量に複製印刷され、インドの下位カーストの村人に受容されているものである。

ピニーは、大量生産された女神の絵(13)が、それを前にしたインドの大衆のさまざまな身体的パフォーマンスによって女神そのものになるということを精緻に描いている。ピニーの分析に依拠すると、第一に、その絵はフリードのいう「演劇的」(14)であり、観衆の存在を前提としたものである［*ibid*：158-159］。第二に、その「演劇的」な絵は、それに対する大衆の「まなざす」、「飾る」、「祈る」などといった身体を伴うさまざまな営みによって神になる［*ibid*：168-169］。

ピニーの主張は、換言すれば、所謂《アウラ》が、その絵に対する村人の関与によって、大量に複製印刷されたものに生じるということである。「アウラ」という語は、ベンヤミンが「写真小史」［ベンヤミン　一九七〇a（原著　一九三一）］および「複製技術の時代における芸術作品」［ベンヤミン　一九七〇b（原著　一九三六）］で使用したものである。ベンヤミンが強調するのは「ほんもの」の芸術作品という意味での「一回性」(15)におけるアウラであり、複製技術が進むとそのアウラは失われてゆくという［前掲：一二一―一四］。

しかしながら、ピニーが取り上げた大量に複製印刷された女神は、技術的な意味では確かに「複製」であっても、観者にとっては毎回《一回性》を伴った《ほんもの》となる。つまり、ものが「複製」であったとしても、観者の働きかけによってそこに《アウラ》が宿る。ピニーが取り上げたインドの女神の場合、印刷された絵に《アウラ》を宿させるのは、あくまでそれに関与した観者であって、その原画を描いた画家ではない。

前出のジェルは、美術館に展示されていた『鏡のヴィーナス』という絵を来館者がナイフで傷つけた事件[16]に言及し、傷つけられた絵を「『切りつけられた』鏡のヴィーナス」という新たな作品として見る可能性を示している[Gell 1998 : 62-64]。ピニーはこのジェルの議論を引きつつ、「原作のアーティストが腕をふるった以上に、村人が非常にパワフルなイメージを生み出している」[Pinney 2001 : 171]と述べている。繰り返しになるが、観者である村人の関与こそが、神としてその印刷画を存在させているのである。[17]

ピニーによれば、村人が印刷画に対して身体的に関与しているという点で、この事例は芸術の美学（aesthetics）ではなく肉感学（corpothetics）の領域である[*ibid* : 157]。この美学と肉感学の対比は、Buck=Morss[1992]に依拠したものである。バック＝モースによると、美学の原義は古代ギリシア語の *aisthitikos* で「感覚」を意味しており、*aisthisis* は感覚的な経験を指していた。つまり、美学の元来の領域はアートではなくリアリティ——肉体的でモノ的な実物だった[*ibid* : 6]。だが、近代を経て「美学」は意味の転換を経験し、ベンヤミンの時代には何よりもまずアート——感覚的な経験ではなく文化的な形式、また経験的なものではなく想像上のもの、あるいは現実的なものではなく架空のもの——を意味することになった[*ibid* : 7]。[18]

ここでいま一度、序文で紹介したコローの『真珠の女』について振り返ってみたい。序文では、『真珠の女』をめぐる批評家的解釈に満ちあふれた事態を記述した。その絵は「コローが描いた絵」であり、「『真珠の女』というタイトルの絵」であり、「コローのモナ・リザ」であるというように、さまざまな言葉でその「背後」が解釈されてきた絵であった。では、当のコローはこの絵にどのように関わっていたのだろうか。

コローはこの絵に限って、美術商に一時的に貸すことはあっても死ぬまで売らずに自邸に飾り、手元に置いて加筆を繰り返したという。例えば現状では、『真珠の女』の胸元のブラウスがやや開いた状態になっているのがわかる。実はこの胸元の開きは後になって修正したもので、最初は、はだけていなかったという[パンタッツィ二〇〇八：一六二]。

この記述から、次のような想像力がかき立てられる。描き手のコロー自身、その〈絵〉を見るたびにその都度魅惑されていたのではないか。そこに描かれた（すなわち絵の「背後」にいる）モデルとなった女性ではなく、〈絵〉

そのものがコローを誘惑したのではないだろうか。〈絵〉は、コローに描き足すことを促す。〈絵〉に促され惑わされたコローは、筆と油絵の具で一筆一筆少しずつ胸元を開けていった。そして、いつまでも手放せなかったのではないか。

　コローが描く女性の絵の中には、『乳房を出した若い女』（一八三五―四〇年）、『本を読む花冠の女、あるいはウェルギリウスのミューズ』（一八四五年）、『小さなジャネット』（一八四八年頃）、『ガスコーニュの金髪娘』（一八五〇年頃）などのように、もともと胸元が開いているものが見受けられる。しかし、この『真珠の女』（一八五八―六八年頃）の胸元は当初は開いていなかった。重要なのは、単に胸元を広げたという事実よりもむしろ、手元に留め、少しずつ描き足していったということである。

©RMN

　この場合、〈絵〉を享受することは単に「見る」という視覚による受容にとどまっていない。〈絵〉を享受することそれ自体、コロー自身が居間に飾り〔高橋 二〇〇八：一〇六〕、「描き足す」という振る舞いをも含んでいる。更に言えば、油絵の具と絵筆と手を通して、コローは〈絵〉を触感しつつそれに関与していたのではなかろうか。

　以上についてここでまとめてみたい。第一に、映画、写真、彫刻、印刷画、絵のいずれに対しても、観者は、何かを代理＝表象したものと関わっているのではなく、「今、ここ」にあるものそれ自体と関わっている。第二に、「今、ここ」にあるものそれ自体に対する観者の肉体的な関与こそが、本来の *aisthisis* すなわち肉感学の領域だということである。

　繰り返し強調するように、インドの村人が「今、ここ」にある〈実物〉としての〈絵〉に対し肉体的に関与することが、〈絵〉をパワフルな〈神〉にしている。〈絵〉は確かに人を魅惑し続けるが、〈絵〉に対して観者は一方的に受け身になっているのではない。観者自身が〈絵〉に関与することによって、〈絵〉をそのように存在させているのである。

むすび

先に掲げた問いに戻ろう。葬儀の記録ビデオをケニアの聾学校の子供たちが見たがり、実際何度も見ることにおいて、一体何が起きていたのか。

確かに葬儀の記録ビデオには、日常生活の中で生じた出来事を記録するために撮られた、いわば「ホームビデオ」という側面がある。しかし、「記録」と言っても、ビデオという様式で立ち現れるのは、過去に起きた出来事ではない。

遺体が安置されていた病院の外の様子を背景に*Memorial Day*というタイトルが出て、左下に2005.2.7と表示される。棺が病院を出て車で家に運び込まれ、家族を中心に人々が賛美歌を歌い、牧師による説教が行われ皆で祈る。翌日の午後に葬儀が営まれ、多くの参列者が賛美歌を歌い、牧師が説教し、皆で祈る。その後、次々と参列者が棺の中の死者の顔を見てから少し離れた埋葬先に歩いていく。途中で一人の女性が泣き叫んだのをきっかけに一人また一人と泣き叫び、何人かの女性が倒れ込んだり気絶してしまったりする。棺は土中深く埋められ、土がかけられ、リース状の花が手向けられる……。[19]

聾学校の子供たちは、「二〇〇五年二月七日から八日にかけて記録された葬儀をめぐる出来事」の内容を何度も飽きずに読み取っていたのだろうか。否、言うなれば、聾学校の子供たちの目の前に現れたのは、〈二〇〇五年二月七日と八日の出来事〉だった。彼らの目の前で展開したのは、ビデオという様式でコラージュされ再構成された新しい世界である。

……写真とは、現実を写し取る操作をつうじて、世界を切り取って配置しなおすことで、写真の中にしかない世界を出現させるのであり、それはシュルレアリスムの試みそのものでもあったのである［塚原 二〇〇八：七二］。

ここで述べられている「写真」を「記録ビデオ」と置き換えても差し支えないだろう。その上でまず、聾学校の子供たちが経験したのは、〈ビデオ〉として画面に現れた〈映像的現実〉だったと言える。その映像は、それを前にした彼らにとって現在進行形の経験であり、彼らは見るたびに少しずつ違った仕方で「今、ここにある」〈ビデオ〉に関与していたのである。

〈ビデオ〉はまた断片としてしか知覚できないからこ

そ「終わりなき営み」を子供たちに提供し彼らを魅惑し続ける。そして、彼らが「××がいた」とか「○○が気絶した」などと言ったのは、ビデオの内容を筆者に伝えるためにその内容を語ったというよりも、そうした語りそれ自体が、〈ビデオ〉という世界に自らの身を置いた彼らの肉体的な関与と考えられる。更には、彼らにとってもまた「見る」ことは、――コローのように、あるいはインドの村人のように――、文字通り視覚での享受にとどまらなかったのではないか。[20]

映像を「見る」ということは、単に「見る」ことにとどまらない。もちろん、映像をただ漫然と眺めていることもあるかもしれない。しかし、本稿で取り上げた事例では、観者の「見る」という行為に身体的な振る舞いとしての広がりがあった。そうした身体的な関与は、マクドゥーガルがNichols [1994] を引きながら述べているように、映像に対する強い身体的な反応――ショック、しりごみ、気絶、欲情、吐き気など――を覚える [MacDougall 2006 : 18] ことにまで発展する。

映像をめぐって、批評家的態度で解釈を重ねる――映像の「裏側」にある（とりわけ制作者の）メッセージを読み取る――こともときには必要だろう。しかし、観者の側の体験をすっかり蔑ろにし、ただひたすら映像の「裏側」のみを探り提示しようとし続けるならば、それは、――自戒を込めて言うが――「観者の知り得ないことを特権的に知っている」というような悪名高い知識人の態度をあからさまに表明しているも同然である。更に厄介なのは、映像をめぐるそうした解釈を再解釈することに甘んじる態度であろう。

まずは、観者がどのように映像に関与しているかを具体的に探究する必要がある。このとき、プロが制作した映画や写真家による写真、美術館に展示される著名な画家の絵だけを特権的に取り上げて、それらに対する観者の体験を吟味するだけでは不十分である。とりわけインターネットの世界では、家にいながらにして無料で写真や動画をアップロード／ダウンロードできるだけでなく、短いコメントまで書き込めるようになり、世界各地の「素人」による映像が驚くべき勢いで身近になっている。それ以前に、指摘するまでもないことだが、家庭用ビデオカメラの普及で日常生活を撮り収め、何度も見たりあるいは撮りっぱなしで保管したりすることが我々に身近なこととなっている。このような大衆的な映像をめぐるごく一般の人々の体験を取り上げることが今後ますます重要になってくるだろう。
最後に、本稿を締めくくるにあたって次のことを改めて強調しておきたい。ピニーが議論した大量に複製された印刷画＝女神の例では、確かに、絵に「神」という観念が付け加わっている。ピニーが精緻に議論を重ねても、それでもなお、「それは神を表象したものだから」（「宗教的」な何かが既にあるから）インドの村人がそれに対し身体的パフォーマンスを行っているに過ぎない、と考える人がいるかもしれない。しかし、大量に複製された印刷画＝女神における「神的な何か」を強めているのは、ピニーが繰り返し強調しているように、印刷画を前にした村人たちによる肉体的な関与であり、そうした観者の体験を探究する肉感学が、映像人類学を自称する領域においてもより重要になってきているのではなかろうか。

【註】
（1）「カント美学」の課題の一つとして、カントが芸術作品を「天才の技芸」としていることが挙げられる［大橋 二〇〇七：四〇］。また、カント美学の場合、実際の芸術作品には接触することなしに美や崇高の理念を観照的に思弁する『観照美学』という性格を濃くする［前掲］。大橋は、ド・デューヴの「デュシャンによるカント」における主張を次のようにカント／デュシャン以後のカントとして引いている。デュシャン以後は「誰もが芸術家」であり現代芸術は鑑賞者と作品との共同遊戯によって形成され、もはや天才の必要はない［前掲］。本稿では、「芸術」を超越的な作者の営みとして捉えるのではなく、鑑賞者の日常的な営みとして捉えたい。なお、本稿では、「鑑賞者」という用語を用いず、ド・デューヴ［二〇〇一］に倣って「観者」あるいは「観衆」という語を使用する。
（2）『真珠の女』という絵のタイトルは、多くの西洋絵画がそうであるように、制作者であるコロー自身が名づけたものではない。コローの死後、一八八九年のパリの万国博覧会に展示された際、女性の額に落ちた葉冠の影が真珠の粒とみなされたことに由来している［神戸市立博物館ウェブサイトおよびパンタッツィ 二〇〇八：一六二］。西洋絵画にタイトルが付されるようになったのは一九世紀後半になってからで、これは競売や展覧会といった催しで絵の唯一性を保証し、その絵を同定するためにカタログを作成したことと密接に関係している［島本 二〇〇五］。こうしたタイトル付けも「解釈」の例の一つと言える。
（3）註1で言及したド・デューヴの主張の前提をここでは取り上げておく。ド・デューヴによれば、芸術に対する人々の姿勢は、二つに分けられる。一方は芸術作品をシニフィアンと捉える側であり、芸術＝認識論的な機能とする側。他方は、芸術作品をフェティッシュであるとする側で、芸術＝外見、消費、欲動の経済、情動だとする［ド・デューヴ二〇〇一：九一―九六］。ド・デューヴによれば、あるひとつの任意の物体はシニフィアンであると同時にフェティッシュでありうる。ソンタグが言う「様式のエロティックス」を言い換えれば、ド・デューヴの言う「フェティッシュ」と言えるだろう。「フェティッシュ」という概念の歴史的変遷については、村上［二〇〇九］に整理されているのでそちらを参照されたい。

（4）ただし、例えば、人類学者で自身もいくつかの映像を作成したジェイ・ルビーは、『文化を描く――映画と人類学の探究』［Ruby 2000］で一章を割いて民族誌映画の受容者についての議論を試みている［*ibid*：181-193］。ルビーは民族誌映画に対して観者がどのような反応をするかについて述べることの難しさを表明しつつも、映像を用いて自分の知を誰かに伝えたいならば、人類学者は、オーディエンスが民族誌映画の意味を構築するということに関して学ばなければならないと指摘している［*ibid*：181］。なおこの章は、今から十五年前の一九九五年にルビーが雑誌『リーダー』に寄稿した「観者は見た――民族誌映画の受容」という論文が初出である。

（5）『オリンピア』は撮影した映像を使い回したり、「裏焼き」を行ったり、実況中継放送を後日スタジオで収録したりしている点で、単なる「記録映画」ではない。詳しくは瀬川［二〇〇一］を参照。

（6）『オリンピア』をめぐっては、リーフェンシュタール支持者による「純粋な〈芸術の勝利〉」として受容されるか、もしくは「スポーツ映画の体裁をとったプロパガンダ」という主張に二分されがちである［前掲：二三七］。

（7）勿論、「無色の、まったく透明な様式などというものは存在しない」［ソンタグ 一九九六b：三七］。ここでソンタグが強調していることは、次の一文に集約されていると考えられる。「芸術を通してわれわれが手に入れる知識は、（事実とか倫理的判断のような）何かについての知識自体よりも、何かを知ることの形式あるいは様式についてのひとつの経験なのだ」（強調は引用者）［前掲：四五］。

（8）ただし、ソンタグは「反解釈」（原著 一九六四年）、「様式について」（原著 一九六五年）を発表してからおよそ十年後、「ファシズムの魅力」［ソンタグ 一九八二］（原著 一九七四年）で、リーフェンシュタールの作品について次のように述べている。「彼女の作品の形式面での美だけでなく、その熱い政治性までもひとつの美的な過剰性として見てしまいうるというのは、ポップ・アート的な教養の逆説というものであろう」［前掲：一一〇］。同書によれば、リーフェンシュタールが後年出版したヌバ族の写真集における肉体美も「ナチス・イデオロギーの大テーマの幾つかを彷彿させる」［前掲：一〇二］ものである。本文で言及した瀬川［二〇〇一］でも、『オリンピア』が悪質なプロパガンダだと力説する人々の最大の論拠として「〈ファシストの美学〉あるいは〈ナチの美学〉を具現化した作品だという点」［前掲：二四二］が挙げられている。こうした議論は決して無視できるものではない。しかし、本稿では一九六四年時点のソンタグのいわば〈映画的現実〉という体験、すなわち映像が制作された文脈ではなく、観者による映像の「今、ここ」での体験を炙り出すことを目的としているのでそうした議論には深入りしない。なお、ソンタグ［一九八二］では、原題 *Fascinating Fascism* に「ファシズムの魅力」という平板な訳が与えられているが、「（受け手のコントロールを超えて）人を魅惑してしまうファシズム」、と読んだ方が妥当であろう。

（9）リチャードソンはアジェの写真を議論する上で、アジェの生い立ちやアジェが用いたカメラの特徴を取り上げているが、筆者はリチャードソン自身を一人の観者として捉え、観者としてのリチャードソンと写真との関わりという観点で議論を進める。

（10）リチャードソンは、人が全くいない写真（イメージ）だからこそ、その写真（イメージ）が人の存在によって染みをつけられているかのようであり、このことは疑いなく、ベンヤミンが「写真小史」の中でアジェの写真（イメージ）と犯行現場の写真とを同じとした理由であると語っている［Richardson 2000：14］。このことから、筆者は、リチャードソンによる「この（写真の）瞬間が全ての瞬間」ということばを次のように解釈した。もし時間を空間的比喩で言い表せるとするならば、一枚の写真は無数の痕跡で成り立っていると考えられ、その一枚の写真を前にした観者はどの一つの痕跡にも立ち会うことができ、それらの痕跡をつなげもするだろう。これがリチャードソンの経験したアジェの写真（イメージ）なのではないか。他方、カルティエ＝ブレッソンの「瞬間を切り取った写真」の場合、少なくともリチャードソンはその「決定的瞬間」にしか立ち会えなかったのだろう。

（11）ギンズブルグは、フロイトが同論考の中で絵画の本物と模写とを確実に区別する手法を説いたモレッリについて言及していることに注目し、フロイト、モレッリ、そして彼らと同時代に発表された小説の登場人物シャーロック・ホームズの三人の手法に相関関係を見出している。フロイトもモレッリも医師で、ホームズを描いたドイルも元は開業医だった。そして「十九世紀の末頃――より正確に言えば一八七〇年から八〇年にかけて――人間科学の分野で症候学に基礎を置いた推論的範例が姿を現わし始めた」［ギンズブルグ 一九八八：一八八］。「症候学」とは「時に取るに足らないとしか思えないような表面的な症状に着目して、直接観察できない病気を診断する学問」［前掲］である。ギンズブルグは、この症候学に基礎を置いた推論的範例の根を更にメソポタミアの占いの書にまで遡っている。

（12）岡田によると、「こうした議論の組み立て方は、『映画的』とも形容しうるもので、おそらく黎明期のシネマトグラフがフロイトに何らかの影を落としていると考えられる」［岡田 二〇〇八：二四二―二四三］。

（13）ピニーのウェブサイトに、宗教画のいくつかが掲載されている（http://www.christopherpinney.com/）。

(14) 絵画批評家のフリードによると、「演劇的（シアトリカル）」な絵とは観衆をまなざす絵であり、それは観衆に媚びているという。他方、絵の中の人物が何かに集中していてそのまなざしが作品内部で自己完結し観衆の存在を無効にするような絵を「没入的」（アブサープティブ）だとフリードは述べ、フリード自身は後者の絵の方を高く評価している［Fried 1980：フリード 一九九五］。

(15) ベンヤミンが「ほんもの」の「一回性」という場合、作品はそれが存在する場所に一回限りで存在していることが前提となっている。従って、「どれほど精巧につくられた複製のばあいでも、それが『いま』、『ここに』しかないという芸術作品特有の一回性は、完全に失われてしまっている」［ベンヤミン 一九七〇b：一二］。つまり、複製技術が進むことで、作品は移動可能となって観者（大衆）の側に近づけられることとなり、彼が言うところの作品の一回性が克服されてアウラが消滅してしまうというのが、ベンヤミンの主張である［前掲：一六―一七］。

(16) スペインの画家ディエゴ・ベラスケスが一七世紀に描いた「鏡のヴィーナス」（*La venus del espejo*）は、ロンドン・ナショナル・ギャラリーに展示中の一九一四年に婦人参政権運動家メアリ・リチャードソンによって切りつけられ、後に修復された。

(17) いささか強引ではあるが、観衆の身体的な関与が複製品を神にするという現象として次の例を挙げたい。それは江戸時代の「踏み絵」である。踏み絵の場合インドの事例とは逆に、「足で踏む」という身体行為を避けた瞬間にそれはただの絵であることをやめ、イエスや聖母マリアそのものになった。観者が踏むことを避けるというやり方でそこにあるモノに関与したとき、絵がいわば神そのものになったと考えることも可能だろう。

(18) 注意したいのは、バックモースが例えば「感覚的な経験」と「文化的な形式」とを分けているようには、「肉体」や「感覚」それ自体を純粋無垢なものとして抜き出せないということである。筆者は肉体や感覚の「復権」を本稿で唱えようとしているのではない。本稿で強調したいのは、とりわけ民族誌映画をめぐる議論の多くが制作者や制作過程に着目してきた中で見過ごされてきた、映像に対する観者の側の「身体的な関与」である。本稿においてこの「身体的な関与」の中にはことばとして最終的に現れることになった関与も含み、その例としてフロイトやリチャードソンの論考を取り上げた。

　映像は、そのように出来上がった「背景」とはしばしば無関係に観者によって経験される。より通俗的な言い方をすれば、観者はそこにある映像に対し「（制作者の目論見とは無関係だという意味で）好き勝手に経験する」のであって、そうした経験がどのようなものであるかというのが本稿のトピックである。

(19) 当たり前のことだが、このように文章化することは、当のビデオとは別のものをつくっていることになる。

(20) 聾学校の子供たちの語りには手話をはじめとするからだの所作が常に含まれる。そうした、からだの振る舞いを伴う彼らの語りの経験がいかなるものかについては、聾学校の内外における彼らと周囲の人々の日常生活を具体的に詳しく記述・分析することを通じて考える必要がある。これについては、今後の課題としたい。

【参考文献】

岡田温司　二〇〇八『フロイトのイタリア――旅・芸術・精神分析』、平凡社。

大橋良介　二〇〇七『美のゆくえ――カント・ヘーゲル・アドルノ・ハイデッガー』（阪大講義プロトコル）、燈影舎。

北村皆雄・新井一寛・川瀬慈（編）　二〇〇六『見る、撮る、魅せるアジア・アフリカ！――映像人類学の新地平』、新宿書房。

ギンズブルグ、カルロ　一九八八『神話・寓意・徴候』（竹山博英訳）、せりか書房。

クラーゼ、アンドレアス　二〇〇二「視線の記録　事物の目録　ウジェーヌ・アジェのパリ」『ウジェーヌ・アジェのパリ』（Ichiko Chiba 訳）、アダム、ハンス・クリスティアン（編）、タッシェン・ジャパン、三〇―三四頁。

島本浣　二〇〇五『美術カタログ論――記録・記憶・言説』、三元社。

瀬川裕司　二〇〇一『美の魔力――レニ・リーフェンシュタールの真実』、現代書館。

ソンタグ、スーザン　一九八二「ファシズムの魅力」『土星の徴しの下に』（富山太佳夫訳）、晶文社、八七―一二二頁。

――　一九九六a「反解釈」『反解釈』（高橋康也訳）、ちくま学芸文庫、筑摩書房、一五―三四頁。

――　一九九六b「様式について」『反解釈』（出淵博訳）、ちくま学芸文庫、筑摩書房、三五―六九頁。

高橋明也　二〇〇八『コロー――名画に隠れた謎を解く！』、中央公論新社。

塚原史　二〇〇八「メディウムからメディアへ」『水声通信二五号――特集シュルレアリスム美術はいかにして可能か』、水声社、六六―七六頁。

ド・デューヴ、ティエリー　二〇〇一『芸術の名において――デュシャン以後のカント／デュシャンによるカント』（松浦寿夫・松岡新一郎訳）、青土社。

パンタッツィ、マイケル　二〇〇八「真珠の女」『コロー　光と追憶の変奏曲（特別展図録）』（陳岡めぐみ訳）、国立西洋美術館・読売新聞東京本社、一六二頁。

フリード、マイケル　一九九五「二つのレアリスムの間に――デリダからマネへ」『批評空間　第Ⅱ期第七号』（天野知香訳）、太田出版、一七二―一九七頁。

フロイト、ジークムント　一九六九「ミケランジェロのモーゼ像」『フロイト著作集　三』（高橋義孝訳）、人文書院、二九二―三一三頁。

ベンヤミン、ヴァルター　一九七〇a「写真小史」『複製技術時代の芸術』（ヴァルター・ベンヤミン著作集二）（田窪清秀・野村修訳）、晶文社、六九―九四頁。

――　一九七〇b「複製技術の時代における芸術作品」『複製技術時代の芸術』（ヴァルター・ベンヤミン著作集

二）（高木久雄・高原宏平訳）、晶文社、七―五九頁。
村上辰雄　二〇〇九「宗教としてのフェティシズム――近代『宗教』概念理解への一つのアプローチ」『フェティシズム論の系譜と展望』田中雅一（編）、京都大学学術出版会、四一―六三頁。
Buck=Morss, Susan. 1992, Aesthetics and Anaesthetics: Walter Benjamin's Artwork Essay Reconsidered, *October*. 62 : 3-41
El Guindi, Fadwa. 2004, *Visual Anthropology : Essential Method and Theory*, California : AltaMira Press.
Fried, Michael. 1980, *Absorption and Theatricality : Painting and Beholder in the Age of Diderot*. Chicago : University of Chicago Press.
Gardner, Robert & Ákos Östör. 2001, *Making Forest of Bliss : Intention, Circumstance, and Chance in Nonfiction Film*, Harvard University Film Archive.
Gell, Alfred. 1998, *Art and Agency : An Anthropological Theory*, Clarendon Press.
Hockings, Paul (ed.). 2003, *Principles of Visual Anthropology* (3rd Edition), Berlin : Die Deutsche Bibliothek.
MacDougall, David. 2006, *The Corporeal Image : Film, Ethnography, and the Senses*. Princeton : Princeton University Press.
Nichols, Bill. 1994, *Blurred Boundaries : Questions of Meaning in Contemporary Culture*. Bloomington : Indiana University Press.
Pinney, Christopher. 2001, Piercing the Skin of the Idol. In *Beyond Aesthetics : Art and the Technologies of Enchantment*. Christopher Pinney and Nicholas Thomas(eds.), pp. 157-179. Oxford : Berg.
Richardson, Michael. 2008, New Possibilities of Visual Anthropology.『くにたち人類学研究』、くにたち人類学会、三：一―二一頁。
Ruby, Jay. 2000, *Picturing Culture : Explorations of Film & Anthropology*. Chicago : The University of Chicago Press.

【参照ウェブサイト】（二〇一〇年七月二〇日にアクセス確認）
神戸市立博物館（特別展　コロー光と追憶の変奏曲）：
http://www.city.kobe.lg.jp/culture/culture/institution/museum/tokuten/2008_03corot.html
Pinney, Christopher : http://www.christopherpinney.com

【写真提供】
『OLYMPIA Ⅱ 美の祭典』（ＤＶＤ、株式会社アイ・ヴィー・シー、一八九〇円）
『真珠の女』、ジャン＝バティスト・カミーユ・コロー、一八五八―六八年、パリ、ルーヴル美術館蔵、©RMN / Stéphane Maréchalle / distributed by AMF

第七章　映像技法から見る宗教性　パイクとヴィオラの場合

榎本香織

はじめに――「宗教映像」と宗教性の所在

「宗教映像」と言うと、まずどのようなものを想像するだろうか。おそらくスクリーンなり受像器なりに映し出される画像や物語を想像するのではないだろうか。実際に『四国八十八か所巡り』等の聖地巡礼のようなドキュメンタリー的な記録映像から、近年上映された、たとえば『仏陀再誕』のようなアニメやCGを駆使した作品に至るものまで、実に多層的な次元の「宗教映像」が世の中には存在する。

映像に関して多少でも知識のある人ならば、映像を構成するものがそこに映される「絵」のみではないこと――例えば機材、作り手、作り手の編集技術、それを支える思想等々、背後には多くの要素が複雑に絡み合っていることを知っている。もし「宗教映像」の中に宗教的次元が潜在する可能性を探るのであれば、こうした領域をも宗教映像をめぐる考察対象として見るという視点があったらどうだろうか。例えば、その作品を構成する技法や作者の思い、作品制作の背景にある種の宗教性が意図的に込められているのであれば、それを知り、解き明かすこともまた一つの方法である。いわゆる「映像の背景を見る」という視点は、映像作品全般に通じるものであり、何も宗教映像に限った話ではないだろう。そして一見作品理解のための補強にしか見えないかも知れないが、そうした過程を経て再び作品に向かう眼は、より多角的・重層的な視野と理解を取り入れる事が可能となる。映像を構成する「技法そのもの」にもし宗教的意思に基づいた背景というものが存在するのならば、それを知ることもまた見方の一つなのではないだろうか。

よって本稿では、こうした視点から宗教映像の宗教性というものについて考えてみたいと思う。映像を制作する側の視点に立ち、その実践の背景にどのような思いがあり、いかなる意味が込められているかを眺めてみたい。そうすることで宗教と映像、ひいては宗教―メディア間をめぐる諸問題について、単にコンテンツを分析するという方法とは異なる、より多角的な方法論を提供することができるのではなかろうか。

そして、その「宗教」、「映像メディア」というキーワードを繋ぐ手がかりとして、ここではナムジュン・パイクとビル・ヴィオラという二人のビデオ・アートの巨匠を取り上げてみたい。現代ビデオ・アートの世界において、彼らの名前を知らない人は恐らくいないだろう。前者はこんにちのビデオ・アートの開祖と呼ばれる人物であり、後者は聖書や神話等の題材を用いて迫真の映像作品を生み出す、現在最も活動的なビデオ・アーティストの一人である。両者に共通するのは、時代差はあるが共に六〇年代から八〇年代にかけてアメリカの対抗文化やニューエイジのただ中を生き、その人生の過程において多大な影響を受けた点である。彼らは禅や道教等の東洋的思想やネイティブ・アメリカン等の教えといった、脱西欧文明的な思想に共感し、五感や身体性を通じた実践を重視してきた。二人の作品は、そうした実践の結晶として生まれたものであると言っても決して過言ではないのである。

しかしながら、ビデオ・アートの世界にもたらした影響力にもかかわらず、作品制作の背景に流れる彼らのこうした思想に関しては、こんにちに至るまで意外にもあまり多くは語られていない。彼らのビデオ・アート実践の背景に宗教色の強い体験や思想が少なからず存在するのであれば、そのことを解きほぐす作業もまた、内容分析的な手段とは異なる側面から宗教映像に触れる作業であるとは言えないだろうか。実際、両者の実践の中身を知れば知るほど、完成された映像内容をただ「見る」という視点からのみでは決して得られない奥深さを提供してくれることがわかる。そしてそのような視点に立つことで、宗教と映像メディアのインタラクションについて、より深く考えることが可能となるのである。

ここからは、まずパイクとヴィオラがビデオ・アートへ至る背景に焦点を置き、それがどのように作品制作へと至るようになったのか、その思想の成立過程を追ってみたい。そしてそれぞれの作品制作のプロセスに大きく関わる彼らの宗教性を取り上げ、それらがメディア利用とどのように融合していったかを考察していきたい。

一　ナムジュン・パイクの映像実践――禅とテレビ画面

ナムジュン・パイク（白南準、一九三二年―二〇〇六年）はソウルに生まれた。家は繊維業を営み裕福であったが、不況で没落する。後に建てた二つの鉄鋼工場も一九四五年には「人民工場」として北朝鮮に奪われ、一九五〇年に一家総出で国を脱出して香港、日本へと移住する。この時彼は「自分がどちら側にいるのかわからない状態」であったと感じ、以降はシニカルな生き方を選び取るという一種の「悟り」を得たという。[1] この一連の出来事を通じ、彼は既に十代初めでアイデンティティの危機を体験したのである。

パイクは幼い頃よりピアノを学んでおり、日本に移住してからは東京大学で美学を学び、現代音楽の第一人者であるアーノルド・シェーンベルク研究で卒業論文を提出している。そして東大卒業後に渡ったドイツでアメリカの現代作曲家ジョン・ケージと出会うのだが、これを境に彼の人生は文字通り一転することになる。パイクにとってケージは人生の師そのものであると言っても良いほどに様々な影響を受けているのだが、そのケージが一体どのような人物なのか、彼のどのような点にパイクは感化されたのかは説明する必要があるだろう。

（1）ケージと東洋思想

ケージはシェーンベルクの弟子に当たり、師と同様に「無調音楽」[2] という和声や音階を無視した作曲法を展開していたが、その手法の背景に東洋思想の知見を取り入れている点が大きな特徴である。ケージは建築家で哲学者でもあり、「宇宙船地球号」といった概念の生みの親でもあるバックミンスター・フラー等の影響で禅に関心を抱くようになり、鈴木大拙からも禅を学ぶ。そして自らも修行を重ねるうちに「自然」、「偶然性」、「不確定性」といったものの中に音楽の本質を認め、また、インドの美学者ギタ・サラバイの「心を鎮め、和らげて、神の力を受けやすくすること」という言葉やクマラスワミの「芸術は自然の作用のしかたを模倣する」という、インド伝統の音楽や芸術の本質に関する言説を受けることでその信念は確信へと至るようになり、個人の好みや意図にもとづかない、無為自然的な音楽を模索するようになったという。[3]

事実ケージの著作『サイレンス』（一九九六年）にはその事を端的に示す部分が認められる。

音をコントロールする企てを放棄したくなければ、音楽的技術を複雑なものにして、新たな可能性と認識に接近することができる。（ここで「接近」という言葉を使ったが、それはものごとを測定する知性があるとしても、結局、自然を測定できるわけではないからだ。）さもなければ前に述べたように、音をコントロールしようという望みを捨てて、音楽の事は忘れ、音を人工的に理論や人間感情の表現の伝達手段とするのではなく、あるがままにしておくための手段の発見に乗り出すことができる。［ケージ 一九九六：二一八］

ここでいう「音楽技術の複雑化」が、音楽を理論で体系化・複雑化させつづける西洋的な方法論を指し、「あるがままにしておく手段を発見する」はそれに対極する東洋的方法論を指すであろうことは想像に難くない。

そして実際の手段としてケージが考案した代表作が、コイントスによる易経の爻位（こうい）と乱数表との組み合わせを楽譜にしたためる作曲法「チャンス・オペレーション」や、星座の星の配置をそのまま線譜に当てはめた作品「アトラス・エクリプティカリス」、沈黙の音楽性・再現不可能を表現した「四分三三秒」等である。禅を始めとする東洋思想は、従来の西洋音楽の持つ旋律や和音といった「調性」という内的理論の中に封じ込められていた音を、「本来あるべき自然の姿へと開放する手段」として用いられたのである。また、同書には電子音楽やエレクトロニクスへの礼賛も認められることから、彼の中でマーシャル・マクルーハンも東洋思想のグル達と同様、重要な位置を占めていたことも分かる。実験音楽と称して電子楽器を用いた作曲を積極的に取り入れもするが、これも、従来は「ノイズ」と呼ばれていたような自然音（トラックの音や雨音等）を歓迎し、それらを自由に組み合わせる事のできるエレクトロニクスを、かつてマクルーハンが考察したように「深い次元で感受性の革命をもたらすもの」として歓迎していたようである。

音楽を通じた禅へのケージの姿勢は、実に真摯なものであったが必ずしも万人に受け入れられるものではなく、特にアラン・ワッツにその著作『ビート禅とスクェア禅と禅』（一九五九年）の中で批判を受けていたことも本人は自覚していた。それでもケージは常に実践することを止めず、二〇世紀半ばのアメリカにおける禅とは何かを問い続け、音楽を通じた精神の自由と心の平安の探求を生涯のテーマとした。ケージの人生と芸術における精神的・思想的な基盤には様々な神秘思想家の名が連なるが、特に禅が大きな位置を占めたことはその著作や作品を見ても明らかと言える。

（2）ケージとの出会い

思想から生き方そのものに至るまで、ケージに対してパイクが深い共感と感銘を受けたことは、後の彼の創作活動を通じて理解できる。東大時代に師事していた野村良雄のケージ批評を通じてケージの名を知ったパイクは、ドイツ留学時の一九五八年にケージが演奏と公演旅行でダルムシュタットを訪れた時に初めて出会い、その場で意気投合している。パイクはこの出会いを「ケージ・ショック」と名付け「自分が求めていたのは、これであったのかと開眼」したと語っているが、その背景には当時の自分の生き方に対して、ある種の葛藤を抱いていたことと関係するようである。

当時パイクはミュンヘン大学とフライブルクのコンセルヴァトールにおいて、音楽史や音楽理論、そしてピアノ技術といったいわゆる西洋音楽の王道を学んでいたが、師の勧めで当時のエレクトロニクス音楽の中心地であったケルンにも赴き、様々な自然音や楽曲を録音したテープを用いた実験音楽も手がけていた。この時期のパイクは伝統的な西洋音楽とは異なる音楽実践を通じ、同時にシェーンベルクの無調音楽からも脱したいと模索していた時期でもあったために、複数の生き方の狭間で悩んでいたようである。

> 主題は依然として、「個人様式と時代様式」との
> confrontation であって、果して、韓国→満州→蒙古→
> タタール地方へと、十万年を朔るＤＮＡをもったぼく
> が　西欧で、ルネッサンス以降　五百年の歴史を　も
> つ　様式の変化の最先端に、接木して、それが　誠実
> な　ぼく個人の全人間性の表現になるのか、あるいは
> 時代に　迎合して　出世を　求めるハッタリ屋の
> バクチで　あるのか？　人に責められる前に、自分自

身に　納得　させたかった。［パイク一九八四：一二］

「タイム・コラージュ」において、パイクは当時の自身をこのように回顧しているが、ここから二つの点についての葛藤が読み取れる。一つは個か全体かという生き方の間で揺れる葛藤、もう一つは西洋文化を生きる東洋人としての葛藤である。彼は一方で西洋の王道的な音楽理論や技術を学ぶものの充ち足りず、もう一方ではシェーンベルクを慕い、その延長線上として最先端の音楽を同時に学ぶものの、この頃には既にそこからさえ脱却したいと感じていた。正統的で伝統的な西洋音楽にしろ流行の無調音楽にしろ、どちらを向いても時代の波に乗るペテン師のような感覚にみまわれる。また、ここで学ぶことを大人しく吸収しつづければそれなりの将来は見えるかも知れないが、それが本当に自己の表現となっていくのかについても疑問である。さらには西洋音楽をヨーロッパで学び続ける東洋人としての自己のあり方、それ自身が既に「接木」的であるとさえ彼は感じていた。少年時代に体験したアイデンティティの危機から学んだ「なんでもフラットに見るようにしよう」という悟りは、ここで再び揺らいでいたのである。

こうした中でのケージとの出会いは、それまでのパイクの生き方を「ありのまま認める」という形で決定的な精神基盤となった。パイクはケージから、禅を初めとする神秘思想を学び、そこにケージの全てがあることを知る。また禅の「不確定性」「偶然性」等の、唯一的な回答を求めることのない観念は、パイクをその幼少時からのノマド的な生き方や音楽を通じた自己の在り方全てにおいて、そのまま受け入れてよいという結論へと導き出す。パイク自身の多くの記述を見る限り、それまでは宗教的な事柄とは無縁に近かったと思われるため、ここでのケージとの出会いはある意味では精神的なグルとの出会いでもあり、一種の宗教的アプローチへの大きな一歩と見なすこともできよう。

（3）「不確定性」の生んだビデオ・アート

実際に、彼のその後の活動の変化は、まずはその「姿勢」に反映されていった。初めての出会いで見た「自らの作品で意図せずとも人々に笑いをもたらすのであれば、それを受け入れる」というケージの達観した姿勢が、パイクの心の解放への大きな契機となったようである。それまでは内気で、人見知りの強いパイクだったが、五八年以降の作品ではケージ自身も驚くような過激なパフォーマンスを展開させる。五九年に発表した『ジョン・ケージへのオマージュ』[4]で聴衆に「ハッタリ」と言われても平然としていたし、前衛芸術集団「フルクサス」[5]加入後にその勢いは更に増し、音楽批評家に「世界で最も有名なバッド・ピアニスト」と評されてもそれを大いに励みにしたという［トムキンス 一九八四：七九］。この気質の変容は、途中のフルクサスへの加入の影響を考慮しても、彼がその場限りの解放ではなく、より根底的な次元からの心の解放を得たことを明確にしているように見える。「個人の全人間性の表現」と「時代に迎合して出世を求めるハッタリ屋のバクチ」の間で自身の心の置き所に揺らいでいたパイクの生は、これを機に然るべき方向へと定まっていく。

そして、ケルン時代より始めたエレクトロニクスによる実験音楽にも変化が訪れる。五九年には既にビデオを芸術形式の一つとして用いる構想を抱いており、ケージにそれを伝えていた。そして戦時中にレーダーを研究していたドイツ人の知人との会話からインスピレーションを受けたことで、テレビによる電子絵画の可能性が閃き、本格的にテレビを複数台スタジオに入れて、その配線をいじる作業に没頭していたという。この転身は事実上、音楽演奏家への道を断念し一人の芸術家としての独り立ちをすることを意味していた。一九六二年の*DE=COLL/AGE*誌三月号には次のような一文を残している

（より一層の不確定性へ向かう次の手段として、ぼくは聴衆（あるいはこの場合は会衆）にみずから行為し、演じてもらいたいと思った。そこで私は、音楽演奏をいっさい断念し、音楽をむきだしにした。各種の楽器、音響オブジェをつくってそれらをそのまま部屋に置き、集まってきた人達が思い思いに鳴らしてみることができるようにした――）

ここでいう「不確定性」という言葉は、明らかにケージの禅理解を踏襲しての言葉である。

パイクは少なくともケージに出会うまでは、禅はもとより宗教に関心が無かった。しかしこの頃には暇が出来ると東洋の音楽や宗教について学んでおり、ケージから学んだ禅の不確定性の観念が、パイクを新たな活動の場へと踏み出させるための支えとなると同時に、探求すべ

きテーマとなったことがわかる。そして映画とも異なる、「音を伴う動画のようなもの」の制作を構想し、六三年夏にはヴッパーダールで初のビデオ・アート展を開催する。その時点ではテレビの背面にある電圧やサイクルを変える事で、正常な画像がモノクロや多彩な色に変化し、像が歪む事の面白さに純粋な関心を持つに留まっていたのだが、同年秋に日本へ渡り、NHK技術研究所の研究員であった内田秀男の紹介で技術士の阿部修也と出会うことで、その手法は更に展開される。テレビの映像画面への干渉の追試を繰り返すうちに、パイクは一つの発見をするのである。つまり同じ作業でもテレビの受像器ごとによって少しずつ異なる反応を示すことから、パイクは画像の動きを完全に制御することが「不可能であることを」悟ったのである。

テレビ画面に映る画像は、偶然が生み出すイメージであり、同じものが二度と再現されることはない。ケージが自然の成り行きによって生まれる音楽にその本質を見出したように、自然の成り行きで出来上がるイメージ自身が常に「不確定性」そのものであり、パイクはそこに楽しみや一期一会性を認め、「喜ばしいこと」と受け取ったのである。

そしてこの経験を元にして、パイクと阿部は六九年に「ビデオ・シンセサイザー」という映像処理機材を開発する。モノクロやカラー画像、ビデオソースによって伝えられたイメージを無限の色彩パターンや形態に変化させてコラージュさせることができ、さらにそれをスイッチやダイヤル等のコンソールで操作するというもので、慣れれば特定のイメージや画像を作成できる。現在ではコンピュータ・グラフィックス（CG）として世間一般に普及している電子映像技術の初めの第一歩は、まさにこうした偶然から誕生したのである。さらに、偶然や不確定性を好んだパイクは、敢えてシンセサイザーにランダムにイメージを生成させていた。用いられる映像素材は大抵、自分やケージを初めとした仲間のアーティスト達のパフォーマンスや、その作品のテーマに沿う映像などが細かくコラージュされただけで、ストーリーも無くただ目まぐるしく再生されるのみである。このビデオ・シンセサイザーで生成され、目まぐるしく変化し続けるコラージュ映像こそ、不確定性の観念がパイクの中で熟成して創出された結晶であり、彼の作品の象徴となっていったのである。(6)

また、日本滞在中に、パイクは世界初の家庭用ビデオレコーダが目下開発中であるという報せを聞く。携帯型ビデオはパイクがケルン滞在時から構想していたものであるが、独力での開発には限界を感じていたところであった。このレコーダは二年後の六五年に発売され、パイクはこれをニューヨークで購入して初のフィルム作品『ビデオのための禅（*Film for Zen*）』を制作している。延々と白い画面のみが続くその作品は、パイクが日本滞在中に鎌倉で体験した面壁坐禅（壁に面して坐禅を組むこと）の記憶を彷彿とさせるものである。

パイクはその後も『ＴＶ仏陀』等、禅のモチーフを前面に押し出した作品も制作するが、それらも全てケージを媒介した禅の観念が契機となって生まれている。ケージとの出会いは間違いなく「ビデオ・アーティストのナムジュン・パイク」を生み出したターニングポイントであるが、その中で特筆すべきは、彼に決定的な影響を与えたのが「禅を初めとした東洋思想を根底とするケージの生き方そのもの」だったことである。幼少時代からドイツ留学時代まで、「物事を平坦に見ようと試みながらもかなわなかった」のは、そのように生きることをよしとするための哲学的根拠が欠如していたためだが、ケージのもたらした禅の「不確定性」の観念が、パイクを新天地へ押し出すための起爆剤やビデオ・アートの発展の直接的な契機となったのである。当然のことながら、パイクに影響を与えたのは禅だけではなく、老荘思想やカント、ヘーゲル等の東洋思想や哲学等も含まれる。しかし物事が混在する姿をそのまま是とする不確定性という観念は、彼のそれまでの生を初めて肯定したものであり、その後の人生や作品に、一貫して大きな意味を与え続けたことは確かであると言えよう。

二　ビル・ヴィオラの実践――神秘体験表現の技巧化

パイクがビデオ・アートそのものを生み出して以降、年月とともにそのビデオも次第により普及し、日常へと定着していく。そのアート文化の延長線上を辿る上でもう一人外せない人物が、ビル・ヴィオラ（Bill Viola, 一九五一年―）である。

ヴィオラは、一九五一年にニューヨークのクイーンズに生まれた。母親は英国人で、幾分心霊主義的な系統を引く家系であったという。

ヴィオラの神秘主義への志向は、既に幼少時に萌芽していた。六歳半の時に川で溺れ、その時見た川底の光景の美しさとそれに包まれる幸福感が、後の作品に繋がる原体験となっている事は有名なエピソードである。

六歳半の夏、家族と一緒にニューヨーク州北部の田舎で休暇を過ごしたときに、筏から飛び込んだはいいが、浮き袋をつかみそこねてしまった。まっすぐ底まで沈んで、目を開くと水底の信じられないような光景が目の前にあった。トルコ石のような青、エメラルド・グリーンに光線が煌めいて、魚は泳ぎ、水草が流れにのって揺れている。とても美しく、ぼくは落ち着いていて、少しも怖くなかった。すると腕が上から延びてきて、あらっぽく水面の上に引き戻してくれた。叔父だったが、ぼくは水底にいたかったから、ちょっと不満だった。今でもあの青緑の世界が見えるし、あの穏やかな静けさを鮮やかに感じることができる。ぼくにとっては天国に一番近いイメージだな。［ヴィオラ二〇〇六：一八四］

内的世界を愛する大人しい少年で絵や本を愛し、神秘的な事象への関心とそれを受けとめる環境と素地は幼い頃より既に備わっていたという。

（1）ビデオへの「愛」

ヴィオラは一九六九年にシラキュース大学美術学部に入学して絵画とエレクトロニクス音楽を学び、その中で初めてビデオに触れる。その時ヴィオラは、ビデオを手にした瞬間そこに運命的な出会いを感じたという。ヴィオラは初めてビデオを手にした時の様子を以下のように述べている。

初めてヴィデオ・カメラを手にしたとき、「これだ、私は一生これでやっていくんだ」とすぐさまに思ったんです。まったく迷いはありませんでした。それは深い、直感的な結びつきで、そこから新しい世界がまるごと開けてきた、なんというか、心の底にピタッときたときの躍りたつような感じ、最も深い意味での、愛のような、と言ったらいいかな――単に夢中になる、というのではなく、大文字ではじまる「愛」ですね。哲学者の語るような愛。（中略）私はヴィデオと電子イメージに恋をした。［ウェイエルス 一九九九：一一六］

ここで興味深いのは、当時ヴィオラがビデオをテレビの「対抗手段」と捉えていた点である。テレビは権力や商業主義の象徴であり、誤った情報と自己満足とで大衆の頭を鈍磨させる装置であり、ビデオは反権力のための道具であった。ちょうどパソコン通信やインターネットが登場した頃も、それらがマスメディアに対抗する夢の道具として期待の眼差しが注がれたのと同様の構造が見てとれて興味深いのだが、それと似た希望をヴィオラはビデオに込めたのだろう。前述のパイク同様内向的な性格で、自身の精神世界をそのまま他者に認められる形で外に出すことの難しさや共感の得がたさを経験的に知っていたヴィオラであるが、ビデオはこうした内的世界を増幅させてくれる装置であり、これからは堂々と自分の世界を表現出来ると確信した。ヴィオラはパイクの時代とは異なり、既に完成したビデオ装置を手にしていたため、その後はいかにビデオという夢の媒体を効果的に用いつつ、自己の精神世界を外の世界へ押し出すかというテーマと付き合っていくことになる。

　また、ヴィオラは大学在学中の一九七二年にパイクの展覧会のアシスタントを務めている。

「ヴィデオ・アートの賢人、私達すべてに行く道を教えてくれた人。私は彼のやったことに対して、大変な敬意と感謝、そして賞賛の念をもっています」とヴィオラはパイクを評価している。「当時、私は、まだ学生だったんですが、彼が美術館の館長に向かって何か言うでしょう、それから私のほうを向いて、何か言う。まったく同じ調子でね（強調は筆者）。これはまったくすごいことで、ハッとさせられました」［前掲：一一九］というヴィオラの回想は、身分を越えて全ての人を同等に見るパイクの人柄を表している。

　共にアシスタントをし、その後も長年ヴィオラと交流を続けている学芸員デヴィッド・ロスも、パイクに対する高い評価に加え、パイクとの出会いでヴィオラが「パイクから瞬時に深い影響を受けたが、興味深いことにそれが目に見える形で表れることはなかった」［ヴィオラ二〇〇六：一七］と評しているのだが、この意味については後で触れてみたい。

(2) ヴィオラの内的世界と日本文化

　一方でヴィオラは学生時代に、エックハルトやヒルデガルト・フォン・ビンゲン、鈴木大拙、クマラスワミ等の神秘主義の書物と向き合う傍ら、瞑想のワークショップにも参加し坐禅を組み始める。また卒業後にジャワ、バリ、フィジー、ソロモン諸島でフィールドワークを行うが、そこで民族音楽やダンスを通じてその土地の生み出すダイナミズムに感銘を受けたりもした。その土地の持つ原初的なダイナミズムのリアリティは、専門家から得られる性質のものではなく、そこに既にあるものなので「波長さえ合っていれば、アンテナのようにちょっと動かすだけ」でよく、人間がしなければならないのは「それに自分を向き合わせること」であることを学んだと、ヴィオラはまさにチャネラーのような感想を述べている。坐禅の体験も、書物から得ることの限界を知ることによる実践のためであり、この二つのヴィオラの体験を見るだけでも彼が宗教的探求において身体性を重視している様子が認められる。

禅のワークショップに関しては、もとより幼少時からのオリジナルの神秘体験の蓄積があるためか、東洋哲学がそのまま自身の感性に当てはまったわけではなかったようである。禅に出会うまで宗教的なものに対する体験のなかったパイクと比較して、ヴィオラの禅への態度は、幼い頃に得た自らの神秘体験という絶対的な軸があるためか、少し相対的に捉えているようにも見える。とはいえ、ヴィオラは特に鈴木大拙の熱心な読者であったことに加え、ゲイリー・スナイダーや丹下健三、岡倉天心の著書も読んでおり、その影響から禅と日本文化に対し高く関心を募らせていった。また、日本が当時世界最先端のビデオ・カメラを開発していた事も、彼にとっては日本の魅力の一部だったようである。

そして実際に、ヴィオラは七六年と八〇年に来日する。七六年は世界初のテープビデオ・カメラを購入するため、八〇年は日本の伝統芸能とビデオテクノロジーを学ぶ為に日米友好基金と文化庁の芸術奨励制度の助成金を受けての来日であった。そして八〇年から一年半の滞在で、ヴィオラは禅を通じ日本文化を徹底的に体験するため、僧侶の田中大圓より禅と水墨画の精神を学ぶ。(7) 水墨画へのアプローチはヴィオラが直感で決めたものであり「ヴィデオと水墨画には関連があるという勘がしきりにしただけ」との事であったが、そこでの修行では筆を運ぶ技術と時間に関する「一期一会」の考えを学んだという。

後の彼の作品に通じる特徴と当時の体験を照らし合わせて考えるに、ここで得た「時間」に関する学びは非常に大きな意味を持っているように感じられる。この時間の観念がビデオと結びついたとき、ヴィオラがそこで最も表現したかったのは「時の流れ」であった。ビデオはその映像の時間を編集できるが、ヴィオラがそこで求めたのはそうした編集技術で「時の流れ、それ自体」を表現することだったのである。日本滞在時の集大成的作品である『はつゆめ』（一九八一年）は、カメラをゆっくりと回したり停止させたりして、日本の風景をひたすらそのままに撮影した作品である。それは竹林、田園風景、恐山、東京の街等々、風景は変化するものの、そこに空間を超えた、一貫して流れる均一で緩やかな時間の流れの方をむしろ表現しているかのようである。ヴィオラはこのカメラワークを「能を参考とした」と述べているが、それも鈴木大拙の『禅と日本文化』に出てくる能と禅との関連性を参考にしたことは想像するに難くない。そしてこの「禅的な時間を撮ること」は「身体性」と密接に結びつき、後の彼のビデオ作品の中で更に重要なテーマとなっていくのである。

（3）スローモーションの技術と直接体験

日本滞在を通じて、ヴィオラは自身の作品をビデオ上で表現する際に最も重要な要素を発見したようである。それが「時間」の編集、特に「スローモーション」の技術であった。ヴィオラの作品は総じて神秘主義的で、自然から聖書まで扱うモチーフは幅広いが、このスローモーションが殆どの作品にも通底したキーとなっているのである。

一瞬一瞬の連続体の中で起きる出来事を、スローモーションによって時間の密度を上げ、その細部を受け手に集中して見せるという技術は、ベラ・バラージュの言う「クローズ・アップ」に通底するものがある。バラージュは『視覚的人間』（一九二四年）の中でクローズ・アップによって映し出される映像を〈小さな生〉と呼び、どのような最大の生も、細部と個々の契機という〈小さな生〉から成り立っていると述べるが、クローズ・アップが具体的な生の素材と実体とを感じ取らせる為の空間拡大の技術としたら、スローモーションは一瞬一瞬の生の連続的営みを見せる時間拡大の技術と呼べるだろうし、事実ヴィオラもそこに着目した。

ヴィオラは自身の経験から「神秘体験はその人が直接的な経験を通じて得たものでなければならない」という信念を持っており、知覚を含めた身体性を非常に重要視している。ヴィオラの指す「直接体験」は「いまここを大事にする、この瞬間を生きる、ということ」、「現在という時のリアリティを経験すること」であると彼は主張するが、映像においてその直接体験の表現を助けるのがスローモーションということになる。水の中に一人漂う人間や、死の床にある自らの母親、一五世紀の画家マゾリーノのフレスコ画『ピエタ』をモチーフとした作品等々、抽象具象にかかわらずヴィオラの作品は宗教的コンテクストを活用しているが、それらを通じて見る側に直接体験の機会を少しでも与えるというのが彼のテーマの一つである。

そうして提示された映像の宗教的モチーフのみならず、それらがゆっくりと動き、次第に変化する様相の一瞬一瞬を見せる禅的な過程の中にこそ、ヴィオラならではの映像の本質が潜んでいる。ヴィオラの用いるスローモーションは、アプローチは異なるものの、結果としてバラージュのクローズ・アップが目指した〈小さな生〉を見せるのと同じ到達点に辿り着いているが、生命がその〈小さな生〉という「点の連続体」であることを伝えようとしている点で、より踏み込んだ宗教的解釈が込められているように見て取れるのである。

おわりに——映像技術の中に見る宗教実践

メディア論研究者である桂英史は小論「視覚芸術の立場から読む」の中で、視覚芸術の観点から見たテクノロジーと映像の関連性について次のような指摘をしている。

〈写真や映画のもたらす〉テクノロジーは、抽象に対する想像力と手法を従来以上に拡大する契機となった。映像メディアは、「対象」や「操作」といった科学的な形式をめぐる相互作用を芸術家に求めたのである。この相互作用の究極的な目的は、見ている人により深くメディアが備えている表現力を実感させ、「作品の鑑賞法」といった制度的で受け身の立場から解放される方法を教えることになる。芸術家には、映像メディアが備えている抽象性との対話を確立するのを助け、さらには、表現の可能性に従って手法の選択を行う自由をあたえることにもなった。［桂 一九九六：二七三—二七四］

「手法の選択を行う自由」を得たパイクとヴィオラにおいては、今まで見てきた通り、その手法を得るプロセスの中に宗教的な観念が密接に結びついていたことに注目すべきであろう。パイクはビデオ・アートというジャンルの確立とその発展の原動力として「（禅の持つ）不確定性への追求」という求道心があったし、ヴィオラが作品に込めた「時間」を拡大させる手段としてスローモーション技術に辿り着いたのも、日本における禅の体験がもとになっている。

もちろん、ここで取り上げたのは、二人の膨大な作品を構成するごく一部の要素でしかなく、更に掘り下げて考えるのであれば、より複雑な要素が絡んでくることも忘れてはならない。パイクであれば、六〇年代当時に参加していた「フルクサス」の持つ日常と非日常性、芸術と非芸術性との関係やその中での緒活動はもちろんのこと、さらに地球村を提唱したマクルーハンやサイバネティクスの創始者ウィーナー[8]等の影響も複雑に絡み合うし、ヴィオラに関してはその作品は映像のみならず、映像空間＝インスタレーションの問題にまで拡大していくからである。そして何より、ここで触れてきた「宗教」とは、あくまでアメリカの対抗文化という文脈に限定せざるをえないものであることも忘れてはならない。

しかしながら、それらがたとえ映像を支える技術の一部に過ぎないからと言って、パイクやヴィオラに宗教的関心が無くとも、果して今日の二人の作品が現在の姿に至ったかというとやはり疑問が残る。「映像(picture)」や「物語」という目に見える表面的な部分のみならず、それを構成させるに至るまでのプロセスや技術という、いわば背後の部分から宗教的アプローチを行ったという点が、この二人の共通点であろう。

先のデヴィッド・ロスは、ヴィオラがパイクから受けた影響について「興味深いことにそれが目に見える形で表れることはなかった」と述べた。これは、ヴィオラがパイクの映像や作品の可視的な部分から影響を受けたというよりは、それを背後で構成するプロセスや宗教的探求心という形で影響を受けたという意味だったのではないかと思われる。それを踏まえると、改めてこの「目に見える形で表れることのない部分」には、作品に至るまでの奥深い思想や背景がいかに多く潜んでいるかがわかる。無論全ての宗教映像作品の背景に宗教的な動機が潜んでいるとは限らないが、そうした背景を掘り起こす作業そして眼差しが、宗教と映像、さらには宗教―メディア間をめぐる諸問題を考える際により多角的で新たな視点を提供するのではないか。そのような可能性をささやかながら提示しつつ、本稿を締めくくりたい。

【註】

(1) パイクは以下のように当時の出来事を述べている。「すべて幸いといえば幸い、不幸といえば不幸。自分はどうも間違った側にいるんじゃないかとときどき思いました。ずいぶんラジカルな考え方をしていましたからね。一九五〇年、ぼくたちが難民列車にのっているとき、(朝鮮戦争の)爆撃がはじまったんです。ぼくたちは逃げ出すことができたけれど、ぼくはじっさい、自分がどちら側にいるのかわからない状態でした。それで考えた――悟り、ですね!――よし、これからは野球のように、何でも見るだけにしよう。深刻になることなんかありゃしない、と」[トムキンス 一九八四:七五]。

(2) 我々が現在日常的に慣れ親しんでいる西洋音楽の形式はバロック時代に確立されたものであり、任意の主音を軸として展開する和音や旋律によって曲を構成する「調性音楽」と呼ぶ。その調性自体を否定し、十二音全てを均等に扱う技法を無調音楽、または十二音技法という。

(3) [ケージ 一九九六:四五三] の訳者によるあとがきより。引用箇所の強調は筆者による。

(4) 世間でまだケージの音楽が認められていない時期に、そのアンチテーゼ・挑発として行ったパイクのパフォーマンス。

(5) 一九六〇年代初期にアメリカ人ジョージ・マチウナスによって創始された前衛芸術運動およびその組織名。「フルクサス」には「浄化・流動・下剤を使用する」といった意味がある。多岐にわたる自由な芸術活動を推奨して表現の場を提供することにより、世界中の芸術家達がその名の下に加わり、緩やかな芸術共同体を形成していった。パイクは、ケージがこのフルクサスに所属していたことから、自らも所属することにした。

(6) 国内で見られるパイク作品の中で最大のものは、福岡のキャナルシティ内にある *Fuku / Luck, Fuku=Luck, Matrix* である(パイクは日本語も堪能なため、日本語・英語・韓国語の混じったレトリックを愛用した)。高尚・低俗なイメージ、福岡のシンボル、洋の東西の風景がビデオ・シンセサイザーによって目まぐるしく変化する様子が一種のカオスとして解釈される。しかしこのカオス的展開それ自体が、実はパイクの意図するランダムの起こすハプニング的・一期一会的な楽しみそのものなのであると言えよう。

(7) ヴィオラによれば、彼が癒しの芸術と指圧に興味があった頃に紹介してもらった指圧師が座禅の指導もしており、その座禅を通じて出会ったのが田中大圓であったという。天真爛漫な性格で絵や陶芸にも通じており、芸術が人生そのものであるような生き方に大きな影響を受けたという。水墨画は直接習ったわけではなく、その自由な描き方から精神的な知見のみを学んだようである[ヴィオラ 二〇〇六:一六九―一七〇]。

(8) ノーバート・ウィーナー(Norbert Wiener, 1894-1964)。アメリカの数学者。生理学と機械工学、通信工学を融合するサイバネティクスの提唱者。パイクのテーマの一つに科学と人間との融和が挙げられるが、ウィーナーはその先駆者であるとし大きな関心を寄せた。パイクにとってマクルーハンとウィーナーは、分野は異なれど同じ理想を持つ同志のような存在であった。

【参考文献】

ケージ、ジョン　一九九六『サイレンス』（柿沼敏江訳）、水声社（Cage, John. *Silence*, Middletown, Connecticut: Wesleyan University Press, 1961）

ナム・ジュン、パイク　一九八四「タイム・コラージュ」『ナム・ジュン・パイク　タイム・コラージュ』、ISHII PRESS.

トムキンス、カルヴィン　一九八四「ビデオの幻視者」『ナム・ジュン・パイク　タイム・コラージュ』、ISHII PRESS.

水越伸、飯塚肇、弓場敏嗣、信原幸弘、桂英史　一九九六『コンピュータ半世紀――コンピュータ文化を読み解く一七三冊』、ジャストシステム

ウェイエルス、ロウエリン　一九九九「ビル・ヴィオラに聞く――時間の速度を緩めると空間も広がる」『InterCommunication』、二十八号

ヴィオラ、ビル　二〇〇六『はつゆめ』、淡交社

Townsend, Chris(ed.), 2004. *The Art of Bill Viola*, Thames & Hudson.

第八章　映像に「ふれる」こと

仮面と画面の映像人類学

新井一寛

シークエンスⅠ　プロローグ

二〇〇一年、彼は大学院入学の直前に、フィールドワークで使用しようと、銀色のパスポートサイズのハンディカムDCR-PC9（SONY）を購入した。当時はまだ、デジタル・ビデオカメラをもっている大学院生はそれほど多くなかった。彼がこのカメラでもっとも新鮮に感じたのは、液晶画面（タッチ・パネル）であった。

彼にとってテレビ画面にふれることは、子供の頃からタブーであった。傷や手垢をつけてはならないものとして、画面はふれてはならない「聖域」であった。画面を拭くときはいつでも、繊細な布で傷をつけないように注意深く行った。液晶画面付属のビデオカメラが普及し、画面にふれる経験が多くなると、いくらかはタブー意識がうすれたかもしれない。彼は、今後のiPhone、iPadの普及は、「画面の世俗化」をますます推し進めることになるのだろう、などと考えた。

彼は、ビデオカメラで録画した映像を操作するために、調査地で液晶画面にふれた。そのときの違和感を、いまでもおぼえている。それはまさにふれてはならない「聖」なるものにふれた感じで、タブーを犯す快感と畏れが入り混じったものであった。気温が高く砂塵の多い調査地エジプトのカイロで、タッチするたびに画面にこびりつく指紋や砂は、「聖」なるものを穢すのをより強く感じさせた。しかも、画面に映っている操作対象の像が、調査をし始めたばかりの当時、彼がまだ強く神聖さを感じていたスーフィー教団の儀礼やシャイフ（師匠）であればなおさらであった。

シークエンスⅡ　インタビュー㈠

夏に行ったときの話なんだけどさ。予定が終わって滞在期間が一泊二日分残ってたんだよね。だから、海わたって「聖なる場所」に行くことにしたんだよ。前からちょっと行ってみたかったんだよね。え？　島の名前？

それはちょっと……。まあそれでフェリーで向かったんだけど、島に着くとさ、島民たちが待ちかまえてて、おれらがフェリーから降りるところじっと見てたんだよね。なんかこわかったよ。まあそれはいいんだけど、すぐに泊るところ探したけど、民宿とかひとつもないって言われて。公共の宿泊施設はあったらしいんだけど、もう空きがなかったみたいで。でも、まあ、ある公共機関に泊めてもらえることになったんだよね。食べるところもないって言われたけど、宿主さんが獲れたての海の幸とビールを用意してくれたんだよ。一緒に食べようって。うまかったよ。宿主さんも東京にいたことがあるらしくて、いろいろ話してたんだけどさ、でも、そのとき、「聖なる場所」について聞いたら、急に宿主さんの態度がかわったんだよね。驚いたよ。それで、あそこには入っちゃだめだって。島民にはあそこに入った人間がわかるからねって。なんかフェリーで着いたときにも感じたんだけど、『トリック』みたいだなって。『トリック』知ってるでしょ？あの仲間由紀恵の。

……それで次の日、朝起きたら宿主さんの態度が昨日と全然違ってて、なんか不機嫌な感じでよそよしかったんだよね。午後には戻らなきゃいけなかったから、まあビデオカメラだけ持って、そのまますぐに宿を出て、「聖なる場所」に向かったよ。宿主さんに行きかた聞くのも気が引けたから、挨拶だけして出たよ。まあ、そんなに広い島じゃなかったし、そのへんで会った人に聞けばいいかと。その後、かなりの時間歩いたんだけど、ぜんぜん島の人に会わなくて、そのうちまったく人気がない感じになってきて、茂みのなかとか林のなかにも入ったよ……。……そろそろ疲れたなって思ってたら、畑があったから、ああここなら誰かいるかもって、うろうろしてたら、お婆さんがひとり畑仕事をしてたんだよね。助かったと思って、そのお婆さんに話しかけたのよ。耳が遠かったのかなあ、全然反応してくれなかったんだよね。でも、「聖なる場所」に行きたいんですけどって言ったら、急にお婆さん、振り返って、「おめえ、あそこ入ったら、命とられっぞ」って、大声で言われたんだよね。ほんと、びびったわ。まじで『トリック』だよって。まあ、「あそこ」って言ったとき、お婆さんが首を動かして方向を示してくれたから、場所がわかってよかったんだけど(笑)。

シークエンスⅢ　映像人類学㈠

一九六〇年代から一九八〇年代初頭にかけて、人文・社会科学における映像記録の有効性について活発に議論された。この時期、多くの社会科学者は、調査者がフィールドで撮影する映像は、主観的・恣意的なバイアスのかかった特異な瞬間をとらえたものであり、研究に利用するには科学的厳密さに欠けるとした。それに対して、方法論的に練磨することで、映像は社会科学に十分貢献できるとする、マーガレット・ミードに代表される潮流が形成された。この潮流は、映像を機械的に産出・選択することにより撮影者の主観性を排除し、映像に客観性をもたせようと考えた。例えば、マーガレット・ミードは、カメラを放置して撮影者の操作なしで撮影する方法などを提案した。こうした科学的方法を通じて撮影された映像は、撮影者の恣意性をはさまず、リアリティを客観的にありのままに写し取ることで、社会科学に優れたデータを提供することができるとされたのである。当然、ここでは、そうして得られた映像と、筋書きに従ったフィクション映画などとの違いが極めて強く主張された。

また、一九七〇年代以降、映像人類学が人類学の一分野として制度化され始めると、人類学である以上、長期調査を通じて現地のコンテクストを十分理解した上で撮影し、そのコンテクストに従って編集することが模範的であるとする傾向が強くなった。言い換えれば、現地についての知識と十分な経験を積んだ者こそが、「客観的」で現地のリアリティを映像により再現できるとされたのである。

「フィールドワークを十分におこない、現地の言語を習得し、現地の文化に慣れ親しみ、現地を理解した上で撮影しなさい。現地のコンテクストを損なわずに表象しなさい」と。つまり、画面の裏側には、人文・社会科学にとってというよりも、現地の人々にとってのリアリティが広がっていなければならないとされたのである。ここでは、現地の「筋書き」を物語的に忠実に再現した――これだけが評価されているわけではないが――ロバート・フラハティのフィクション映画『極北の怪異』（一九二二年）は、民族誌映画の古典的名作として位置付けられる。

映像人類学は、どのようなかたちであれ、当初から現在に至るまで、リアリティの呪縛にとらわれ続けている。ここでは、画面（仮面）は、より忠実に撮影対象のリアリティ（素顔）を表象するものでなければならず、またその撮影対象のリアリティの背後にある論理や構造を明らかにするための／その論理や構造によって現前化された、〈おもて〉でなくてはならなかった。ここに、画面（仮象）を底辺とする映像人類学をめぐるリアリティの、イデア論的、神学的構造が見て取れるのである。

シークエンスⅣ　仮面㈠

わたしたちは〈素顔〉を信じる。素顔こそ人間のリアリティであると思う。仮面とは、大方、自己同一的な自我の上に外部からかけられた覆いにすぎない。こう信じて、この信念あるいは感覚そのものが、特殊近代的に制約されたものであることをおもってみることはほとんどない。わたしたちは、いまや、〈おもて〉を、〈表面〉として、〈表象〉として、あるいは〈現象〉としてしか感受しえない。人の〈おもて〉も、また、世界の〈おもて〉も、だ。

自己同一的な自我と世界のうちに閉じ込められ、封じ込められて、いわば現実との生きた接触をうしなった類分裂病的とでもいうべき近代人の世界、別な文脈からいえば、主観と客観へと両極分解し、それぞれへと封じこめられた近代人の世界には、真の〈変身〉も、また、他の領域へと越えて、運ぶ（phoreō）、〈メタフォラ〉metaphora つまり〈メタフォル〉métaphore もありえようがない。

シークエンスⅤ　ジャーズーリーヤ教団

スーフィー教団は、一二〜一三世紀頃に現在のイラク方面で形成され始め、その後、北アフリカ、中央アジア、南アジア、東南アジアなど、各地の土着の民衆宗教と相互に浸透し合いながら広がった。エジプトでは、一九世紀前半以降、政府が近代化政策の一環として、スーフィー教団を制度的管理下に置くことを目指した。二〇世紀初頭には、現在のスーフィー最高評議会の母体となる国家機関が創設された。この機関は、教団の近代的組織化の推進と並行して、儀礼の規制を始めとする様々な法規を設けた。また、シャイフの資格や資質にも規制が設けられ、カリスマの出没により生成・消滅を繰り返すスーフィー教団は影を潜めるようになった。現在、この評議会に参加している公認教団は七八ある。その公認教団のうちのひとつにジャーズーリーヤという教団がある。

ジャーズリーヤ教団は、一九五二年に役人出身のジャービル［一九一三年—一九九二年］が、カイロ市内で創始した教団である。彼が死去してからは、息子のサーリム［一九五二年—］が二代目シャイフとなり現在に至っている。サーリムは多くのペルソナを持つ。それは、宗教実践における師匠、預言者ムハンマドのしるし・面影のある人物、バラカ（神からの恩寵）が宿る人物、奇跡をおこす聖者。そうした宗教的なものに加えて、世間話ができる友人、教団員にとっての父親、——また、エジプト近代の歴史的刻印も見て取れる——息子・娘を持つ核家族の父親、広告会社の社長、近代的教団の運営者などである。

教団の本拠地はカイロ南東郊外の「死者の街」の一角にある。カイロ在住の教団員は、シャイフとともに、ここで毎週定期的に宗教実践を行っている。また、この教団は、現在、約一万人の教団員を有しているが、エジプト各地に約五〇の教団支部を設け、それぞれに責任者を配置し上意下達の中央集権的組織をつくりあげている。教団員の特徴として、中・中上流階層のインテリが多い。教団員は専用の帽子を被る。白帽子は一般教団員、緑は楽団、青は給仕である。色は入団時にシャイフによって指定される。この役割分担に基づき教団は能率的に運営されている。この教団は、規律の重視、音響・映写機材など近代的機器の積極的利用、衛生面への配慮、女性参加のイメージ重視、核家族化への対応などモダニティ志向が強い一方で、儀礼にみられるように感情を非常に重視するのが特徴である。

シークエンスⅥ　映像経験の断片㈠

カイロの「死者の街」の一画、そこは無数の墓廟と迷路のような街路で構成されている。あたりは静寂と闇に覆われていた。彼は、野犬に注意しながら月明かりを頼りに歩いた。踏みつけた石の感覚が足のうらに残る。足元に注意しながら歩いていると、不意に音色が彼の耳をとらえた。歩みを進めると、彼にはそれが大勢の人の声であることがわかってきた。声が聞こえてくるのは、どうやら先の角を曲がったあたりのようであった。

その角を曲がると、街路の一画にある墓廟のなかから蛍光灯の明かりがもれだし、あたりを白く照らしていた。近づいていくと、時折「キー、キー」と、電子音が耳を劈いた。そこには、巨大スピーカーから流れる楽器の音、マイクの音、合唱の声、真っ白な蛍光灯の光があった。入り口が大きかったため、彼はなかの様子を見ることができた。百人はいるだろうか。帽子を被った人々が預言者ムハンマドを讃える詩歌を合唱していた。

心地よい、ゆったりとした演奏が続いていた。詩によっては楽器の伴奏が入った。どれくらい聞き入っていたであろうか、彼はふとリズムが段々とはやくなってきたことに気づいた。ひとりが「アッラー」と叫び出し、激しく身体を震わせた。そのうち、ほとんどの人々が目を閉じ、あごをあげ、「オッ、オッ、オッ」と、胸の奥から重低音を発し始めた。

「オッ、オッ、オッ」、無数の重低音がひとつになり、入り口の外まで響いてくる。突然、ある男が立ち上がり、伴奏のメロディーにあわせてゆっくりと身体をくねらせはじめた。ある者は前後に首を強く振りだした。多くの人々の額に汗が光っている。彼は、見るなと注意されるのを警戒し距離をとりながら、もれてくる伴奏の反復するリズムに身をまかせ、人々の様子に見入っていた。伴奏のテンポが急に速くなった。彼は、クライマックスを予感した。「アッラー、アッラー、アッラー」、さらに大きな叫び声が響く。重低音の固まりもさらに重々しくなった。

上エジプトのアスワン市郊外で、ジャーズーリーヤ教団の宗教実践が行われていた。数時間が経過したところで、周囲にいた教団員がみな立ち上がったので彼も立ち上がった。彼のいた位置からでは儀礼の全景を撮ることはできなかった。そのうち、教団員がひとり彼のもとに来た。その教団員は、彼に椅子にあがることを勧めた。その教団員はカイロ在住者で、カイロでの彼の調査の様子をいつも見ていたため、彼がどのような光景を好んで撮影するのかを熟知していた。彼はなんとなく後ろめたさもあったが、この頃にはすっかり図々しくなっていたので椅子にあがった。

教団員はみな手をつなぎ、目を閉じて一定のリズムで上半身を前後させていた。演奏と低く重い声の歌が響く。「ハッ、ハッ、ハッ、ハッ、ハッ、ハッ、ハッ」、歌い手の深い呼吸音がマイクを通じて響く。会場全体はさらに熱気を帯びてきた。彼は、ファインダーから目を離し／仮面をはずし、テントの外を見た。人々が呆然とした顔で、会場の様子を見つめていた。その眼差しは、気がふれた人々に向けられる類のものであった。にやにやと笑っている若者もいた。再び、彼は会場に目線を戻し、ファインダーを覗く／仮面を被る。

さらに、アップ・テンポになり、それに呼応して教団員の身体動作も激しくなってきた。上半身を前後させる動作は激しくなり、前に振った頭が地面にぶつかりそうな者もいた。彼はカメラのファインダーを通じて熱気を感じ、感情が高ぶってくるのを感じた。熱気をもっと感じたいと思い、ズームアップを多用した。激しく揺れる汗のにじむ歪んだ顔が目に入っていた。彼は椅子から降り、仮面を被ったまま、会場中央に向かった。教団員のなかには、つないでいた手を離し思い思いに身体を揺らす者や手を頭上に掲げて踊る者も現れた。突然、叫びだす者もいた。彼は、気分が昂揚してきたときには、教団員の表情をアップで撮り続けた。より激しい、高揚するシーンを求めて、彼はさらにカメラを動かし続けた。対象の熱気や躍動感にのっとられる。……誰かが彼の肩をポンとたたいた。彼はびくっとして仮面をとり、振り返った。先ほどの青帽子の教団員が、楽団の様子も撮ったらどうかと言った。彼は笑顔で応え、再び仮面を被り、楽団の方へ向かった。

シークエンスⅦ　仮面㈡

〈素顔〉としての〈自我〉と〈世界〉は、原型としての〈背後世界〉〈神的世界〉を指し示す。〈意味するもの〉としての〈自我〉〈世界〉は、〈先験的な意味されるもの〉としての原型的・神的世界を指示する。

〈素顔〉としての自我、世界は、いわば、神の〈仮面〉にほかならない。といっても、ここで、素顔と仮面の関係は、相互変換的な〈変身〉のそれではなく、いってみれば、同一性の論理によって結ばれ二重化された位階を異にする〈素顔〉同士の関係にすぎない。〈素顔〉としての自我と世界の背後には、いわば〈原素顔〉としての神と末期的世界が見すかされる。

さて、いまや、わたしたちのもとで、この〈現前の形而上学〉は根底からくずれおちる。〈神の死〉により、〈神の仮面〉として、〈神の手によって書かれた書物〉としての世界はおわり、神にならって形どられた自我主体、人間の主体の死により、〈人間の表象〉として、〈人間の手によって書かれた書物〉としての世界もまた、つづいておわる。

人間も世界も、いまや、むき出しの〈仮面のない素顔〉となり、〈素顔のない仮面〉となる。〈現前の形而上学〉の解体の歴史の行きつく果ては、何の陰影も深みもない死の白々としたあかるみの世界である。

あらかじめいってしまえば、〈おもて〉とは、〈主体〉でも〈主語〉でもなく、〈述語〉にほかならないのだ。〈おもて〉のかたどりと統一は、西田哲学の言い方をかりていえば、「主語となって述語とならない」のではなく、反対に「述語となって主語とならない」根源的な〈述語面〉（おもて！）のかたどりと統一である。

それは、いいかえれば、主語的な〈ノエマ〉面のかたどりと統一ではなく、より根源的な、原理的に対象化された実体としてはとらえることのできない、述語的な〈ノエシス〉面の統一とかたどりにほかならない。〈述語面〉の統一によってかたどられる〈おもて〉は、対象的・主語的に、自己同一的な〈実体〉の論理にとらえられ、一義的に固定されることがなく、自在な〈メタフォル〉によって変身をとげつつ、目に見えぬ〈述語面〉の、〈こころ〉の統一をあらわし、かたどる。

シークエンスⅧ　映像経験の断片㈡

シャイフとはなるべくふれあわないようにしていた。なるべくシャイフの目に入らないように、話すことがないようにしていた。シャイフに調査上の承諾などを得たいときには、なるべく教団秘書を通じて回答を得るようにしていた。教団員でもなく、イスラーム教徒でもなく、ましてや生涯イスラーム教徒になる気もなかったので、シャイフを、ふれることがはばかられる存在として感じていた。ふれることで穢してしまうのではないか、こちらのうしろめたさを感じ取られてしまうのではないか、そんな気がした。教団員にとって、シャイフにふれること、シャイフとふれあうことはもっとも重要なこととされている。シャイフのどのペルソナがどのように教団員に働きかけるのかは、その時々、個々により違うが、とにかく教団員にとって、シャイフは人間存在の位階を異にするふれ難い「聖域」でありながら、つねにふれていたい、ふれていなければならない存在である。

このふれあいは、精神的なふれあいから夢のなかでのふれあいまでを含み多様である——多くの教団員はシャイフが映っている写真をつねに携帯しておりそれにふれる。シャイフのバラカは写真にも宿っているとされている——。とにかく、物理的にも精神的にもよりちかく、よりリアルにシャイフにふれることが重要とされている。このふれあいにおいて、シャイフは教団員自身のこころのあり様を映す画面でもある。教団員は日課であるズィクル（唱名）でも、瞑目のうちにシャイフ／画面を浮かび上がらせ、シャイフを見ること、そこに映る自身を見ること——最終的には見ること／見られることの境界がなくなる神秘的合一の境地を目指す——、を実践している。ちなみに、この教団では、通常スーフィズムでいわれる真っ白な光のうちだけではなく、このシャイフという画面でもアッラーを見ることができるとしている。

教団員たちに強くすすめられ、儀礼の後、順番を待つ教団員の列に加わり、一度だけおずおずとサーリムと握手をしたことがある。そのとき、サーリムもまた照れくさそうな顔をした。そのペルソナは教団員には見せない類のものだった。その顔を見て胸がむずがゆくなり、ぎこちない笑みを返したのと、サーリムの厚みのある手のひらの感触をおぼえている。

ビデオカメラのファインダー越しだと、サーリムを安心してじっくり見ることができた。ビデオカメラをかまえているときは、こちらにとって教団との関わりは調査であり「仕事」であることを明確に示すことができ、その距離感はとても居心地がよいものだった。

ビデオカメラにより、身体的に近寄らずとも、ファインダーをズームアップすれば顔の表情の細かい変化まで見ることができた。ファインダー越しに遠くのサーリムと目が合った感じがしたときには一瞬どきっとするが、それでもそのままファインダー越しに見つめ続けることができた。サーリムは、自らを見つめる仮面に覆われた顔に、普段のよそよそしいものとは別のペルソナを見て取っていたかもしれない。仮面を被っていないときの観察やコミュニケーションは疲れることが多かった。その時の自分の顔を想像するとわざとらしい笑顔が浮かぶ。

ある有名なイスラーム聖者のマウリド（生誕祭）に参加するために、上エジプトのケナー市まで列車で教団に同行した。列車のなかで、ひとりの教団員が、教団員以外は入手が困難であった教団創始者の文言集を読んでいた。これには、他では見られない貴重な写真がたくさん掲載されていた。その教団員にお願いして、いくつかの写真を携帯電話のカメラ機能で撮らせてもらった。そのうちの一枚は、五十歳くらいだと思われる遠い目をした剃髪の教団創始者の白黒顔写真であった。

　帰国後、不思議なことが起こった。列車のなかで撮影した文言集の写真のうち、その遠い目をした創始者の顔写真だけが、時を経るにつれてぼやけていった。段々と創始者の顔の輪郭がなくなり、一年ほど経つと真っ白な画面になってしまった。その時にいっしょに撮った文言集の他の写真には何の変化もない。その教団創始者の顔写真だけが真っ白な画面になってしまったのだ。その写真だけに特殊な加工でもほどこしてあったのだろうか。カメラを通じて教団のタブーにふれてしまったのであろうか。それとも記憶の方に間違った像の痕跡が残っていたのだろうか。

　「きゃーーー」と叫びながら、上半身を深く折り曲げた初老の教団員がぐるぐると回っていた。青帽子の教団員がその老人の近くまで行ったが、止めようともせずにじっと見守っていた。こうしたふれた状態を、教団では神秘体験のひとつとみなしている。カメラを向けようとしたが、目を離したくなく身体が動かなかった。カメラを構えようと一瞬でも動けば、途中でカセットがきれて録画できなくなってしまう時と似た感覚、記録ができなくなってしまう感覚に襲われる気がした。仮面を被るのも忘れて、そのまま見入った。調査中に録画したどの像よりも、この場面がこころのなかに強く痕跡として残っているような気がする。

シークエンスⅨ　映像人類学㈡

　クリフォードとマーカスによるライティングカルチャーは、前述の客観的／「客観的」方法論、すなわち素朴なリアリズムとコンテクスト主義にもとづく画面のリアリティのフィクショナリティを強く意識させた。さらにそれが有したポストモダニズムのフラット化のドライブは、画面をめぐるイデア論的、神学的構造を解体し、画面のリアリティの解放へと向かわせた。ここにおいて、実験的な映像実践を志す研究者は力を得た。

　画面上におけるカメラと被写体との関係性、その関係性が内包する「フィクショナリティ」そのものをリアリティとして追求するジャン・ルーシュの映像実践が人類学的に再評価され、それを発展的に踏襲する映像実践の流れができた——例えば、近年のエスノフィクションなどの流れ——。

画面上における調査者と被調査者の再帰的実践の過程そのものを、人類学を再検討するためのリアリティとする、マクドゥーガルに代表される映像実践も現われた。彼は、イメージとシークエンスを基盤とする映像独自の新たな客観的妥当性や方法論の構築を通じて、映像人類学は人類学全体に貢献すべきであると説いた。

二〇〇九年に映像社会学・人類学者サラ・ピンクは、著作 *Doing Sensory Ethnography* を刊行したが、近年、感覚をめぐる映像実践が流行している。彼女もそうだが、この潮流は芸術への志向性が強い。映像を媒介とする意味交換を超えた、対象にふれる、こころにふれる、気がふれる感覚表現は、芸術から学ぶべきことが多いためである。しかし、こうした感覚的リアリティの追求は、ともすると映像によるリアリティ再現の最もラディカルな一形態として、旧来の画面の神学的構造を強化する可能性も否定できない。

映像人類学と芸術との関係を考えるならば、マヤ・デーレンによる『午後の網目』（一九四三年）、『陸地にて』（一九四四年）、『カメラのための振り付けの研究』（一九四五年）などの一連の映像作品が重要であろう。彼女は、この作品群で、神学的構造のうちではなくフラット化された画面のリアリティによってのみ明かされるリアリティ、あるいはリアリティを自在なメタフォルによって行き来することで生まれる画面のリアリティを、半世紀以上も前に示していた。

しかし、ハイチでブードゥー教の聖職者となった彼女が、現地で経験したリアリティは、彼女自身の手によって画面のリアリティとなることはなかった。彼女には、もう画面のリアリティは必要なくなっていたのかもしれない。彼女がハイチで撮影したブードゥー教の儀礼や憑依の映像には、彼女の撮影技法（「カメラ・ダンス」）とふれた感覚（「カメラ・トランス」）の痕跡が見て取れる。ただ、そうした映像をもとに、他人の編集によって民族誌映画にされた『神聖騎士』（一九八一年）は、優れて神学的構造をもつものであった。わざわざ映画にする必要があったのであろうかと思われるくらい。

シークエンスX　インタビュー㈡

まあ、ちょっと戸惑ったんだけど、入ったよ。ビデオも撮った。でもなんか嫌な感じがしたし、ファインダー越しに撮ると、ちょっと怖いでしょ。視角が狭くなってまわりがみえなくなるし、まわりの気配も察知しにくくなるでしょ、あとなんかこう自分が見てる、撮ってるっていうのがリアルな感じがして。だから、腰のあたりでカメラ持って撮ったよ、液晶画面ちらちら見ながら。そんなに長く撮らなかったけど。それですぐに戻ったよ。え？　その映像？　ああ、家に帰ってから、撮ったもの整理する時に早送りでちょっと見たけど、なんか気味が悪くて、そのまますぐ目にふれないところにしまったよ。録画したカセットテープにふれるのもなんか嫌だったよ。ん？　その映像？『リング』で貞子が井戸から出てきて、段々画面に近づいてきて、画面から出てくるシーンあるでしょ。あの場所みたいな感じ。まじで何か不気味だった。こういうの信じないんだけど、なんかねえ……。それからずっとなんか運が悪かったんだよね。あるでしょ。そんなにひどいことが起こるわけじゃないけど、なんか全てが少しうまくいかないというか、歯車が合わないというか。そういうのあるでしょ？　うーん……、麻雀やる？　そうかやらないか。麻雀やってればこの感じわかると思うんだけどなあ。何かツキがない、歯車が悪いな、ツキの順番が回ってきてるのは感じるのに、何かうまくいかないなって感じ……。

それでまあ前置きはこんな感じで、ここからが本題なんだけど、ニューヨークに行ったんだよ。え？　ああ、マーガレット・ミード映画祭のために行ったんだよ。それで、安宿に泊まったんだけど、ロビーで日本人の男の人に会ったんだよね。二〇代後半くらいに見えたけど。まあ、日本人どうしだから挨拶してちょっとだけ話したんだよ、社交辞令程度に。その後、ひとりで街を見てまわって、夕方くらいにブロードウェイを歩いてたら、偶然その人に会ったんだよ。「ああどうも」って。それで「偶然ですねえ」って言ったら、その人が「こういうのは偶然ではないんですよ」って……、少し間が空いてから「あのう、こういうの信じてもらえないかもしれないですけど。僕見えるんです。さっき会った時から見えてたんです」って言うから、話そうとしていることがわかって、「ああいいですよ。まずは信じてはなし聞くのには慣れてますから」って言ったんだよ。そしたら、まずはプライベートなことといろいろ当てたんだよ、ビビったよ。全部当たってたから。え？　いやあ、それが結構具体的なことを当ててたんだよね。だからビビったんだよ。それで、憑いているって言われた悪い霊もどんなもんか具体的に教えてくれたんだけど……、思い当たるふしがあるなって（笑い）。それで、この場でその霊を落としてくれるって言うから、是非ってお願いしたよ。そしたら、手の平で背中にふれてきて。……ブロードウェイの道の真ん中だったから人いっぱいいたけど……、誰も気にしている感じはなかったよ。一分くらいふれてたかな……、それでもう落ちたから大丈夫ですよって。それだけ。それでまあその時は、あとで一杯やりましょうって言って別れたんだよ。

ただこの次がまたすごくて、宿に戻ってすぐにシャワー浴びたんだよ。そしたら、浴び終わった瞬間に、目がちかちかして、からだがすうっとしたんだよね。なんかからだと気分が軽くなった感じがしたんだよ。それでその後、気分良くロビーに座ってたんだよ。そしたら彼が帰ってきて、じゃあ一杯やりましょうかって。その時、彼がシャワー浴びましたよねって聞いてきたから、浴びましたって答えたんだよ。……まあ、シャワー浴びたことくらいは誰でも気がつくと思ったでしょ？　そしたら、シャワー浴びた後、目がちかちかしてすうっと何か抜けた感じがしませんでしたかって言ったんだよ。それは悪い霊が落ちたからですよって、……どうよ？　本当にビビったよ。あと帰国直後、会う人会う人に言われたんだよ。なんか目が大きくなって生き生きした感じになっていませんかって。……不思議だよ（笑）。

シークエンスⅪ　エピローグ

彼は、自身の調査中、カメラを被ることにより、調査対象との距離をつくったり、縮めたり、間をつくったり、聖性に近づいたり、聖性から逃れたりしながら、フィールドワークを切り抜けていたことを思い出した。また、カメラを被ることにより、対象に憑依される「カメラ・トランス」も体験していた。しかし同時に、仮面を被ることができなかった体験も、仮面を被った体験以上に鮮明に思い出した。

彼は、瞑目は仮面を被ることと同義である、といった能面師の言葉を思いだした――また仮面をみるのではなく、仮面がみているのだという言葉も――。宗教実践の際、教団員も瞑目する者が多い。何も見えなかった真っ暗闇のなかに次第に、ぼやっとした薄い白が浮かび上がり、最終的には「既にそこにあった」長方形の画面の姿が浮かび上がる。彼は、こうしたジェームズ・タレルの作品*Wide Out*の体験は、瞑目のなかで、教団員が「既にそこにあった」シャイフ、あるいはアッラーを見る経験と似ているかもしれない、と思った――アッラーは頸動脈よりも近くにいるとされている――。

彼はこのように、ばらばらと仮面と画面について考えた。彼が経験した仮面による変身は、画面に痕跡としてしっかり残っていた。彼は、撮影した映像を画面で見たときに、変身の痕跡のリアリティをズレや違和感として実感した。自分の変身が画面のリアリティとして表れ、自身の内なる他者性を実感し、そして自らの研究実践を見つめ直し、さらに再帰的実践としてそうした過程を不断に経ていく（自在な変身をおこないながら）――これこそが信仰への気づきとその後の信仰の実践に似たものではないだろうか――。彼は、このような不断の過程において映像にふれるという経験を考えることでこそ、映像人類学における感覚をめぐる問題系が、自身のなかでリアリティをもって立ち上がってくるのを実感した。

つまり、「手軽な」仮面を手にしてしまった――映像が氾濫するなか、画面へのタッチにも、技巧的映像にもなれてしまっているから余計に――彼にとっては、技巧的な感覚表現によるリアリティ再現、知覚の撹乱などの体験によっては――それらは「その時」に得た感覚でしかない――、ふれることの実感や、再帰的実践が生じることはなくなってしまったのかもしれない。そうして彼は、映像にふれることは、仮面と画面のリアリティをめぐる自在な変身によりなされるものであり、画面に移譲されたペルソナ交換の過程でなされるものであるという考えに至った。

彼は、再び、ジェームズ・タレルによる作品群を思い出した。フラットな平面に同化している画面、その画面は、視覚的に知覚できない「落とし穴」である。ふれようと近づいていけば、フラットな平面は美しい陥没のある「平面」であることが次第に認識される。ただ、その画面にはふれることはできない。それは陥没でしかないからである。そこで生まれたのは、不気味なズレの感覚と、「何だそうだったのか」という笑いであった。

【抜粋】

シークエンスⅣ 仮面㈠、シークエンスⅦ 仮面㈡

次から適宜、パラグラフ単位で抜粋した。文章、語句などには一切手を加えていない。

坂部恵　一九七六「〈おもて〉の解釈学試論」『仮面の解釈学』、東京大学出版会、三─四九頁。

シークエンスⅥ 映像経験の断片㈠

次からそれぞれひとつずつシーンを、本書にあわせて編集・加工し採用した。

新井一寛　二〇〇六「動的宗教としてのイスラーム──現代エジプトのスーフィー教団」『季刊民族学』、千里文化財団、一一七号、九二─一〇四頁。

新井一寛　二〇〇六「イスラーム世界における情念・魅力を撮る──エジプトのスーフィー教団、シャイフの資質・継承・育成の考察とともに」『見る、撮る、魅せるアジア・アフリカ！──映像人類学の新地平』新宿書房、一二─四四頁。

【参考資料】

シークエンスⅢ 映像人類学㈠、シークエンスⅨ 映像人類学㈡

Banks, M and H. Morphy, 1999, *Rethinking Visual Anthropology*, Yale University Press.

Banks, M. 2001, *Social Methods in Social Research*, Sage.

Brutti, L. 2008, "Aesthetics versus Knowledge: An Ambiguous Mixture of Genres in Visual Anthropology", *Review in Anthropology*, 37(4), pp. 279-301.

Gwynne, M. A. 2001, *The Ethnographer's Eye*, Cambridge University Press.

Grimshaw, A & Ravetz A. 2004, *Visualizing Anthropology*, Intellect L & D E F a E.

Heider K. G. 1976, Ethnographic Film, University of Texas Press.

Hockings, P. (eds.) 1975 *Principles of Visual Anthropology*, Mouton de Gruyter.

MacDougall, D. 1997, "The Visual in Anthropology", in M. Banks & H. Morphy, *Rethinking Visual Anthropology*, Yale University Press, 1999.

——. 1998, *Transcultural Cinema*, Princeton University Press.

——. 2006, *The Corporeal Image: Film, Ethnography and Senses*, Princeton University Press.

Mcpherson, B. R. 2005, *Essential Deren: Collected Writings on Film by Maya Deren*, Documentext.

Pink, S. 2006, *The Future of Visual Anthropology: Engaging the Senses*, Rutledge.

——. 2007, *Doing Visual Ethnography: Images, Media and Representation in Research*, revised and expanded 2nd edition, Sage.

——. 2009, *Doing Sensory Ethnography*, Sage.

Sjöberg J. 2008, "Ethnofiction: Drama as a Creative

Research Practice in Ethnographic Film", *Journal of Media Practice*, pp. 229-242.
Stoller, P. 1997, *Sensous Scholarship*, University of Pennsylvania Press.
Schneider, A & C. Wright (eds.). 2006, *Between Art and Anthropology: Contempoary Ethnographic Practice*, Berg Pub.

シークエンスV　ジャーズーリーヤ教団

新井一寛　二〇〇四　「タリーカにおける組織的革新性と宗教的感情の発露――現代エジプトにおけるジャーズーリーヤ・シャーズィリーヤ教団の事例を通じて」『日本中東学会年報』二〇（一）、日本中東学会、九一頁―一二〇頁
――　二〇〇六　「マウリド（生誕祭）におけるタリーカ（スーフィー教団）の祝祭性と非祝祭性――現代エジプトにおけるジャーズーリーヤ・シャーズィリーヤ教団の活動状況から」『宗教と社会』一二号、「宗教と社会」学会、三七頁―六四頁
Kazuhiro A. 2007, "Combining Innovation and Emotion in the Modernization of Sufi Orders in Contemporary Egypt", *Critique: Critical Middle Eastern Studies*, 16/2, pp. 155-169.

シークエンス**X**　エピローグ

小苅米晛　一九七二　『憑依と仮面――劇的想像力の世界』、せりか書房
金剛巌　一九八三　『能と能面』、創元社
ジェームズ・タレル　二〇〇〇　『House of Light（光の館）――大地の芸術祭・越後妻有アートトリエンナーレ2000』現代企画室
ジャン・ルイ・ベドゥアン　一九六三　『仮面の民俗学』（斎藤正二訳）、白水社
MacDougall, D. 1997, *ibid.*
――. 2006, *ibid.*
Sinnreich, U. 2009, *James Turrell: Geometry of Light*, Hatje Cantz Pub.
Turrell , J. 2009, *James Turrell*, Charta Libellum.
Weber , P. 2010, *James Turrell: The Wolfsburg Project*, Hatje Cantz Pub.

その他、全体の構成などについて

貫井敏郎　二〇〇三　『プリズム』、東京創元社
――　二〇〇九　『愚行録』、東京創元社

制作・二〇一〇年、読み時間・約一二分、制作者・新井一寛

《追記》

近年、廉価で利便的なデジタル・ビデオカメラが普及し、

編集ソフトで簡単に映像を加工できるようになった。研究者が映像を上映する機会も増えた。筆者も、自身の調査研究に、ここ数年来、映像を主たるメソッドとして取り入れている。映像人類学者のマクドゥーガルは、人類学的知について、文字とセンテンスを基盤としたものと、イメージとシークエンスを基盤としたものがあると述べ、後者の今後の展開に人類学全体の可能性を見ている。ここでは、その両知の「あいだ」に注目した。最近、筆者は、原稿執筆など文字を使用する際、「映像であったら」といった感覚が生じることがつとに多く、両知が浸食し合っていることを強く実感しているのである。

本稿は、この素朴な実感を頼りに、その浸食の過程そのものを、紙上の活字メディアで提示しようとした試みである。自身のなかに痕跡として残っているイメージと、そこで生じたイメージの連鎖を、文字によりまとめたいくつかのシークエンスの配置により提示する。筆者は、この連鎖と配置にともなう実践感覚を、活字メディアに痕跡として残す、この制作のあり方を「映像的記述」と名付けている。

『映像に「ふれる」こと——仮面と画面の映像人類学』（新井一寛、読み時間約一二分、二〇一〇年）の特徴として——「読み時間」は、論証を目的としていない本作品を「理解」してもらうには、このくらいで読んでいただくのがよいであろうと設定したものである——、シークエンスの配置が、「連続編集」（シークエンス間を自然な流れで統合する）になっていない。また、いくつかの人称によりあらわされた「自己」／「他者」が、時系列的な流れを表すフェイド・イン、フェイドアウトもなく、前後のシークエンスとの結合も不明なまま現われるなどの点に気がつくであろう。また、映像人類学やスーフィー教団の解説（説明的なシークエンス）は、スムーズに読んでもらえるように本作品のテーマに沿って説明をなるべく簡略化した。これらの点から、本作品が、論理的に何かを証明することや、プロットが明確な物語により何かを主張することを目的で制作されたものではないことがわかる。

筆者は、京大総合博物館「映像博二〇〇九」で展示に関わった際に、展示という「メディア形式」用の制作実践そのものが、新たな知の生成を誘うことを強く実感した。それ以来、今までとは違うメディア形式——これはマンガでも演劇でもよいだろう——、あるいは従来のメディア形式で新たなかたちの研究成果物を制作してみること、こうした実践に、インプットされている情報が——埋もれていた情報の「思いだし」や、新たなブリコラージュの展開をともない——、新たな知的生成の駆動力となりうるのを実感した。本稿は、そうした経験を得て、映像というメディア形式での実践感覚を、「あいだ」の感覚とともに再構成し、活字メディア形式での制作に活かしてみた痕跡である。

映像実践3　映像を活かす

シューティングとモンタージュ

飯田　卓

動画製作のテクニックは、ふたつの構成術に分けることができる。一瞬一瞬の画面を写真のように構成するテクニック（シューティング＝撮影）と、各画面を一貫した時間に沿って文章のように構成するテクニック（モンタージュ＝編集）である。瞬間画面の空間構成術と、それを配列する時間構成術、このふたつの構成術が、動画映像作品の品質を左右するのだ。

それをよくあらわすエピソードを、門田修さんから聞いたことがある。彼はひと頃まで、写真と文筆で身を立てていたが、一九九七年に制作会社「海工房」を設立し、テレビ番組などの動画制作を手がけるようになった。そのきっかけは、はるか以前、北斗映画プロダクションを経営していた御兄弟の龍太郎さんを手伝ったことにさかのぼる。龍太郎さんは、修さんを誘うとき次のように言ったという。「写真が撮れて文章構成ができるなら、動画映像でも通用する」と。写真撮影に通ずるシューティング（空間構成）技術と、文章構成に通ずるモンタージュ（時間構成）技術が、動画製作の基本なのである。いうまでもなく、両方の技術が作家には必要である。

しかし、脚本のない民族誌映画やドキュメンタリー映画など、各種の記録映画では、シューティングよりモンタージュがしばしば重視される。その理由は、劇映画と記録映画のちがいを考えれば明らかだろう。劇映画では、瞬間画面の空間構成も、またその時系列配置も、あらかじめ計算される。脚本は、いわばそうした構成の設計図なのである。これに対し、脚本がない（あるいは、指針ていどの意味しかもたない）記録映画では、瞬間画面の空間構成は、撮影の状況に応じて即興的におこなわれる。時系列的な構成は、現場を離れて編集作業を始めてからじっくりおこなわれるが、瞬間画面の空間構成の良し悪しは、テクニック以上に偶然に左右されてしまう。つまり、どんなに熟練したカメラマンでも、計算ずくでシューティングできるわけではない。

逆にいえば、瞬間画面の空間構成が多少まずくとも、それらが時系列的にうまく配置されていれば、記録映画は印象深くなるし、面白くもなる。記録映画では、巧みなモンタージュによって、意のままにならないシューティングをカバーすることが重要といえよう。とくに、編集時に自由な時系列配置ができるよう、撮影現場では、いろいろな素材をいろいろな角度からあらかじめ撮っておくべきだといわれてきた。

こうした理由から、記録映画制作においては、シューティングを担当するカメラマンとモンタージュを担当する演出家（編集者）が対立した場合、しばしば後者が発言力をもってきた。たとえば日本では、すでに戦前期に、『文化映畫研究』誌上で両者の論争がくり広げられている。演出家陣営の論客は、『戦ふ兵隊』（東宝映画文化部、一九三九年）などで知られる亀井文夫たち。カメラマン陣営は、『戦ふ兵隊』の撮影を担当したほか『黒い太陽』（朝日新聞社、一九三六年）や『土と生きる』（東宝映画文化映画部、一九四一年）で独自の境地を開いた三木茂である。

発端になったのは、演出家や評論家をまじえた座談会での、亀井による発言だった。この当時、カメラマンだけでなく演出家が撮影現場に行くようになっていたが、亀井はそれを評価して次のように述べる。「キャメラマンはルーペからしかものを見ない。目隠しされた馬の様なものだ。……だからこそ、演出者が後や側面の世界を見る為に必要になってくる」。亀井はさらに、論争が始まってから、次のような補足を加える。「撮影とは、現實の「現象」を、創造的に記録することである。また演出とは、「現象」の本質的意義を手繰り出して、それを傳達するのに必要なカット（亦は場面）を、構成的に決定することである。……だから、前掲の僕の言葉は、映畫製作と云ふ一つの仕事に含まれてゐる各種の分業的方法を、單に定義づけた言葉である。現今の、日本のキャメラマン諸兄の、技術や、才能や教養の水準を、あへて批評した言葉ではない」。

こうした亀井の意図に反して、三木は、亀井がカメラマンに技能向上を求めていると理解した。のみならず、カメラマンを見下す響きを、亀井の発言に感じとった。次のくだりは、それをよくあらわしていよう。「たしかに龜井君の云はれる通り、カメラマンはルーペから物を眺めやうと致します。そしてルーペからばかりで物を云はうとしてゐます。殊に文化映畫のカメラマンにしてこの言葉は大いに反省を要するところのものでありませう。然し、それと反對にルーペと云ふ事をまるで知らない演出者が、文化映畫の世界ではあまりに多き事を逆にあの文章の中から感じるものであります」。

亀井は、「ルーペで見る」という視点を、かならずしも否定的にのみ考えてはいなかったと思う。さもなければ、演出家にできない「創造」をカメラマンが「分業」することにはならないからだ。先に書いたように、画面を空間的に構成するには瞬時の状況判断が必要だし、画面に奥行きを与えるためには、対象を知悉してからカメラを構える態度が要求される。しかし亀井の表現は、こうしたカメラマンの積極的役割をうまく言い表すものではなく、カメラマンの視点が部分的にすぎるという誤解を与えてしまった。

いっぽうの三木はといえば、「ルーペで見る」、「目隠しされた馬」という表現による誤解を正そうとした点で、正論だったとわたしは思う。しかし、秋元憲のいうように、その正論を演出家に対してのみ投げかけ、演出家とカメラマンの対立軸を論争に持ちこんだのはまずかった。記録映画黎明のこの時期すでに、「演出者とカメラマンのバラ〳〵の對立感情は、すでに發生してゐる事實」(三木)であり、この火に油を注いでしまったからである。

宗教現象をたんに説明するだけでなく、その宗教感情にまで肉薄しようとするなら、シューティングへの配慮はますます重要になるだろう。ときにはなまなましく、ときには訥々と宗教感情を伝える表情や声、あるいはそれを誘いだす道具立てを、クローズアップして捉えなければならないからである。どの場面でどの部分に迫るか、また、現場の状況を示すロングショットをどこで入れるか。こうした判断を瞬時におこなえなければ、宗教場面の記録はできても、それを支える個人や集団の感情までを視野に入れることはできないだろう。

さいわい、デジタル技術の進展により、動画映像の製作ではさまざまな分業が可能になった。ひとりですべてをおこなうのも不可能ではないし、協働のありかたの選択肢が増え、そのためのコミュニケーション手段も完備しつつある。これらをうまく活用し、制作体制の面でも表現手法の点でもあらたな挑戦を試みることが、われわれの当面の課題である。

【参考文献】
『文化映畫研究』昭和一五年二月号〜五月号。

静止画像からの想像／創造力

インタビューを活性化する写真

田邊尚子

映像を利用した研究方法の一つに、写真を使ったインタビュー全般を指す「写真誘出法(photo-elicitation method)」がある。写真誘出法では、インタビューの参加者と写真を見ながら、インタビュアーが参加者に写真に対して説明を求めたり、写っている事象や関連する事柄について直接尋ねたりすることによって、通常のインタビューに比べて話を引き出すことが容易になると言われている。写真誘出法は、それぞれの研究の目的と関心に応じて、さまざまなやり方を採って行われる。一対一で行われることもあれば、グループに対して行われることもある。用いる写真もまた、研究者が用意した写真、参加者自身が所有している写真、さらには研究テーマのもとで参加者に撮影を依頼した写真、とさまざまである。

写真をインタビューに持ち込むことの利点、また難点はどこにあるのだろうか。写真が動画と異なり静止画像である点に着目しながら、筆者が経験したいくつかの事例を提示し、写真誘出法によって得られる話の特徴とその可能性を示そう。

写真誘出法の特徴は、写真を起点として展開される話の広がりにある。通常のインタビューでは、インタビュアーによる問いかけに対して答えるかたちで参加者が発言するのに対し、写真誘出法においては、参加者がインタビュアーの問いかけを介さずに、次々と話を展開していくということが起こる。

筆者が経験したインタビューでは、写真には写っていない、写した時点の前後の状況、また写真のフレーム外の周りの状況が詳しく説明されるということがたびたびあった。たとえばある写真には人物が写っていたが、その人物がどのような活動の最中であったのか、写真自体が十分に表現するものではなかったのだった。このとき、その写真に対して、その人物が何をしていたのか、その前後何が起こったのか、言葉によって補足されたのである。写真は、撮影する時点に起きていた事象を部分的に切り取って画像として表示するものの、私たちが見ているもの、その経験を表現するものではない。写真は、カメラのファインダーに収まる範囲の、またシャッターが開いている間の事象に反射した光の痕跡であり、機械的な処理を経て出来上がる。写真と経験とのずれを修復するかたちで、写真に対して話は展開していく。

また写真に対して、撮影状況から時空間を離れて、さまざまなエピソードを積み重ねる、ということもしばしばあった。たとえばあるときには、喫茶店のテーブルが写っている写真に対して、その上に載っている事物についての説明を各々行い、さらにそれらにまつわる過去の思い出話がなされたのだった。また写真に表現された事象に関する事実説明よりもむしろ、参加者にとっての意味や心象を語る、ということもあった。このように写真を起点として、撮影時とは時空間を異にする複数のエピソードに言及し、さらにそれらをつなぎあわせて変化や因果関係のストーリーを紡ぎ出すかたちでも話が展開する。このとき仮定上の話をすることも可能である。

一方で、動画は時間的連続性を表現し、また多くはカメラワークにより、空間的広がりをも提示可能である。それゆえ、私たちは動画自体をすでにストーリーを持ったものとして見てしまうことがある。それに対して、写真は時間的空間的連続性を切り離した、不十分な表象物であるがゆえ、多様な想像を喚起しうる。写真に対して私たちは一方ではそれらを復元するかたちで言葉を重ねることができるし、また他方では、別の時空間と結び付けて、多様なストーリーを展開することもできるのである。

しかしながら、写真に対してほとんど事実説明も話もされない、ということもあった。ある写真には、参加者とインタビュアー自身が通う大学の象徴的な建物が正面から大きく写っていた。この写真に対して、参加者は説明をほとんど行うことがなかった。そしてまた、インタビュアーが説明を求めることもなかったのだった。参加者とインタビュアーの二者の間で、何を表現したものであるのか、了解済みのものとして写真が機能するということがある。このとき、言葉による補足を必要としないのである。

ただしこの難点は、グループインタビューの形式を採った際には解消される。筆者が経験したグループインタビューでは、馴染みのあるものが写っていても、説明を加えるということが起こっていた。写真に対しては、撮影者ではない人であっても解釈、想像を自在にすることができる。それゆえ、写真を起点に、参加者同士がお互いにさまざまに言葉を積み重ねることが生じる。こうした特徴から、近年では写真誘出法は、さまざまなコミュニティを対象として、アクションリサーチを目的として用いられるようになってきている。この場合、多くは参加者自身に撮影を依頼して行われる。グループインタビューにおいては、写真を介して複数の解釈が交錯し、参加者は普段見なれた日常世界を異なる視点で見ることになる。そしてその中で、現状の問題点や課題に対する解決、変革の手がかりや方向性を参加者自身が見出していくことを期待することができる。写真を介した解釈の交換は、創造への可能性を秘めていると言える。

また、写真誘出法は、従来のインタビューを用いることが困難であった、子どもや、話をすることが苦手な人に対しても実施され、その有効性が確認されてきている。筆者の経験においても、子どもは大人以上に写真を起点として自由に想像力を膨らませ、さまざまな発想を提示してくれたのだった。

今日では、デジタル化の進行に伴い、写真誘出法にかかる経済的時間的コストは下がっている。また、写真データを扱うツールの開発も進んでいる。こうした基盤が整う中で、今後、よりいっそう、写真誘出法の活用範囲は広げられていくことだろう。

人類学者と映画祭

分藤大翼

シネマ・デュ・レール

一九七八年より毎年三月に開催されている「シネ

マ・デュ・レール（Cinéma du réel）」は、フランスのみならず世界でも有数の国際ドキュメンタリー映画祭である。二〇〇六年の一月に自分の作品が入選したとの連絡を受け、私は即座に参加を決めた。一九九六年から調査をおこなっていた集落で、二〇〇二年より制作していた映画が、ついに国際的な舞台で披露されることになったのである。描いたのはカメルーン共和国の熱帯雨林に暮らすバカ族の暮らしだった。

入選したことで、渡航費はもらえないものの、数日分の宿泊費と食事のチケットがもらえた。そして、十日間にわたる上映の無料鑑賞券。名札も兼ねたカードにはRéalisateur（映画監督）と印字されていた。思わず「そうか…」とつぶやいた。一人の作家として認められる感じはとても新鮮だった。自分では「映画も作る人類学者」という気でいた。でも映画祭側の対応は違っていた。映画作家としての自覚と責任が求められた。

上映が始まり、スクリーン下の電光掲示板に仏語訳が点灯した。繰り返し見てきた自作は、大きなスクリーンで見ると少し違った作品のように感じられた。はらはらしながら最後まで見届け、拍手のなか観客の前に立った。司会者との質疑応答では制作の動機や過程について話し、その後ロビーでは作品の対象となったバカ族について観客と話した。そこでは、まさしく人類学者としての見識が問われた。これらのやりとりを通じて、映画によって研究成果を公表する有効性と、対象文化を広く紹介する上で映画がとても役立つことに改めて気付かされた。「人類学者として映画を作る」という決意は、これを契機に固まっていった。それは人類学者として、また映画作家として道から外れることではなく、ごくまっとうに一本の道を歩むことだと思えるようになっていった。

山形国際ドキュメンタリー映画祭

雪を踏みしめながら羽前千歳駅から二十分ほど歩いた。山形ビッグウイングという立派な建物に入り三階へ上がる。明るい部屋に入ると担当の女性の声がフロアーに静かに響いた。「山形ドキュメンタリーフィルムライブラリー」には八千本近くの作品が収蔵されている。いずれも山形国際ドキュメンタリー映画祭で入選・上映されることを願って世界中から寄せられた作品ばかりである。これらの作品がビデオブースで視聴できるのだから、遠いとか寒いとかいうのはどうかしている。しかし、世界中から、のべ二万人の人々が参集する同映画祭とは違い、ライブラリーの利用者は多くはないようだ。

映画を制作・公開することによってアフリカの文化を紹介し始めたことで、私はアフリカの映画作家がどのようにアフリカの文化を描き紹介しようとしているのか、気になるようになった。しかし、日本

において アフリカ映画を視聴する機会は乏しい。調べを進めるうちに山形映画祭のホームページに作品検索機能があることを知り、試みにカメルーン共和国の作家の作品を検索してみた。するとジャン・マリ・テノという作家の作品が数本見つかった。彼は一九九三年の映画祭でインターナショナルコンペティションに入選し、来日した経験もある稀な作家である。また、アフリカはもとより欧米では評価の高い作家でもある。これは見に行くほかないと思い、私は冬の山形に向かった。

訪れたライブラリーで映画祭の資料を調べてみると、一九八九年から隔年で開催されている映画祭に二〇〇三年までの間にアフリカを対象とした作品が約百八十本も応募されていることが分かった。しかも応募数は回を重ねるごとに増加している。また、アジアに目を転じると、山形映画祭はアジアの作家の作品を上映する部門を設けており、二〇〇九年度には五七の国や地域から六五五本の作品が寄せられている。これらの作品の資料的価値は計り知れないものがある。「人類学者として映画に学ぶ」ために、このライブラリーはもっと活用しなければならないだろう。

ワガドゥグ全アフリカ映画祭

アフリカ中から作家と作品が集う映画祭を見学するために、私は二〇〇七年二月にブルキナファソの首都ワガドゥグを訪れた。フィクション映画も含め、アフリカ映画が日本で見られないのであれば、アフリカの映画祭に行くのが一番よいのではないかと思ったのだ。フェスパコ（Le Festival PanAfricain du cinéma et de la Télévision de Ouagadougou）と呼ばれるアフリカ最大の映画祭は、二〇〇九年に四十周年、第二十一回を迎えた。

私はまだ二回しか参加していないが、フェスパコの面白さに取り憑かれつつある。その理由は、一つにはアフリカには優れた映画作家が大勢おり、興味深い作品がたくさん作られているということ。もう一つには、映画を見に来ているアフリカの人々、主にワガドゥグの市民と思われる人々の鑑賞の仕方、楽しみ方に学ぶところが多いということである。前者からは、にもかかわらず日本でアフリカ映画が紹介される機会が少ないのは、日本の映画関係者や研究者に落度があるということ、そして、状況を改善するためには私のような初学者であっても、アフリカ映画を日本で紹介する役割を担わなければならないということを痛感させられる。そして後者からは、アフリカの文化、人々の感性を理解するために、観衆の映画の見方、楽しみ方を研究するという課題が立ち現れてくる。そして、自分の研究や作品がアフリカでどのように評価されるのかということも。

アフリカの文化をより良く理解し、紹介するために映画を作り始めた私は、「人類学者として映画を見出し、また映画によって見出される」ように努めてゆかなければならないところまで来ているということだろうか。

過去の記録映画から与えられたもの

内田順子

二〇〇五年以降、六月に北海道の二風谷を訪ねるのがあたりまえのようになった。スコットランドから来日し、医療の傍ら考古学とアイヌ文化の研究を行ったニール・ゴードン・マンロー（一八六三年―一九四二年）の誕生日が六月十六日で、彼が晩年を過ごした二風谷では、彼を偲ぶ会が行われているからである。二〇〇八年からは、地域の人々が参加しやすいようにと、マンローの誕生日ではなく、六月前半の週末に開催されるようになった。

アイヌ文化の研究者でもない私が二風谷を訪ねるようになったのは、勤務先である国立歴史民俗博物館（以下「歴博」とする）に所蔵されているマンロー関係の写真と映画に出会ったことがきっかけである。これらの資料は、歴博オープン前の準備室の時代に収集されたものであるが、撮影内容や資料批判等の研究が行われないままとなっていた。そこで、北海道大学のマンロー関係の映画のビデオ化に携わった岡田一男氏を訪ね、マンローの映画について様々な情報を提供していただいたのだが、その際、岡田氏は次のような話をしてくださった。一九七〇年代の中頃、岡田氏は二風谷の萱野茂（かやの しげる）・貝澤正（かいざわ ただし）両氏の連名の手紙を受け取った。そこには、「マンロー先生の映画をまとめるときには、必ず二風谷の我々アイヌと共にすすめてもらいたい」とあったという。

二〇〇四年十二月に、歴博が所蔵する映画と写真のコピーを携えて、二風谷の萱野茂氏と貝澤正氏のご子息の耕一氏を訪ねた。お二人とも、マンローが二風谷に住んでいた昭和の初めの頃を知る人が急速に少なくなっているため、写真や映画に写っている内容の調査を急ぐ必要があると助言して下さり、それを受けて、調査記録を映像に残してはどうかと提案したところ、賛成して下さった。こうして、フィルムの資料批判的研究と、二風谷の方々の参加による撮影内容の研究が並行して可能となり、それらを記録した『AINU Past and Present――マンローのフィルムから見えてくるもの』（一〇二分、二〇〇六年。以下、『AINU Past and Present』とする）という作品につながることになった。この作品は歴博から貸し出しを行っている。作品概要等、詳細は次のURLを参照いただければ幸いである（http://www.rekihaku.ac.jp/research/material/dvd_list.html#05）。

二風谷での撮影内容の調査は、数十分の映画をしばしば止めながら何時間もかけて詳しく見たり、数百枚の写真ひとつひとつに目を通したりと、非常に骨の折れる作業であったにも関わらず、多くの方々が、マンローが撮ったのであれば自分の両親や祖父母が写っているかもしれない、あるいは、「マンロー先生に世話になったから」と協力してくださった。マンローは一九三二年からの晩年の十年間、二風谷に居住して、結核などで苦しむアイヌの人々を無料で診療しながら研究を行った。そのため、二風谷にはマンローを大切に思う人が少なくない。アイヌ民族は、研究という大義名分のもとで多くのものを収奪されてきた歴史があり、ある研究者の残した資料などは見たくもないが、マンロー先生のだったら見てもいい、と言う人もあった。二風谷の人々にとってマンローの残した資料は、学術的な研究にとって重要だとか、アイヌ文化の伝承に活用できる、などの価値だけでは語り尽くせない、人と人とをつなぐ大切なものが含まれている。それがなければ、私と二風谷の方々との関係は、もっと事務的なもので終わっていたかもしれない。

『AINU Past and Present』が完成した年、マンローが残した資料を所蔵する日本とイギリスの研究機関が協力して、それぞれが所蔵する資料をデジタル化して統合するプロジェクトがスタートした。写っている人や物、場所の調査はよりインテンシブなものとなり、また、資料の公開によってアイヌ民族の人権を侵すことがないよう、公開の基準についても、数名の二風谷のアイヌの参加を得て、イギリスの研究機関も含めた検討会議が重ねられた。

毎年六月に二風谷で開催されるマンローを偲ぶ会の関連行事では、こうしたプロジェクトの成果を公開する機会を与えられている。二〇〇七年には、『AINU Past and Present』の上映、二〇〇八年には、北海道大学で新たに見つけられたマンローの映画を上映して、写っている内容について地域の方々から様々なご教示を得た。二〇〇九年には、『AINU Past and Present』が再度上映された。完成からまだ三年であるが、出演者のうち五名が鬼籍に入られ、観客の受け止め方も、完成時とは異なるものになってきている。また、学術映像だからと、情報を正確に伝えることに腐心して編集することが無駄な骨折りとなる場合もあることを、二風谷の観客ははっきりと示してくれる。『AINU Past and Present』に使わなかったインタビューの撮影素材を再編集してはどうか、地域の子供たちにマンローのことを伝える作品を作ってみてはどうか、などの新たな提案も寄せられている。

デジタル化のプロジェクトも、二風谷での上映会も、研究対象とされ、しばしば紋切り型のイメージを押し付けられてきたアイヌ民族が、過去の記録にアクセスし、それらを自由に批評したり、新たな表現につなげたり、そのようなことを可能にすることを目指すものである。公的機関が行う文化保護政策的なものに陥らず、「マンロー先生の映画をまとめるときには、必ず二風谷の我々アイヌと共にすすめてもらいたい」ということばを真摯に受け止め、真の協働とは何かを常に問い直していくことが必要である。

記録映画フィルム保存
映画保存会社の現場から

山内隆治

記録映画フィルムの現状

高度経済成長時代を中心に、日本では数多くの記録映画が製作された。記録映画製作会社も続々と誕生し、ニュース、産業、文化、科学、教育、様々な分野の映画が競って作られた。制作会社が消滅したためにフィルム原版が廃棄されたり、倉庫に置き去りとなったりするケースは少なくない。それらのフィルムには、二度と撮ることのできない貴重な映像も記録されている。

日本国内の現像所の倉庫には、引き取り手のいなくなってしまったフィルムが約五万作品眠っていると言われている。これらはオーファンフィルム（Orphan＝孤児の意）と呼ばれている。放置されたオーファンフィルムは著作権法や財産法の下、第三者が無断で利用できないばかりか移動することさえできない。

また、近年古いフィルムの多くは劣化が進み、酢酸の匂いを漂わせるようになり始めている。症状が進むと、フィルムは溶けて画も音も永遠に失われてしまう。これをビネガーシンドローム（註）という。ビネガーシンドロームになってしまうと、もう二度と元に戻すことはできない。劣化の進行を遅らせるためには摂氏五度、湿度四〇％のビネガーシンドローム対応の倉庫に保管する必要がある。

東京国立近代美術館フィルムセンター相模原分館には、フィルムを長期保管するための設備が整っている。ビネガーシンドローム対応専用の倉庫も完備されている。しかしフィルムセンターでも、所有権者不明となったオーファンフィルムを受入れることは現時点ではできない。オーファンフィルムを安全な場所で保管するには、先に挙げた著作権法や財産法の見直し、映画保存に関する新たな法律の制定が求められる。

この状況を整理し改善することを目指し、二〇〇七年六月、東京大学大学院情報学環に関係者が集まり、「記録映画保存と利用研究会」を発足させ、一年間にわたり討論を重ねた。そしてその結果、オーファンフィルムをはじめ散逸していく貴重なフィルムを保護し、国民の財産として広く世に活かしていくことを目的とする社団法人記録映画保存センターを設立する運びとなった。

記録映画保存センターの試み

二〇〇九年九月現在、㈳記録映画保存センターが保存・アーカイブ化を進めている映画タイトル数は、約一〇〇〇〇を数える。岩波映画製作所、桜映画社、記録映画社、英映画社、読売映画社、日本映画新社、等、代表的な記録映画制作会社のタイトルが並ぶ。その皮切りとなったのは岩波映画製作所の約四〇〇〇タイトルの作品である。

数々の歴史的な名作を生みだした岩波映画製作所は一九九八年にその四八年に及ぶ製作活動に幕を閉じた。それから約一〇年の時を経て、記録映画保存センターの設立を契機に、一元的なアーカイブ化への道が開かれた。同センターと東京大学、東京藝術大学が連携体制で岩波映画の寄贈推進活動を開始した。

岩波映画のリスト上の総作品本数は約四〇〇〇タイトル。うち約一三〇〇本は岩波映画製作所による自主製作作品。のこり約二七〇〇タイトルは、クライアント映画と呼ばれる作品で、映画の製作費用を支払い、製作を発注したクライアントが存在する。映画製作時に交わされる契約内容によるものの、少なくともクライアント映画の場合、何らかの権利がクライアント側に発生する。岩波映画のアーカイブ化に向けて、これらクライアント映画の権利処理が焦点となった。東京大学と東京藝術大学、記録映画保存センターは連携体制でこの権利処理を行った。クライアント各社に連絡をとり、映画保存とアーカイブ化の意義を訴え、一社ずつ了解を取り付けるという地道な作業である。

二七〇〇タイトルのうち、約二一〇〇タイトルについては、クライアントからの了承を得ることができ、アーカイブ化されることになった。約五〇〇タイトルについては未回答、のこり約一〇〇タイトルについては返却依頼の回答が届いた。「あなたの会社の（団体の）歴史資料を公共の文化財として寄贈しませんか？」という問いかけに対する回答比率が上記のとおりである。この結果をどう評価するかは難しいところではある。当初の予想を大きく上回る各クライアントの協力を得られた事はよろこぶべきではあるが、実態としては、映画の存在自体が忘れ去られていたケースが驚くほど多い。忘れられ、つまり企業の論理の中ではその価値を持たない記録がひょっこりと出てきたという形である。今日的な価値が認められた上での積極的な寄贈ではなく、捨てるか捨てないかという二者択一の中で消極的に延命されたともとれる。

実はフィルムは収集するだけでは、アーカイブと呼べるものにはならない。デジタル化データベース化をしてはじめて利用に供することができる。「捨てるよりは、取っておくか」とばかりに集まった膨大なフィルム群を本当の意味でのアーカイブにするためには、さらに莫大な資金が必要となる。その価値が認められ資金が循環するような働きかけが継続的になされなければならない。同センターは東京大学、東京藝術大学と連携して、記録映画の上映会やシンポジウムを通して、記録映画の価値を掘り起こす試みを継続的に行っている。

収集するための法整備。収集されたフィルムをアーカイブ化するための資金集め、そのための価値掘り起こし。この点を念頭に、その活動を、熱意を持って進めていきたい。

【註】ビネガーシンドロームは、アセテート・ベースのフィルムのアセテート部分が、加水分解により化学変化することで起きる現象である。フィルムの収縮、反り（カーリング）、ねじれ（ワカメ）、ベースの軟化および硬化、エマルジョンの剥離などを引き起こし、症状が進むとフィルムが溶解する。

プロジェクト研究における インタビュー撮影と映像資料アーカイブ

レナト・リベラ

はじめに

二〇〇八年から二〇〇九年にかけて、京都大学GCOEプログラム「親密圏と公共圏の再編成に向けて～アジアの拠点」の次世代研究ユニット「異文化間の親密の関係性の構築をめぐる研究」において、筆者はリーダーとして、二十人以上の移民へのインタビュー撮影をもとに、映像資料アーカイブを構築した。本コラムでは、その経験について述べる。

研究ユニットのメンバー五人は、当時、筆者を含め全員が京都大学大学院生であったが、国籍別では日本人が二人、イギリス人一人、ブラジル人一人、スロバキア人一人と国際色豊かであった。研究目的は、マルチカルチュラルな社会に移住した人々を対象に、彼らがどのようにしてカルチュラル・アイデンティティを保ち、あるいはそれを犠牲にして新たな環境に適応しているのか、彼らにとってどのような暮らしが「普通」なのか、また現地で現地人と結婚した移民の配偶者や子供はどういったダブルバインドを抱えているのかなどを、インタビュー調査により明らかにすることであった。

インタビュー調査の概要

私たちは、ロンドンと東京の二つの都市でインタビュー調査を実施した。両都市を選んだのは、いずれも島国の巨大な首都として国際的知名度が高く、多文化が共存する都市として国際的に評価が高いためである。次に、インタビュイーの選定については、母国を問わず「現地人と結婚している定住外国人」という条件で選んだ。それは、先行研究には、帰国を前提とした定期間労働移民を対象にしたものが多く、そうした条件を対象にしたものが少なかったためである。実際のインタビュイーは、研究ユニットのメンバー五人の知己を頼って「芋づる式に」集め、最終的にはロンドンと東京でそれぞれ十一人、プロジェクト全体で二十二人を選んだ。ほとんどのインタビューは英語で行った。

ロンドンでの調査実施については、プロジェクト予算等の都合により、五人のユニット・メンバーのうち二人だけしか参加できなかった。また、メンバーとインタビュイーのスケジュールの都合上、二週間以内に十一人全てのインタビューを二人で実施した。東京では、五人のプロジェクト・メンバー全員が参加できたこともありインタビューを分担して、一週間以内に十一人全てへのインタビューを終わらせることができた。ちなみに、全てのインタビューにおいて、ビデオカメラ一台を帯同し、その様子を撮影記録した。

インタビュー撮影の有効性と問題点

インタビューの様子を記録した映像には、音声レコーダーで得られたものをはるかに超える情報がつまっていた。その情報とは主に、語る際のジェスチャーや表情のもつニュアンスなどのイメージ情報である。また、インタビュイーの自宅で実施したインタビューでは、リビングの様子など「移民の暮らしの住環境例」も記録することができた。さらに、運が良ければ、インタビュイーと子供との実際のやりとりなども記録することができた。こういった映像による記録は、今この時代の移民の原風景を残し伝えるのに、言葉以上に豊かで貴重なものであろう。撮影した映像素材は、編集を加えずに未編集素材のまま、研究プロジェクトの報告書と共にＤＶＤ全七枚として提出した。

今回のプロジェクト研究におけるビデオカメラの役割はきわめて重要だった。記録した映像を分析のために何度も見返していると、インタビュー時には気がつかなかった新たな発見が多くあったのである。映像は、こちらが意図していなかった情報も優れて記録してくれるため、他のメディアと比べても研究のための豊富なデータになりえることを実感した。筆者が、編集を加えて映画などにするのではなく、未編集素材をそのままアーカイブしようと決めたのは、そのためでもあった。

ただ、撮影により問題も発生した。まず問題だと思ったのが、インタビュー時におけるビデオカメラの存在感である。ノートにメモを取りながらインタビューを行うのに比べて、ビデオカメラを向けてインタビューすることにインタビュイーが抵抗感を覚えたことは少なくなかった。ビデオカメラでの撮影が、インタビュイーの態度や話す内容に明らかに影響を与えたと思われる事例がいくつかあった。それは、例えば、インタビュイーがカメラを意識しすぎて、自身でも気がつかないうちに不自然な語りになったことである。インタビュイーによっては、通常話していた時には見られなかった手の震えや、ある特定の話題に対する拒絶などがみられた。この場合、カメラの存在自体が記録されているインタビュー内容に影響を及ぼしたといえるであろう。こうしたインタビュー時でのビデオカメラの存在感については、方法論的に今後さらに検討していかねばならない。

おわりに――有効な映像資料アーカイブに向けて

最後に、筆者は、今回の映像資料アーカイブの構築を決めた際に、天体研究など理系で進んでいる、他の研究者が自由にそれを使って研究できる共有型のアーカイブにしようと思った。しかし、実際に、アーカイブを構築してプロジェクト・メンバー以外の第三者に映像を見てもらった結果、いくつかの困難にぶつかった。それは、先に映像の情報量の多さについて述べたが、移民への見識のない第三者がその映像だけを見た場合、その映像の情報量の「多さ」は十分に発揮されなかったことである。それどころか、そうした第三者によるアーカイブ利用は、移民に関する誤解を生じさせる危険性が高いことがわかった。どのようなメタデータの追加により、どのように映像の有効性を上げるか、またどの範囲の第三者までをユーザーとして射程に入れて利便性を高めるかなど、アーカイブをより充実させるためには、まだまだたくさん検討すべきことがあると思い知らされた。今回の経験を活かし、今後も研究上で有効な映像アーカイブの構築を追求していきたいと思っている。

学術映像アーカイブのために

山下俊介

学術映像の始まりとアーカイブ

学術映像とは何か。このような問いを立てて、学術映像三企画なる世界的にも先例のない大規模かつ斬新な学際的試みが二〇〇九年に京都大学で行われた。その三企画とは、学術領域における映像実践行為と、その実践の過程で生まれた映像群を上映・展示した京都大学総合博物館学術映像博二〇〇九、国内外の幅広い領域から学術研究に資する映像を公募した学術映像コンペティション（民族誌映画祭や科学映画祭などと異なり、あらゆる学問領域からの出品を視野に入れた点で極めて新しい試みであったといえる）、そしてそれら三企画の総括として国内外の研究者が映像実践の最前線を論じた第十三回京都大学国際シンポジウムである（宇宙物理学、医学、生物学から人文・社会科学諸分野までの研究者が一同に映像実践を披露・議論するこのようなシンポジウムはこれまで例がない）。ここでは学術研究に資すると考えられる映像の全てが分野を問わず対象となった。当然、映画のように作品化されたものに限らず、研究過程で生まれた未編集素材までが対象として扱われた。

一方で、このようなさまざまな分野の学術映像資料群をどのようにアーカイブしていくかが大きな問題となってくる。近年よく耳にする映像アーカイブの発展はデジタル技術による映像撮影・制作環境の普及によるところが大きいが、その科学性を理論・実践から担保しうるのはアーカイブズ学（Archival Studies）であろう。アーカイブズ学は、基本的に行政文書等の公文書の保存と管理を中心として発達してきたものであり、資料の証拠性や資料に付すべきメタデータ項目の標準化、検索・保存手段の技術的要件等々、これまで数多くの蓄積がある。しかし、新たなジャンルである学術映像を扱う場合には、既存のアーカイブズ学の蓄積を生かしつつも、その援用には注意すべき点がある。

アーカイバルスタンダード

アーカイブズ学には、刊行図書に対する書誌標準のように、メタデータ項目に関する国際標準が存在する。ＩＣＡ（International Council on Archives）の採択したＩＳＡＤ（Ｇ）（General International Standard Archival Description）がそれである。ＩＳＡＤ（Ｇ）は、資料群のレベルから一資料のレベルまで資料記述項目（マルチレベル記述）の統一を定めているが、あくまで「標準」であり、電子化データとして実際の現場で運用する所までは扱っていない。

この国際標準であるＩＳＡＤ（Ｇ）に準拠し、より実際的に運用できる「規格」がＥＡＤ（Encoded Archival Description）である。ＥＡＤは、ＸＭＬ等のマークアップ言語を利用することで資料群のもつ階層性（ある鉛筆を資料と考えた際の、書斎の机―右側上段の引き出し―愛用の鉛筆箱―短くなった鉛筆、といった資料をとりまく階層的な環境のこと）を記録し、電子データとして運用することが出来る。ＥＡＤは北米のアーカイブを中心に広く採用されだしており、なかば国際規格となりつつある。

学術映像では、図書刊行物のように単体で成立する映像作品のみを扱うわけではないため、資料群を階層秩序のもとに位置させることの可能なＥＡＤのようなアーカイバルスタンダードに収蔵することが望ましい。収蔵対象の映像（動画）だけではなく、関連する地域やテーマの他の映像や画像、さらには映像制作者の残したフィールドノート、観測記録等を、記録メディアの区別なく、相互に関連付けて収蔵することができ、学術的利用を質量両面から補強することができるからである。また国際標準に準拠していれば、収蔵されたアーカイブを越えて広く利用される可能性がある。

このようなアーカイバルスタンダードは、公文書を生み出す組織体が持つピラミッド型の構造を写し取る形になっているため、構築されるアーカイブも自ずと階層状となる。この階層的秩序は資料の証拠性や真正性を担保する要素ともなるが、一方で各資料が階層深くに収蔵され、アクセシビリティが低下する一因ともなってしまう。映像資料に関連する資料（バックデータ）との紐帯は保ちつつも、検索手段や映像資料群だけをとりだして見せるインターフェイスを備えることで、資料へのアクセシビリティを保つことが重要である。

学術映像のメタデータ

アーカイブ作業においては「現状記録」が重要な手続きである。資料収蔵までの来歴とその現状をメタデータとして記録することであるが、映像資料について考えてみるとどうだろうか。映像メディアの本質が編集・複製・頒布である以上、映像資料は映像素材から二次的利用まで、さまざまなバージョンが生み出されている／いくことになる。オリジナルについての議論は別として、そのそれぞれのバージョンの映像について、収蔵される直前の環境と来歴を可能な限り記録することが必要となる。ある文書資料が、かつてその資料群（＝組織体）の中でどのように機能していたのかといった情報は、その文書内容と同等以上の重要性をもつ。ある学術映像資料が、どのような環境で使用・公開されていたかには、資料制作者の当該映像に期待する機能＝特質が少なからず反映されているであろうし、逆に制作者と映像そのものを取り巻いていた環境を逆照射することもできよう。映像資料の内容評価は困難であるが、このような外縁的な環境情報を記録しておくことは、映像の分析的な価値を高めることになる。加えて、「撮影／制作者」、「撮影／制作年月日」、「撮影地（空間情報）」、「収蔵年月日」、などは、収蔵された原資料を参照・検索するために欠かすことのできない基本的メタデータとなる。

デジタル化された映像が、技術的には自由に編集・利用される今日の状況を考えると、先述のメタデータが映像の一フレームごとに埋め込まれていれば、その後の編集・改変を経て一フレームになったとしても、原資料および収蔵されているアーカイブの階層秩序の中へ戻ることが出来る。こうした映像自体にメタデータを組み込めるフォーマット（たとえばＭＰＥＧ７のような規格）を整えておけば、アーカイブされた映像資料を広く社会に開き、さまざまな研究活用に供することが可能になり、映像資料もアーカイブも生きたものとなる。

映像資料に分析強度を持たせるメタデータを撮影・制作段階から意識し、記録しておくことで、映像資料の学術的価値を高め、学術映像アーカイブの可能性を広げることができるであろう。

寄稿二　世界／日本の映像アーカイブ事情

石原香絵

「映像」アーカイブ事情と題しながら、本稿が主に「映画フィルム」アーカイブの現状を概観するものであることをお許しいただきたい。これは、端末の数だけ拡散していくデジタル映像や放送分野にまで視野を広げて論じる以上に、一一〇余年という時を生き抜いた、最古参にして現役のメディアである映画フィルムを正視する必要があると信じてのことである。形状は三五ミリ、一六ミリなど多様であっても、プラスチックのベース上に塗布された乳剤面に映像が記録され、一定間隔の送り穴と映写機のスプロケットが噛み合うことで輪転し、投射されるという仕組みは変わらない。このような映画フィルムを収集・保存し、何らかの方法で閲覧に供するのが映像アーカイブの担うべき役割であるとすれば、この分野で日本がひどく遅れをとっている現実は否めない。プロフェッショナルからアマチュアまでジャンルを問わず「撮ること」、「観ること」に熱心な国民が、なぜか「残すこと」には無関心なのである。

本部をブリュッセルに置き、世界七七カ国から一四〇を越える映像アーカイブが加盟する国際フィルム・アーカイブ連盟（ＦＩＡＦ）(1)をご存知だろうか。日本からは一九七〇年開館の東京国立近代美術館フィルムセンター（ＮＦＣ）が一九九三年に、一九九六年開館の福岡市総合図書館映像資料課／

映像ライブラリーが二〇〇四年に加盟している。それぞれの母体組織が「美術館」、「図書館」であることは、名称からおわかりいただけると思う。中国電影資料館、国家電影資料館（台北）、香港電影資料館、韓国映像資料院、国家映画文献庫（平壌）が林立する東アジアにおいて、日本に独立した国立の映画保存機関がないことは特筆すべきであろう。いくら美術館の一部門とはいえ、NFCの職員数がたった一二名とは随分少ない。[2]

ここで伝統的な意味においての、つまり古文書や公文書を主に扱うアーカイブズの世界に着目してみる。この分野の昨今最も明るい話題といえば、二〇〇九年六月の「公文書管理法」の成立にほかならない（施行は二〇一一年四月）。国民年金や薬害肝炎をはじめ、数々の記録管理にまつわるスキャンダルを経て、ようやく整備された法律である。国力に比してアーカイブズ機能が脆弱であることの証に、米国の国立公文書館（NARA）[3]の職員数およそ二五〇〇名に対して、日本の国立公文書館の正規職員四〇名という数字が頻繁に引き合いに出されるが、これも、国家事業として映像を残す仕組みづくりが日本で遅れた要因の一つではないだろうか。お隣の韓国では、職員数およそ三五〇名と頼もしい国家記録院[4]と足並みを揃えるように、映像資料院[5]が二〇〇七年に移転及び増員（職員数四〇名）を成し遂げ、館内に上映施設、図書室、収蔵庫、映画博物館を備えた映像アーカイブとしてリニューアル・オープンを果たしている。

日本の国会図書館においては、視聴覚資料も法定納入制度の範疇にあるものの、肝心の映画フィルムは保留とされてきた。ちなみに、NARAは約三〇万リールの官製の映画フィルムを所蔵し、米国議会図書館の映画放送録音物部門[6]は映画フィルム・テレビ番組・ビデオ作品合わせて一一〇万点という世界最大規模の所蔵数を誇り、両館が米国の映画保存の太い二本柱となっている。[7] 議会図書館は、二〇〇五〜〇六年にかけて新たに国立視聴覚資料保存センターをバージニア州カルペパーに整備した。[8] 筆者は二〇〇一年、オハイオ州デイトンの軍事基地内にあった議会図書館のナイトレート（可燃性）

フィルム収蔵庫及びラボ部門で短期間の研修を受けた経験があるが、それらも現在は新センターに集約されているという。加えて、博物館や美術館の映像部門、大学や文化財団、映画会社らが競うように映像アーカイブを運営していることもあり、米国の映画保存活動には全体的にどっしりとした厚みがある。

さらに欧米では、地域の映画保存活動も盛んである。一九八五年、メーン州バックスポートのノースイースト・ヒストリック・フィルム（ＮＥＨＦ）が米国で先陣を切り、草の根映像アーカイブが米国各地に次々と現れる。筆者が映画保存学校在籍時に受講したカラン・シェルダン（ＮＥＨＦ創設者）のレクチャーは、まさに目から鱗の連続で大いに触発されたものだが、米国の映像アーキビストは口を揃えて「ヨーロッパにはかなわない」と言う。英国では、中央に英国映画協会（ＢＦＩ）国立アーカイブと、王立戦争博物館フィルム＆ビデオ・アーカイブが控え、その周囲に一〇の地域の映画保存拠点がバランス良く配置されている。

二〇〇三年にグラスゴーのスコティッシュ・スクリーン・アーカイブを取材した際は、民家の屋根裏から発見されたような段ボール詰めのホームムービーまで丹念に整理されていることに驚いた。日本では、こうしたフィルムが目の前で廃棄の憂き目にあっており、当時の筆者はそれを阻止できないことに無力感を抱くばかりだったのである。

この分野でもっとも権威ある国際組織ＦＩＡＦの設立は一九三八年。その時点で映画フィルムの誕生から四〇年が過ぎていたとはいえ、欧米の先駆者たちが、戦前から長期的視野で映画フィルムの収集保存に着手していたことがわかる。しかし映像アーキビストが専門職として社会に認知されるまでには、さらに長い年月が必要となった。九〇年代後半、専門職養成が大学院レベルではじまり、卒業生が現役の映像アーキビストとして職場に入り込むことによって、映画保存の理念がいよいよ実践段階に移ったのだ。これによって分野全体が大きく前進したといえる。

個人の意思で自由に参加できる映像アーキビスト協会（ＡＭＩＡ）は、一九九一年にロサンゼルスを本部に設立された。映像アーカイブ活動のバックボーンとして、今や三〇カ国以上、七五〇名の会員を誇る。ＦＩＡＦが非営利団体に加盟を限定しているのとは対照的に、ＡＭＩＡには現像所ほか映像関連企業の技術者や学生も入会を許されるので、実に威勢がいい。スイスにベースを置きつつも、タイ王室のホームムービー・コレクション調査を依頼され、毎年バンコクに数ヶ月滞在しているブリギッタ・パウロヴィッツ、アーカイバル・フッテージの探索を通して、日本最古のカラー劇映画『千人針』（三枝源次郎、一九三七年）を発見した英国のエイドリアン・ウッドなど、アジアに目を向ける映像アーキビストも中にはいる。

マイノリティーの映画保存において、当事者たちが存在感を示す事例も目立つ。二〇〇四年のＡＭＩＡバンクーバー会議では、レスビアン＆ゲイ・フィルム研究会が、倫理観の違いが如実に現われる教育用一六ミリ映画にいち早く注目して上映していたほか、アラスカの先住民による映画保存活動をテーマに据えたシンポジウムも圧巻であった。当時、ジンバブエ国立公文書館視聴覚部門に所属していたバイオレット・マタンギラによる報告も忘れがたい。上映施設の完成を目指して、母国で孤軍奮闘していたマタンギラは、その後ナミビア大学のアーカイブズ部門に転職し、現在も研究活動に邁進している。

ほかにもＡＭＩＡを介して出会った敬愛すべき映像アーキビストたちは数限りなく、とても紹介しきれない。ＡＭＩＡ会議では最終日近くに必ず「上映会」が催され、会員が持ち寄った近年の復元例などを適切な映写環境で次々と上映するという慣例がある。この幸福な時間の共有は、専門職同士の連帯感を一層強めてくれる。

東南アジア太平洋地域視聴覚アーカイブ連合（ＳＥＡＰＡＶＡＡ）の存在も極めて重要である。[8] 国立機関に混ざって、シンガポールのエイジアン・フィルム・アーカイブ、カンボジアのボパナ視聴覚

「世界視聴覚遺産の日」のロゴ
（C）UNESCO

リソース・センターなど非政府系組織も奮闘している。本部のあるフィリピン（マニラ）には、SEAPAVAA設立の三年前にあたる一九九三年から既に、専門職団体（Society of Filipino Archivists for Film）が存在し、映画保存に対する意識の高さはよく知られていた。

SEAPAVAAはユネスコとの結びつきが強く、毎年一〇月二七日の「世界視聴覚遺産の日」のプロモーションには、FIAFやAMIAよりむしろ積極的なほどである。東アジアからは韓国の現像所、台湾の国家電影資料館、香港電影資料館が加盟しているものの、日本からは今のところ映画保存協会が唯一の賛助会員であり、十分な貢献を果たしているとは言い難い。映像アーキビストの友好の輪に、より多くの日本人にも加わってほしいものである[10]。

その日本に目を移してみると、代表的なコレクションを持つ公共の映像アーカイブに、前述の福岡のほか、川崎市市民ライブラリー映画部門、京都府京都文化博物館映像部門、広島市映像文化ライブラリー、沖縄県公文書館映像部門がある。

劇映画の復元に関しては、立命館大学アートリサーチ・センターの「京都映像文化デジタル・アーカイヴ―マキノ・プロジェクト」、大阪芸術大学の「玩具映画および映画復元・調査・研究プロジェクト」、角川映画の「原版保存プロジェクト」[11]などが成果をあげている。五千本を越えるフィルムを所蔵し、NFCや韓国映像資料院、国家電影資料館などに、過去六〇作品以上の復元素材を提供しているプラネット映画資料図書館／神戸映画資料館も看過できない[12]。

そうした中で、国内の映画保存活動を牽引するのはNFCであり、三五ミリ・フィルムにして約二〇万巻のフィルムが収蔵可能という、突出した規模の映画フィルム専用倉庫を神奈川県相模原市に擁している（格納率約七〇％、増築も決定している）。英国に「フィルム・アーカイブ・フォーラム」[13]

があるように、国内のこれら関連機関を結びつける団体の設立が待たれるところである。

国内では二〇〇九年に『紅葉狩』（一八九九年撮影）が映画で初めて重要文化財に指定され、二〇一〇年に『史劇 楠公訣別』（一九二一年）が続いた。実は、米国では毎年末に二五本の映画を文化財登録する仕組みがあり（National Film Registry）、既に五〇〇本以上がその栄誉を受けている。二五本のセレクションは多彩で、娯楽性の高い劇映画だけでなく、ＪＦＫの暗殺を捉えたエイブラハム・ザプルーダーの８ミリフィルムを皮切りに、アマチュア・フッテージも八本が登録されている。

八本の内、二〇〇六年以降に登録された三本のタイトルを順に記すと、ダウン症の少年の成長を父親が記録した詩的な一六ミリ・フィルム *Think of Me First as a Person*（一九六〇年〜七〇年代）、中流家庭の日常 *Our Day*（一九三八年）、家族旅行を綴った *Disneyland Dream*（一九五六年）となる。この三本は、毎年一〇月に世界六〇都市以上で同時開催される「ホームムービーの日」[14]をきっかけに発見された。*Think of Me First as a Person* は既にＤＶＤ化されているが、そこに解説を寄せるのは映画評論家ではなく、このフィルムの持ち主、持ち主がフィルムを持ち込んだ「ホームムービーの日」ニューオーリンズ会場の映像アーキビスト、文化財登録のセレクションを担当した議会図書館のキュレーター、そして復元作業を担当した現像所の技術責任者の計四名である。

専門職養成に必要なカリキュラムの構築や基本文献の出版については、英語圏ではほぼ出そろった感があるが、日本語化されているものは『フィルム保存入門——公文書館・図書館・博物館のための基本原則』（全米映画保存基金、二〇〇四年）や、レイ・

Think of Me First as a Person の一場面である
Image courtesy of George Ingmire.

エドモンドソン（著）『視聴覚アーカイビング――その哲学と原則』（ユネスコ、二〇〇四年）[15]など、ごく僅かである。SEAPAVAA設立の原動力ともなったエドモンドソンは、専門職養成にも重要な役割を果たした人物で、現在も各国の教育現場を飛び回って活躍している。[16]技術に強い国立フィルム&サウンド・アーカイブを有するオーストラリアも、一九三〇年代に映像の収集に着手した時点では国立図書館が視聴覚資料を管理していたという。

図書館司書といえば誰にもそれなりにイメージは浮かぶが、映像アーキビストとなるとそうはいかない。修士レベルでの映像アーキビスト養成コースは、欧米では合わせて六大学に設置されている。伝統的な意味でのアーカイブズ学から派生したプログラムもあるが、映画史研究の拠点とも当然ながら深く結びついている。以前は脇役であった家庭用の「小型映画」や、それに付随する機材、紙資料、音声資料（蝋管、SPレコード、オープンリール等）へと研究領域が広がりをみせているのも、専門職養成の成熟の賜物と言えるだろう。国内では「映像学芸員」なる資格を求める声があるが、残念ながら映像アーキビスト養成に向けての機運は感じられない。

欧米でも映像アーキビストの立場は安泰というわけではなく、いよいよ映画フィルムがデジタル・メディアに駆逐されるかという過渡期に入って、その存在意義は流動性を増している。既にそのほとんどが失われてしまった映画フィルムは一本でも多く残すことが原則であっても、日々生み出されている未曾有のボーンデジタル映像については、否応なく高度な評価選別能力が問われることになる。専門職養成の蓄積のある欧米は、映像アーキビストたちが時の経過に合わせて議論を重ねつつあるが、日本も含め助走期間のなかった国々は、果たしてうまくスタートを切ることができるのだろうか。

キャロライン・フリック[17]をはじめ欧米の映像アーキビストは、ネガ→ポジ複製を繰り返して世代を重ねていく映画フィルム文化を伊勢神宮の「式年遷宮」に例えることがある。しかしフィルムの製造が中止されてしまえば、この伝統も終焉を余儀なくされる。実際に商品としてのフィルムは一つ一つ姿を消しており、[18]コンテンツがデジタル・メディアに鞍替えしたとき、オリジナルのフィルムを破棄することなく保管していく思想が残るのかどうかが不安の種である。デジタル化はあくまでアクセス向上の術であり、長期的な保存の解決策と混同してはならない。二〇〇八年、FIAF七〇周年記念マニフェスト「映画フィルムを捨てないで」や、映画芸術科学アカデミー「ザ・デジタル・ジレンマ―映画素材のアーカイブ化とアクセスに関する戦略的課題」が登場したが、これらは映像アーキビストが自らの存在意義を知らしめる印籠となり得ているだろうか。

二〇〇七年、文化庁文化財部美術学芸課歴史資料部門は、全国三千以上の団体に調査票を送り、映画フィルムの調査を二ヶ月半かけて実施した（翌年の中間報告以降の調査成果は不明）。[19]その頃からか、映画保存関連のシンポジウムやワークショップも度々開催されるようになった。二〇〇八年、仙台や新潟で『地域映像アーカイブ』プロジェクトが立ち上がり、二〇〇九年一月には社団法人記録映画保存センターの設立も大きく報道された。保存と活用という両輪のバランスをとるべきところを、専門職不在のまま片輪だけで走り出そうとしているような危なっかしさもあるが、社会的関心の高まりにはわくわくさせられもする。

「保存」をとことん突き詰めて考えれば、年間を通して「低温度・低湿度」環境を一定に保つことができる専用倉庫にフィルムを閉じ込めて劣化速度を遅らせるという、ごくシンプルな延命策に行き着く。「活用できなくては保存しても意味がない」という利用者からの批判は避けられないにしても、予算や人員は限られている。今すぐ二次使用できるか否かで映像の価値を決めるわけにはいかない。コンテンツのみならずコンテクストにも意識的であれば、その映像が初めて人の目に触れたときに持っていた意味、さらには当時のままのフィルム形状や上映形態を蔑ろにはできないはずである。

検閲印、スプライス（接合）の位置、エッジコード（製造番号）、現像所のタイミングカード、染調色の識別など、現物を調査することで得られる豊富な情報は、往々にしてフレームの余白に記録されている。確かにパーフォレーションのかたち一つにも複雑に入り組んだ歴史があり、川崎市のミットヨ博物館に展示されている日本初のパーフォレーターの「歯」に秘められた国産化への情念など、感動的ですらある。

しかし現行のデジタル化は、それらをあっけなくも切り捨ててしまう。タテ傷がひどくエッジも破損しているフィルムは、人気があって何度も繰り返し上映されたのかもしれない。まだテレビのない時代、暗闇に集まってカタカタという映写機の音と共にスクリーンに届く光に視線を集中することは、それが学校上映であっても新興宗教の勧誘であっても、特別な体験であったに違いない。手がかりは常に、現物のフィルムにこそある。

ハーゲフィルム財団の代表をつとめるパオロ・ケルキ・ウザイは、その著書 *Silent Cinema: An Introduction*（ＢＦＩ、二〇〇〇年）[20]の中で、西暦表示の〇を一つ増やして五桁にしようではないかと提案している。全編を通して、研究者自身が映画フィルムにアクセスする「技」を身につけることの重要性が綴られているが、これは無声映画研究者向けの体裁を取りながら、実は、あらゆる分野の研究者に向けられた映画保存の指南書でもある。二〇一〇年ならぬ〇二〇一〇年に生きる我々は百年単位で思考しながら、映画フィルムがこれから獲得していく価値を見極めねばならない。未来に向けた想像力が、今まさに試されているのである。

【註】

（１）The International Federation of Film Archives（La Fédération Internationale des Archives du Film）［www.FIAFnet.org］．（二〇〇九年よりＮＦＣ主幹の岡島尚志氏が会長）

（２）東京国立近代美術館平成一八年度年報。

（３）The National Archives and Records Administration［www.archives.gov］
（４）韓国国家記録院（National Archives of Korea）のウェブサイト［www.archives.go.kr］は韓国語、英語、中国語、日本語の四カ国語で公開。
（５）韓国映像資料院（Korean Film Archive）［www.koreaflm.or.kr］
（６）正式名称は、Library of Congress［www.locgov］の Motion Picture, Broadcastng and Recorded Sound Division, MBRS.
（７）*Keeping Archives*（オーストラリア・アーキビスト協会（編）、二〇〇八年（第三版））は、アーカイブズ（公文書館・文書館）が取得する可能性が高い動的映像を Informational Moving Images とし、映像アーカイブが主に扱ってきた映画を Industry Productions とし区分。
（８）『米国議会図書館における録音・映像資料の保存と活用の状況』（川野由貴、カレントアウェアネス No.303 2010.3.20）に詳しい。
（９）Southeast Asia-Pacific Audio Visual Archives Association［www.seapavaa.org］
（10）本稿で紹介するＦＩＡＦ、ＡＭＩＡ、ＳＥＡＰＡＶＡＡを含む視聴覚関連の主要な国際団体については、ＣＣＡＡＡ（Co-ordinating Council of Audiovisual Archives Associations: 視聴覚アーカイブ協会調整協議会）のウェブサイトを参照のこと。
（11）原版保存プロジェクトでは、社内啓蒙も兼ねて「原版通信」を発行。
（12）第四回映画の復元と保存に関するワークショップ二〇〇九「プラネット映画資料図書館 これまでの主な素材提供復元作品」。
（13）Film Archive Forum［bufvc.ac.uk/faf］は一九八七年設立、英国の公共の映像アーカイブが名を連ねる。
（14）国内では映画保存協会が初年度（二〇〇三年）より普及につとめている。この記念日について、詳しくは、次の専用ウェブサイトを参照のこと。［www.homemovieday.com］（英語）、［www.homemovieday.jp］（日本語）。
（15）両文献は、映画保存協会のウェブサイトからダウンロード可能。
（16）経歴は Archive Associates［www.archival.com.au］に詳しい。
（17）世界で初めて映像アーキビスト養成コースを設けた英国イースト・アングリア大学大学院を卒業、テキサス映像アーカイブ（ＴＡＭＩ）を創設、テキサス大学准教授を経て、二〇一〇年よりジョージ・イーストマン・ハウス映画部門代表。

(18) 二〇〇九年六月二日付富士フイルム株式会社プレスリリースによると、FUJICHROME-R25N は、二〇一二年三月、-RT200N は、二〇一〇年五月が最終出荷。現像サービスは二〇一三年九月で終了。同じく二〇〇九年六月二二日付けプレスリリースにて、コダックはコダクローム・フィルムの製造終了を発表。

(19) 同様の全国規模調査の報告として、米国議会図書館の *Film Preservation 1993: A Study of the Current State of American Film Preservation* や、オーストラリア国立フィルム＆サウンド・アーカイブの *National Registry of Audiovisual Collections*（2007）がある。

(20)『無声映画入門』として映画保存協会が翻訳、第一章の試訳は「名古屋学芸大学メディア造形学部 研究紀要」三号（二〇一〇年）に掲載。

寄稿三　映像人類学の理論と実践、その新たな展開の現在

デジタル映像技術の革新と新しい世紀の映像人類学の課題

宮坂敬造

一　解き放たれる映像人類学——デジタル映像技術の革新と、大文字の人類学に従属してきた過去からの訣別

デジタル映像技術が、近年、飛躍的に革新され、それにともない、各種の映像制作装置にも目を見張るような「進化」・改良が加えられてきた。この点が大きなインパクトとなり、映像人類学領域に新しい動向が広がりつつある。当初は、新しい質の視覚心像を喚起する新しい撮影機器が手にはいるようになっていく——たとえば、ますます迫真感高まる色彩描写が可能になり、人々が踊る儀礼の映写場面などでも、カメラの揺れのゆがみを最小化するような処理が簡単にできるようになったし、人間の視知覚の立体的視覚像に近いかたちで、立体映像を製作呈示することも可能となった——三次元映像による映像人類学資料から、被写体間の実測値距離と配置関係が十分な精度で推計できるようになり、たとえば祭壇と祭祀シャーマンの距離が立体映像からわかるなど、この方式による人類的学術映像の記録情報のデーター価値が、さらに高まっている——。また、以前は二台以上のカメラを使って高度撮影技術がある制作チームにしかできなかった複数角度からの組み合わせ映像系列なども、撮影編集機器に組み込まれた高度デジタル技術によって可能になってきたのである。

さらに、マルチメディアによる新複合メディア装置が生み出され、それを駆使できるようになった。これによって、立体的な現場の聴覚経験を映像の視覚経験へ巧みに重ねたり、場合によっては一部嗅覚情報を映像系列のなかで擬似的にせよ再現したりできるようになってきた。あるいは、過去を振り返る回想の時間を複雑に組み入れる一種前衛的な（しかし、記録志向、リアリズム志向の映像人類学の枠内の）映像系列を制作することも可能になってくる。微分的時間も含めて、複数時間の相貌を行きつ戻りつするような映像系列により、リアリズムの枠内にとどまりつつも、複層的時間構成による映像表現の新しい文法の獲得も可能となってくるわけである。

　ひとつの焦点をもつ儀礼だけでなく、バリ島のオダラン祭祀のような多元焦点をもつ儀礼の、全体にわたる姿をも鮮やかに提示しうる映像編集技法――従来は、そうした技法が映像技術的制約があって難しかったわけであるが――多人数の撮影者を配置して多元焦点儀礼場面を焦点ごとに撮影し、複数カメラの映像をつなぎ合わせていたわけだが、儀礼の全体性を映像で伝えるのは至難の技であった――、現在は、急速に進歩した映像制作編集装置を工夫して用いれば、多元焦点儀礼の全体性を映像によって伝達する新技法の開拓も、通常の映像系列上映映像の枠内であっても、十分可能となってきたと思われる。さらには、そうした通常の映像系列上映を複数化して切り替えたり重層的に組み合わせたりして同時提示する、というような、ハイパー映像表現や、後述のハイパーメディア方式を組み合わせていくような技法も、今後ますます開拓可能となっていくと思われる。単発レベルの技法進展というかたちではなく、パッケージでシステム化されるかたちで開拓・進化していくことが予想されるため、映像表現の可能な内容・範囲そのものがさらなる質的転換を起こす、と思われるのだ。

　そうした新しい視聴覚経験が用意されるような経過が生じ、新技術が映像人類学的映像表現の幅を飛躍的に拡大しているのである――新たな質感をもつ映像系列を組み上げる過程で、制作者は高度ソフトを使って編集し、その技術を駆使して、フィールドワークの記録表現に資する新しい形態の映像表象を生み出していく。注目すべきことは、そうした新たな形態に結実した映像表象が、「映像によって映像を再帰的・反省的にメタコメントする輻輳的効果」を発揮しはじめる点である。ナレーションに必ずしも頼ることなく、映像系列に組み込まれた映像自身による再帰反照性の幅自体が拡大される点は、とりもなおさず、映像人類学の新しい可能性――すなわち、言語テクスト優位の人類学に映像人類学が従属してきた従来の地平から映像人類学が解き放たれるという可能性――を保証する具体的よすがの一例なのである。映像デジタル技術の進展ゆえに、映像人類学領域自体の内部で、言語システム依拠の人類学を超えるような新理論・実践が呈示可能となってゆくのである。

映像人類学は、人類学領域の下位分野としてこれまで展開されてきたという素性をもつ。映像技術革命を迎えた新時代状況は、そうした映像人類学自体のありかたを急速に変貌させる可能性を用意しているといえよう。新技術の出現によって表現幅が重層的に拡大され、映像人類学の内実がその根柢に触れるかたちで革新されてゆく……映像表現技術と実践の質的転換が映像人類学の質点転換をもたらす導因となるのだ。理論的に人類学を後追いするだけの、いわば人類学につき従っていく経路から離陸し、映像人類学が大きく飛躍しえる時代が到来したのである。

大文字の人類学、すなわち、「書記」中心の人類学の傘下から映像人類学が離れ、本来の意味で自律していくとするならば、次のことがいえよう……デジタル映像新技術と相俟って、映像の内部連関を繋ぎ仕切り分ける文法の深層構造が拡大していき、そこにより深い組み合わせ変換の可能性が拓けてくるはずなのである。それによって、個々の作品で具体化されたかたちで現れる「表層構造としての映像系列」、つまりは映像表現の幅や奥行きも、ますます拡大していくはずである。これが、現実の記録への志向と熱く相互作用するため、仮想現実空間の全拡大に資する現代的映像技術革新が、現実記録枠組みのほうに収斂させられていく。そして、仮想的な映像技術や新しい映像表現文法を用いてこそ、現実の多元的発見が可能になるという一種の逆説の梃子の力が働き、時代にみあった新たな現実の深層をとらえうる自律的映像人類学の地平が切り拓かれてくるわけである。映像人類学が大文字の人類学から自律するこのような状況は、このように考えてみると、いわばデジタル映像技術革新によって起動したポスト・シュールレアリズム的な転回によってもたらされた、といってもよいのではあるまいか（解説）。

映像人類学がますます自律的に展開しうる状況を概観してきたが、そのような地平が展かれてくると、言語システム依拠の人類学と映像人類学の関係が急変していくことになる。両者がたがいに絡み合う相互作用のありかたや、その様態も大幅に変化してゆく。両者のからみあいの新しい動態があらわれ、この動態が駆動するさなか、映像と言語を組み合わせる新しい方式が出現してくることになろう——たとえば、近年のソフトウェア技術の進展により、言語システムによるハイパーテクスト記述と視聴覚メディアによる描写とを併置し、ハイパーメディア風に多角的に絡み合わせるかたちで民族誌を製作する——そうしたことも可能になってきた。加えて、こうした新技術とそれに伴う視聴覚記録機械装置やソフトウェアは概して廉価となってきた。機器やソフトウェアの操作はごく短期間で修得可能となり、予算規模の大きいテレビ局づきのカメラ・ディレクターでなくても、ほとんどだれでも手軽に使えるようになってきたのである。

映像技術とソフトの革新の更なる進展によって、映像民族誌が言語・言説中心の人類学が用意してきた民族誌とも効果的に統合しうる可能性も視野にはいってくるであろう。すなわちハイパーメディア化により、映像と言説という二つに区分された人類学が統合されうる姿がみえてくるのだ。ハイパーメディアによる表現が可能となれば、従来の言語記述中心の民族誌と観察記録映像とを効果的に組み合わせることが可能、ということにとどまらない。調査者や被調査者の感性的経験に即した（共感覚的ともいえる）身体感覚を誘う映像描写と、言語による書記民族誌とをリンクさせ、メディア間を自由に切り替えながら、多角的呈示をおこなうことまでできるようになるのだ——ヴィクター・W・ターナー流の言語記述、すなわち、社会集団に循環的に裂け目が生じ、そこに葛藤が増殖しては象徴的に濃厚な社会劇が展開されるありさまの社会象徴学的記述を読みつつ、そのなかで出てくる儀礼用具の名称をクリックすれば、すぐにその写真が見られるし、そこにはまた短い言語的説明が載っていたり、あるいは、それが使われる儀礼場面の映像が映し出されたりするかもしれないのである。言語・言説の民族誌と映像の民族誌とが新しく有機的にからみあう……そこでは、一種、ウィキペディア様式で繰り出されるハイパーメディア表現が発達してくる、ということが想像されよう。

これは、ＨＲＡＦ（人間関係地域別資料ファイル）の資料形式が、さらにハイパーテクスト化された後で、映像人類学資料と結合し、融合していくようなイメージである。たとえば、学部学生や院生たちがサモアの現代の青年の映像民族誌を視聴する過程で、マーガレット・ミードの八〇年ほど前の記述に飛び、さらには、論理還元実証主義的認識法に立ってミードの現地調査の誤謬を論難するデレック・フリーマンの八〇年代の記述に飛び、また再度、現代の映像に戻りながら、現代のサモアの人々がミードの呈示する過去のサモアをどう受け止めているのかという問題に関与する映像資料に飛び……はたまた、ナイーヴな客観観察主義から書かれた過去の記述データ部分を、一概には切り捨てないやりかたで、現代の基準に絡めた文脈で部分的に修正・再構成する方法に思いをいたす。それが終わるやいなや、そうした問題全般にわたって遠隔会議の研究者メンバーと討論する、といったことが容易に行えるようになる。言語・映像・音等が有機的にリンクするハイパーテクスト方式によって、このような状況が普及するならば、たとえ研究者やその卵の学生たちが従来の言語システム還元主義的な人類学学派の枠組み内にとどまったとしても、映像描写への関与の余地が飛躍的に高まっていくはずである。

逆もまた真である。映像人類学による研究や映像作品が、記述中心の人類学が提起してきた理論の動向と全面的なかたちで相互作用していくことになろう——新しい技術と手法の出現により、鋭い問題意識をもつ映像人類学者たちが革新的な映像実践を生み出す可能性が高まってゆくと思われる。新しい映像を新形態で表象する方法が編み出されれば、言語記述中心の人類学の新理論や実践に同時性をもつ応答が映像表現として可能となろう。そうした新形態の映像表現によって、理論や実践を映像人類学の側から先端的に問いかける研究や作品が生み出される可能性がある(1)――そして、それが言語中心の人類学に大きな理論的実践的波紋を投げかけるようになりうるのではあるまいか。

そのような状況が生み出されてくるなら、かつてのように、人類学理論を遅れてたどるかたちで、映像人類学の問題構造が映像人類学内部でのみ論議される見慣れた事態、すなわち、後追いの事態は、急速に消失する可能性がある。また、言語システム中心で転回する人類学理論の革新や実践の変化に、まったく無関心のまま、牧歌的映像民族誌の製作だけに明け暮れるような態度、あるいは、消失しつつある文化を映像記録によって保存するといった救済（サルヴェーション）アーカイヴ映像人類学に終始する、といった偏った態度も――それ自体はもちろん充分意義があるわけだが――急速に変わり、多様な試行が幅広く出現するようになると思われる。映像人類学をめぐる、そうした日本の通り相場であった状況が大きく変わるものと思われるのだ。

また、近年のデジタル映像技術の飛躍的な革新は、映像人類学の営みを、人類学以外の領域における視聴覚メディア利用の理論や実践とも、相互作用させることになろう。人類学と社会学は異文化を媒介にするかどうかで違いが依然としてある。しかし、多様化しグローバル化し、高度システム化する文化社会のグローカルなありかたが、同質性の促進と同時に、自文化の多様性や偏差・異質性をも拡大させているため、人類学者が自文化社会の研究を行う傾向が増している。他方、社会学者が参与観察フィールド調査もおこなうため、両者の違いはある意味では狭まっている。地理学、歴史学、考古学、宗教学はもともと人類学と親和性をもつ部分があるし、八〇年代以降、カルチュラル・スタディーズと文化批判の非本質主義的人類学は、認識台座を相互に収斂させてきた［宮坂 二〇〇二：二五一―五六］。

動物行動学、他者の記号学（エスノセミオティクス）、クイア・スタディーズ等々、新しい映像手法の展開により、映像人類学の今日的問題群や実践形態に共振すると予想される境界分野も少なくない。[2]さらにいうなら、《学術映像》によってこそ、先端的研究が可能になる自然科学分野の例も、この論点に関連し、重要となってくる。この点で、二〇〇九年に京都大学が実施した、第十三回京都大学国際シンポジウム「学術研究における映像実践の最前線」の研究志向は注目すべきものであった。

二 映像手法の範型としての映像人類学――人間諸科学に必須の肉眼知覚を中心とする五官知覚の映像によるシミュレーション

こうして、境界領域をまたがって視聴覚による――さらには他の感覚とも共振する共感覚的感性に根ざす――記述・描写・分析の方法や実践のかたちが拡大していき、異なる境界の敷居のなかで発達してきた視聴覚技法が相互浸透していくことになる。そうした反面、筆者の立場からみると、映像人類学の領域が学際的境界領域間で範型モデルとされる方向性が、一定部分依然として継続保持されていくと思われる。

文化社会的空間のなかで相互作用する人間を描写していく場合、肉眼で知覚できる近景、中景、遠景に視聴覚をはじめとする五官の作用領域を設定し、そうして設定した空間にカメラの焦点を合わせつつ、知覚可能な閾値の範囲、知覚可能な時間単位の範囲内で映像的に描写することになる。

これに対して、対象とする場面に可視光線以外の光のスペクトルを当てて、それを可視的色彩画面に変換したり、また、超高速撮影や微速撮影技法によって、時間を微分的にしたり長時間を単位とする時間変換を行う、というやりかたもある。そうした変換をしたあとで、その記録映像を人間の知覚の普通の時間単位と可視光線の範囲に移し替える、という手法も広汎に用いられているのである。この手法は、虫や鳥などをあつかう生物学やその他の自然科学では不可欠となってきているわけだ。宇宙の果てを知るため、あるいは、ウィルスのミクロを、遺伝子の超ミクロの振る舞いを知るため、あるいは、十億分の一メートルの単位で物性のナノテクノロジーによる操作を実現するため、とくに先端科学研究では時間と可視光線の大幅な移し替えが必要となる――レーザー集積した光やエックス線をはじめとする放射線の照射と反射の影跡を検出して可視光線映像に変換する等々、イメージングのための複雑な変換作業が映像的データ取得や最終映像作品に介在してくることも、科学映像作品の場合は少なくないであろう――ミクロの細胞内の特定部分を染色したり、細胞内での役割・振る舞いを知りたい特定タンパク質にオワンクラゲ由来の緑色蛍光タンパク質遺伝子を組み込んで目印をつけたりしながら、電子顕微鏡が捉えた細胞映像を研究者が肉眼で覗くという場合もあろう。だが、コンピュータ等の装置を介したモニター上の画像系列であることが一般的であり、映された色の違いとそれがつくりなすパターンは、現実の物質の属性としてのそれではなく、人間の視覚がそうした色のパターンを検出できる限りで彩色されているということになろう――。

この自然科学を中心とする学術映像実践の現状からみると、人間諸科学、なかでも、人間の相互作用の自然事態の現場を映像手法を通して描写する映像人類学の分野は、時間や空間のメトリクスとモデュールをほとんど変えない、という特徴がある。ほぼ同じ時空の規矩のなかで、映像手法を用いるジャンルといえよう。そこでたとえ人工照明を使う場合でも、自然光が映し出すのとほぼ同じ見え方を得るために使うわけであり、自然光を範型とする使い方となる。

もちろん、自然光では見えるかたちとは違った様相で人間を描くこともあろうし、時間空間を伸び縮みさせることも有効な場合もあろう。人間の脳に関する先端的知見を、人間の描写に組み合わせて映像描写することも、脳科学の進む現代では一定程度必要であり、そうであれば、自然科学で一般化している学術映像の技法を人間の映像描写に組み込む必要もある――ここではクリフォード・ギアッ流の解釈的立場に親和性を示す批判的脳科学（クリティカル・ニューロ・サイエンス）を考えているが、そうした脳科学に反発して批判する場合でも、少なくとも一部分は脳科学分野の動向を描写・引用しなくてはなるまい――そうした引用目的で作成する映像系列を取り上げるときは、脳科学の映像手法に寄り添うかたちで映像表現せざるをえなくなるわけであろう。

しかしながら、映像人類学で用いる映像系列の中核は、肉眼や五官で知覚できるのりしろの範囲内におさまり、そこでおこなう人間描写が必然に最重要な映像系列となる。そして、人間の相互作用をそれが現れる文脈に即して映像表現しなくてはならない。そのためには、そこに会話を収録し、会話の翻訳の字幕を入れたり、イメージ系列が紡ぎ出すイメージの流れを全体として伝え、そこから視聴者に直観的感覚的イメージ体験を喚起したり、あるいは、ナレーションで明示的に、語りのかたちでの意味了解が伝わるようにしなくてはならない。ここには原イメージ経験のつらなりによるイメージの意味のまとまりや、語りの物語が内包されてくる必要がある――場合によっては集合的神話としてそそり立ってくるような映像作品もあろう――太古の時間を現在の空間に隣接して知覚すると目されるのがオーストラリア先住民たちであるが、彼らは、そうした空間優位の感覚を夢見の時間（ドリームタイム）という、元々は一九世紀末英国自然人類学者由来の誤訳を交錯転用する言葉に託し、西洋流演劇を流用・変形する新たな文化表現活動をおこなっている。彼らの神話的感覚をなぞれるような映像表現が映像技術革新によって可能になるのではないか、と筆者は予想している。

人間と人間が相互作用する場面を映像に表象していく場合、そこに居合わせる人間たちが五官知覚を通して捉えるありかたそのものに即して、映像をつづりあわさなくてはならない。その場の人間がどのようにして空間におさまって自己を他者に定位・配置しているのか、他の人間とどれくらい離れて位置をとっているのか――身振りや動作などの非言語的行動が映像人類学でこそ効果的に伝わるという点はいわずもがな、距離や空間定位にかかわる人間行動生態を、エドワード・ホール流の近接学（プロクセミクス）的映像描写によって伝えることが必須となる。「肉眼や五官で知覚できるのりしろの範囲内でおこなう人間描写」に必要な、映像作業や技法、時間構成等の映像人類学実践は、相互作用研究にかかわる人間諸科学分野に範型的研究方法を提供するはずなのである。(3) はたまた、その範型性が、科学映画や科学映像手法のもつ領域横断的創造性と交互作用して、自然科学的映像理論・手法と映像人類学のそれとが相互に発展的に展開しあうのであろうと思われる。

つづめていうなら、肉眼知覚を中心とする五官知覚の映像によるシミュレーション、人間の相互作用にまつわる意味了解の素材がなくてはなりたたない分野こそが、映像人類学がもっぱら扱う世界なのである。このような特性をもつ分野のため、映像人類学、なかでも民族誌映画の分野が他の人間諸科学の学際的分野に対して、範型的な映像手法開拓・確立の現場となる部分が、どうしても存在することになる。

さらには、身体に宿る記憶とイメージを映像的にどのように再構成・表象するのかという問題領域も、人間とそれが棲まう身体的心象的空間の設定をうけもつ映像人類学の範型的台座をなすわけである。そこには人間と人間の相互作用だけではなく、人間と物質との交渉世界の描写も含まれてくる。物質と関わる人間に焦点を当てながら、物質を描く映像作品――ナノテクノロジーを駆使して物性を研究する先端科学者を描く作品、すなわち人間の営みとしての科学技術を捉え、科学者の生活や彼らの映像手法・映像視覚文化に光をあてる映像人類学作品もここに入ってくるわけだ――というものは、映像人類学がその範型を与えるはずのものであろう。

さらに、映像に影響された現代文化の研究をおこなう場合、映像人類学がその範型となる点も指摘しておきたい。いわゆる先進諸国はもとより現代世界の各地で、人々の生活文化が「映像視覚文化」に深く影響されながら編成されている、という現状がある。前述したような、「科学者集団にみられる映像視覚文化」の特徴というものも、専門家集団におけるこの現状の一例として考えることができよう。映像人類学は、現地の人々がもつ映像文化に寄り添うかたちで彼らの生活世界をとらえるやりかたをしたり［Pink 2009］、あるいは、科学者の映像視覚文化を民族誌的に捉えるための作業として彼らのもちいる科学映像を引用・分析したりできる分野である。映像人類学の革新がもたらす視覚世界が人々の映像視覚文化に影響を与え、それを編成するという一面の可能性もあるわけだが、映像人類学だけが、とりもなおさず、その映像へ通暁する知見や実践を通じて、人々の映像視覚文化の肩越しにそれを対象化しうる範型的立ち位置にたてるといえるのである。

三　臨床映像民族誌にみる新しい映像人類学の地平と可能性

サラ・ピンクは一連の著作で上記のような特殊な問題群にも示唆となる包括的な見取り図を示しているが[Pink 2006]、ここでは特殊な問題設定にさらに踏み込んでいきたい。学際的境界分野のなかで、どこが映像手法と実践に絡んで深く新しい理論課題群を示すといえるであろうか？　筆者の見地からすると、とくに文化精神医学や医療人類学領域、および、この領域で制作される映像民族誌が、今後、世界において、また日本のアカデミアにおいて、強く注目される展開が生じると思われる。

その理由の一端は、筆者の論文で既に検討しているが［Miyasaka 2009: 311-329］、臨床映像民族誌は、通常の映像民族誌の事態を超える深い問題群を内在させ、単なる脱構築批評では射程がとどきえぬ創造的再帰性を宿しているからだ――文化批判の人類学的視座はともするとテクスト論的な批判だけに終始する傾きがあり、やや硬直化してきているといえよう。ジェームズ・クリフォードのように歴史的精神史的ひねりをいれれば依然として有効なパラダイムとなろうが、医療人類学領域を扱う場合にそのアポリアをみせるのである――。臨床映像民族誌が扱う事態には、撮影者、調査者とインフォーマントの力関係の非対称性の問題、治療的かかわりに必須の効果検証の問題にも絡む、治療的関係の倫理の問題などが複雑に絡んでくる。そうした非対称性を植民地主義者・ネオ・コロニアリスト、あるいは、偽善を潜ませるポスト・コロニアリストの立場であると断じることは、とくに多文化間臨床実践場面の多様で重層的な事態を知れば短絡的といわざるをえない。なぜなら、そこでは複雑な様相のなかで患者と治療者のそれぞれの文化を超える地平が拓けてくるからであり、またそのさなか、特有の再帰的反省作用が働き、患者・治療間で意味の取引による状況の再定義がなされ、これによって、非対称性を内在させつつも展開力をもつ相補的関係が生じうるからである［宮坂 二〇〇四］。

倫理的問題についても、グローカルなかたちで揺曳する現場の倫理基準の多様な柔構造があり、たとえば医師が患者に内緒で治療場面を映像記録しても、それが後々になって治療関係を好転させる媒介になることすら、あるのである――この種の事例として、フィンランドの精神科医アンティ・パカスラーティ（Antti Pakaslahti）の映像製作の試みを、自著論文［前掲］で検討した――。

さらには、現代人類学にとって重要な次のような問題群が、臨床映像民族誌映画に密接に絡んでくる。病気診断に際しての客観性と、身体化して捉え語りによって表現する経験としての病との、相克ないし相補的関係、複数の医療体系間の関係、グローバリゼーションが急速にすすんだ状況での多民族多文化社会の移民の今日的状況等々、はたまた、映像記録を用いることでよい方向に打開して治療関係が進む場合にみられるような映像認識による治療促進効果（もちろんその逆もありうるわけだが）といった問題群である。医療人類学・文化精神医学領域において「トラウマと記憶」の問題は、現代に特有の重要研究課題となっているが、映像による臨床民族誌の試みはこの課題にとりわけ有効な接近法のひとつを用意できると思われる。既述したように、映像技術革新による時間表現の幅が拡大される。それによって、過去から現在、現在から過去、そして未来へと、重層的に、また繊細な彩りを帯びて、「時間が移行するありかた」を映像で表現しうるようになると思われる。時間表現の新しい映像文法を見出しつつ、トラウマの記憶が揺曳する姿をシミュレーションしていく映像表現が可能となる、と思われるのである。身体化された記憶の在り方を捉える臨床映像民族誌というものも、カメラをたずさえつつ、インフォーマントとともに身体作業をフィールドでおこない、それがとりもなおさず映像をインフォーマントと共同で撮るという作業になる、というやりかたによって可能になると思われる。難しい課題となろうが、それを可能にする創造的試みがなされるべきであろう。

臨床映像民族誌映画の分野で表面化しつつあるこうした新しい問題群は、七〇年代末以来の脱構築的文化批判の枠組みをもってしても明確には断じられない複雑相をもつが、それらはとりもなおさず、現代人類学が自問する過程でみつけてきた重要な人類学的問題群に直結しているということを意味する。

ここで、モロッコやフーコー研究、フランスの文化社会政治制度の研究を行っていたポール・ラビノーが、九〇年代直前に突然、遺伝子工学の研究者たちの民族誌に向かい、以降、アイスランドの遺伝子データーベース関連の科学技術人類学を行いつつ、医療科学技術文化を主焦点とする「理性の人類学的研究」を展開している事情が想い起こされる。医療人類学者バイロン・J・グッドが一九九八年二月の来日時に筆者に言ったことだが、現代人類学の最も魅力的な研究は医療人類学や科学技術人類学に近年集中的に現れており、そこに才能ある若手の人類学者たちが引き寄せられていく、という事態があるようである。[4] こうした事態は、この分野に胚胎した創造性の何がしかを物語っていると思われる。

ともあれ、現代人類学は、映像人類学と絡み合うかたちで次のような問題群を重視すべきであろう。①メタコメントを枠組みの境界に挟んで再帰的自問を続ける（おそらく無限の）過程を厭わず引き受けざるをえない事態の認識、②インフォーマントとの協働作業として民族誌的了解を進めていくこと（ジェームズ・クリフォードなどの一連の議論）、③身体や経験そのものの直接性にむきあう理論を、また研究法を開拓すべきこと（ヴィクター・W・ターナーや、エドワード・ブルーナーの諸研究）、④五官による感性的体験の特性を捉える理論や研究法を探求すること（デヴォン・E・ヒントン（Devon E. Hinton）、デイヴィッド・ハウズ（David Howes）、ローレンス・J・カーマイヤー（Laurence J. Kirmayer）が最新の論点例［Hinton et al. 2008：142-162］）。これらは文化批判の人類学がもたらした成果にも接続する問題群であるが、これらの課題が重層的に絡んで現れている点にこそ、臨床映像民族誌の分野が今後ますます注目される理由がある。

応用人類学的映像手法とその使用実践例も新傾向を伴って多々現れてきており、臨床映像民族誌の作品のなかにもそうした応用人類学的方向性が濃厚なものがみられる。医学生や研修医、看護等の医療関係者への教育訓練や再教育のため、臨床映像民族誌を中核とする映像医療人類学作品が、今後急速に準備されてゆくことであろう。映像をもちいて教育すること自体が映像人類学の一部をなすわけだが、これに、「臨床教育」というくくりが入るため、特有の濃密な問題群が関与してくる。この点により、映像医療人類学とそれが関与する応用人類学的実践は、映像人類学全般に大きなインパクトをもたらすであろう。こうした実践の特徴と関連問題群は、メディア人類学の領域にも通底する。近年、現地の住民の運動に絡んでそれを映像に記録して作品とし、広く社会に訴えたり、あるいは、住民自身が映像民族誌的ドキュメンタリー作品やインターネット・メディアを駆使したりして、自分たちの立場を広く訴え、広い意味で社会変革をめざす媒体とする事例もすくなからず報告されるようになった。こうして、応用人類学的映像作品はメディアの人類学研究とも結びつき、急速に発展していくものと思われる。また現在に焦点をあてるだけではなく、フィールドに関わる過去の医療文化の映像記録をアーカイヴ資料として位置づけ、現代の文脈のなかでその瑕瑾や歪みも含めて再評価しつつ、それを過去に伝統として担った子孫たちに提供することにより彼らの自発的関わりのなかで彼らなりの想像的伝統の再構成のよすがとする、という方向も重要となってこよう。

四　戦後日本の映像人類学素描

ここまでの検討では、日本における映像人類学の展開や、その背景にある近代の歴史的文脈を明示的に取り上げることはしなかった。ここまでは、映像人類学という枠組みのなかで、世界の各地に同時代性をもって展開されている、欧米に現れた先駆的映像人類学を念頭に置きながら、論を進めてきた。最後に残された余白で、日本の文脈で現代の映像人類学の展開を、特に映像技術革新とその担い手との関係で検討する重要性について触れておきたい。

戦後の映像人類学の歩みを簡単に概観するなら、戦後しばらくは、日本の人類学者たちが外国に出国して調査できる資金や機会が乏しかったが、五〇年代になると、ヒマラヤ、メソポタミア、アフリカ、アンデス等への学術探検隊が組まれた。映画社が同行・支援し、記録映画を制作し、ニュース映画感覚と探検物趣向で作品化し、映画館興行を成功させた。しかし飽きられて映画社は撤退する。ところで、筆者はかつて、元日本テレビ・ディレクターの野呂進氏に面談する機会をもった。氏の映像ドキュメンタリー作品作成の歴史的歩みなど一連の質問を行うかたちで、九七年末くらいから何回か継続的にインタビューしたのである。氏によると、故岡正雄先生が六〇年になって明大アラスカ学術調査団民族学班研究費でイヌイットの調査を始めたが、六二年の調査同行が氏の映像作品作成の端緒となったということであった（その後、マッギル大学名誉教授の井川史子先生に、彼女がトロントに居住していたときに、岡先生がイヌイット調査の往路か帰路に、彼女のもとを訪れたという話を聴き、関連事項の情報が得られた）。簡単にいってしまうと、岡先生をリーダーとする人類学者数名の短期調査チームには、良質な映像撮影機材もなく、映像の撮影・制作技術を修得した学者もいなかった。映画撮影と制作は、テレビの番組制作映画部のプロが、人類学者短期チームに随行するかたちで担うことになった――この事例は、映画社からテレビ局に支援者が変わった戦後の転換点を示している(5)。日本テレビやＮＨＫなど、新たに大衆の支持を得たテレビ局が資金を用意し、民族誌的志向を一部はもちつつも、結局は一般視聴者の興味の範囲内で、ドキュメンタリー映像を取材撮影陣が制作してゆくという事情が、そこに端的に示されていたのだ。その後、日本テレビの牛山純一ディレクターらが独立して七二年に設立した日本映像記録センターに野呂進氏も、また市岡康子氏も加わり重要な役割を担う。このグループの作品は、テンプル大学の映像人類学祭りなどで作品を発表し、たとえばポール・ホッキングズ、牛山純一編『映像人類学』（一九七九年、日本映像記録センター［映像記録選書］）などにみられるように、国際的にも日本の映像人類学作品として知られるようになっていく（現在、牛山純一グループの作品は、川崎市市民ミュージアム濱崎好治氏等がアーカイヴ化を進展させている――茨城県龍ケ崎市市立中央図書館にも牛山氏が没後の翌年の一九九八年に同上センターから作品約六〇〇本が寄贈されている）。

他方、五〇年代、六〇年代を通じては、大学を拠点とする人類学者が本格的な映像人類学作品を撮るというのは、梅棹忠夫先生の作品例以外はほとんどなかった状態であった。ベイトソンやミードの映像人類学的な試みに該当するような開拓的映像手法の研究が組織的に手がけられ検討された形跡も、『民族学研究』（現在の『文化人類学』、日本文化人類学会の学会誌）などにはみあたらない。民俗誌写真や映画のジャンルには、それなりに印象的な試みがあったが、担い手は人類学者ではもちろんなかった――たとえば芳賀日出男氏のようにプロのカメラマンとして学術調査に随行した経緯をもつ写真家や、姫田忠義氏のように民俗学的旅のプロとして映像の道を歩んだ人々だったわけである。

こうした状況であった理由のひとつには、映像人類学が文字記述中心の人類学からみると周辺的な学問にみえ、映像人類学の映像製作が人類学会での業績評価の対象になりにくかったこともあろうが、これは欧米の人類学の理論動向の影を日本でもひきずっていたといえる。しかしながら、とにかく人類学研究者の絶対数が少なすぎる、ということも大きな要因であろう[6]。また、映像作品をつくるだけの資金・機材・時間もなく、そればかりか、主要な映像人類学の作品も日本ではほとんどみる機会がもてなかったことも影響していよう（たとえば、ビデオ・ＤＶＤ版がでるまでは、ベイトソンのバリの映像作品を所蔵していた機関は、日本にはないと思われる）。

そうしたなか、ジャン・ルーシュに師事した大森康宏氏が、七〇年代後半に国立民族学博物館で映像人類学専門の分野で、常勤職で迎えられたことは日本では唯一といっていい出来事であったと思われる。ジャン・ルーシュ流の映像制作で優れた作品を制作してきた氏の仕事の価値は大変大きい。それは喜ばしいことだが、他方で、映像人類学を世界の同時性の文脈に置いてみた場合、人類学理論の展開・転換に際して現れた映像人類学の多様な動向が、日本ではほとんど現われてこなかったように見受けられる。こうした状況を次の逸話が象徴的に示していると思われる。

一九八五年、日本映像記録センターの市岡康子氏主導で、映像人類学者ポール・ホッキングズと、社会人類学者アンドリュー・ストラザーンが来日し、読売ホールで映像上映および質疑討論が行われた。その際、ストラザーンの講演の一部では、ＭＯＫＡ（ニューギニアのマウント・ハーゲンにおける交換儀礼）を民族誌的に描写したＢＢＣ製作の映像作品作品——*The Kawelka Onka's Big Moka*, 1974——が話題にとりあげられた。それに関して講演後に質疑する機会を得たので、筆者はいくつか質問をしてみたが、解答をするとき、ストラザーンは、あのフィルムはＢＢＣ側の設定の都合にあわせて、現地の人にいわば演技を頼んだ「やらせ」の部分が大きいと言明した。そして、ＢＢＣのやりかたを批判し、その代わりとなる現地の実践の進行を見守っているところだとし、同地で現地の若者がビデオカメラをもって、彼ら自身でＭＯＫＡを撮影しているという事例を手短に述べたのである。これは、ソル・ワースらがかつて六〇年代半ばにナヴァホ族にカメラを持たせて、彼ら自身の文化を撮ってもらった実験的試みよりはるかにラディカルな内容を含んでいたことが了解された［Worth & Adarir 1969］。今日の視点でいえば、メディア人類学が映像人類学と切り結ぶ交叉路に横たわる映像実践に関与する内容である。ところがこのストラザーンの報告に対する日本の聴衆の反応が鋭いものではなかった。ホッキングズ流のリアリズム映像の条件への共感が聴衆の一般的反応であったためであろう。ちなみに、ホッキングズは、インドの部族を対象とした、自身の写真主体の映像手法を報告したが、そこには素朴な自然主義リアリズムの実体視しかないと筆者には思われた。被写体と撮影者に横たわる力関係に潜む非対称性の問題、サイードのオリエンタリズム思想など、どこにも入る隙間がないようなのであった……。

その頃には、英語学術誌の *Visual Anthropology* および、*Visual Anthropology Review* に、人類学理論の革新を目指す脱構築的映像人類学・映像民族誌批評が急速に現れ、それに呼応して新しい映像人類学の理論・制作論が現われていた。しかし、それらは、日本の学会ではほとんど話題に上らず、むしろ、面倒くさいことを色々言って難解であるばかりだ……、まったく民族誌映画の生産性をそぐだけではないか、という風潮が圧倒的に強かったのであった。(7)

現在、そうした脱構築的な試みは創発期の力を失いつつあるが、映像人類学において脱構築的映像批評がマンネリ化しつつある状況と重なって、ある種の閉塞感が続いているように感じる。この点には今深入りできないが、その背景を映像人類学の再考に引き寄せたかたちで、検討すべきであろう。

五　映像人類学の新時代を担う日本の若手たちの可能性

こうした状況にあって、二〇〇五年以来、日本で新しい動向が見られるようになった。若手の人類学者たちの映像人類学作品が急速に現われてきたのである。そこには、今まで日本の映像人類学では、見られなかった特徴が示されており、今後の更なる展開が注目される。たとえば入手しやすいかたちで出版されている若手作品の例を通覧すると――［北村・新井・川瀬 二〇〇六］に添付のＤＶＤ――近年フィールドワークと映像実践を行う若手の姿の一端が生き生きと見えてくるであろう。言説還元型の旧世代とも、また消えゆく文化の記録の枠組みとも違う感覚で活写された、アジアやアフリカの人々の様々な場面が映し出されているのである。そこには、ビデオカメラがフィールドワークに必須の（あたり前の）アイテムになりつつある現状が関与し、実験的趣向をふくむ活発な映像実践がおこなわれている様子が了解される。彼／彼女らは、映像撮影のプロの訓練を本格的に受けていない若手研究者たちだが、安価で操作が容易になったデジタルビデオ機器を片手にしながら、エジプトのスーフィー教団やインドでの呪術場面を活写している。そこには学術的側面に引き寄せた映像撮影志向とともに、個人映画感覚の映像の手触りが一面では現れている。欧米の映像のプロが、人類学者と頻繁に共同制作した映像人類学作品と比べると、この点が大変印象的である。これは稚拙という意味ではない。むしろ、映像民族誌というジャンルが、個人映画的な手触りによってなんら価値が損なわれる

ことがない、ということが改めて実感されるのである。(8)

宗教をその信者の内面から捉えようとするような映像人類学作品の場合は、個人映画的手触りがむしろ強みになるともいえる。こうした作品を観ると、感想を述べたくなり、また、いろいろ質問したくなってくる。映像人類学などのフェスティヴァルにいくと、作者・制作者、また、協力した人類学者などが上映後に登壇し、二〇分から半時間程度質疑応答をしてくれる場合が少なくないのだが、若手の近年の作品にふれると、そのようなやりかたで彼らとの談話の過程をもちたくなるのである。私見では、映像人類学作品自体で、映像人類学の課題が完全・完結に表現可能と考える時代は終わったのではないか。むしろ、上映後の作者との談話が人類学的検討という志向の枠内で行われる経過を、映像人類学的営為・実践に含めて考えるべきなのである。このような見地からみても、フットワークの軽い、近年の若手研究者による映像実践に創造的奥行きを感じられる。

また、こうした近年の作品の場合、自己民族誌的な再帰的な問いが映像の前面に、あるいは背景ににじみ出ている、という特徴も感じられる。人類の多様な現実の動態を捉えようとする人類学・映像人類学は時代の転換点に際して、新しい現実の発見のために時代状況に即した創造的補助線を当てなくてはならないが、現代のその創造的補助線のひとつが自己民族誌（オート・エスノグラフィー）なのであり、この点があるため、近年の日本の若手研究者による映像人類学的営為が近未来に深い意義をもって展開されていく予感を感じた。(9)

また、現代日本のような映像が氾濫する状況のなかでは、彼／彼女らのなかの有志が京都大学で始めた、《学術映像》という志向をあえて戦略的に強調する知的動向の意義も大きいと思われる。日本の映像の基調となっている実存的映像論は、一九六〇年代に異彩を放ち印象的な成果をあげたが、この映像論による映画制作は、今日、いわば実践惰性態となってしまっており、そこからは時代の創造性がもはや生まれえないと思われるからだ。文化の奥行きはそこに潜む他者性をどう発見するか、どう向き合うかという過程で深く了解されてくるものであり、実践惰性態となったところには、創造的他者性のよすがもなくなっているのではあるまいか。そんなときは、もっとも無視されたり、軽くあしらわれている領野にあえて踏み込むべきであろう。映像人類学志向をもつ近年の若手研究者の一部が、学術研究に資する映像という志向をもつ点は、筆者の判断では、現代の転換期の時間幅に照らすと、むしろ映像人類学領域の深い問題に達する踏み台となっていくと思われる(10)。

筆者の考えでは、こうした若手研究者の多種多様な映像人類学的試作のストックをふやすべき段階だと思う。そのためには、若手研究者が個々の研究関心に即してビデオを手にし、フィールドに向かっては映像記録を重ねる状況が、知的反省と創造をともないながら、さらに自発的に継続されるべきである。こうして若手研究者の映像作品の多様性が、十分確保される過程で、ある意味では、偏っていたといえる日本の映像人類学の修正がなされ、世界の映像人類学と同時代的課題をともに担う独自の基盤がつくられるのではないだろうか。

日本の映像技術革新は世界に先駆けて先進的に開発される傾向がある。新しい映像技術やソフトの創造的使用の追求機会が、日本に最初に訪れる傾向にあるといってもよかろう。この点からみると、日本の若手研究者には大きな機会が提供されているとみなしてもよいのではあるまいか。上記の点と相俟って、日本の映像人類学の若手研究者集団が世界に先駆けて国際的に注目される事態が到来することも十分ありうる。筆者は期待を込めて、そう感じている。

【註】

（1）ベルギーのドキュメンタリー作家ダーク・デュモン（Dirk Dumont）がベルギー人人類学者フィリップ・ハーマン（Philip Herman）の協力で制作した民族誌映画（*Living with the Invisibles*, 2003）は、ベルギーに移民したモロッコ人がジンの霊の障りにたたられて精神不調となり、それをベルギー移民後にモロッコに戻った女性治療師などの儀礼をうけて回復している過程を描写している。この作品はトランスナショナル人類学の調査と理論枠組みとを、効果的に相互作用させる作品であり、単にベルギーへのモロッコ移民の現状を示すにとどまらない含意をもつ。すなわち、九〇年代以降グローバリゼーションが急速に進展した結果、複数の場所を往復するディアスポラ状況で暮らす人々が多種多様に出現し、そうした人々の文化をどう捉えるのか、という課題が生じたことへの映像人類学的反応でもある。さらにトビー・ナタン派の民族精神医学医療において伝統的医療をどう生かすか、というテーマもこの映像作品に潜在している。広域的超域的文化現象を捉えるためには、従来の人類学的・民族誌的手法を超える手法が見いだされなければならない。ネットワーク、移動の経路を捉え、その経路をたどり、時間と空間を移動するような把握・描写が要求される。こうした"Multi-sited"な現象の把握・描写に、映像人類学的手法が実は言説型民族誌のそれよりも重要な役割を果たすのである。そうした観点からも、この作品の価値が注目されよう。この問題は、ジョージ・E・マーカスが提起した現代人類学の問題を映像人類学の現代的可能性のなかで捉え返す作業でもある［Marcus G.E. *Ethnography through Thick and Thin.* Princeton University Press, 1998.］。

（2）クイア・スタディーズは、欧米のゲイ系の性的逸脱者が中心となって表現するサブカルチャー、すなわち、クイア・カルチャーを研究対象として展開されていて、彼らに寄り添う立ち位置ないし内部者視座からのカルチャー・スタディーズ的接近を特徴とする。奇妙でぞっとする、異様な、と自他ともに呼ぶクイア表現文化では、近代市民社会が否定してきた多種多様な性的逸脱表現を主軸とし、また、ゲイやエイズ、人種・マイノリティにからむ解放志向を副軸として、通常人には珍奇変態、倒錯趣味とみえる表現域から芸能・芸術のアヴァンギャルド、アヴァンポップ領域まで、今なお統一的美学・批評用語ではとらえがたい、多彩な想念や感覚を混淆させている。その一面は、「キャンプ感覚」（スーザン・ソンタグ）の展開として捉えられるが、それまで異性装（トランスヴェスティズム）などの用語で断片的に切り取られてきた逸脱・異常が一斉に組み合わさった姿をみせ、始原感覚からサイボーグ感覚までが揺曳する多彩な世界を表現している［宮坂敬造、一九九七b：二八五―二八六］。クイア・カルチャーは、他のサブカルチャー主流文化とも相互影響する経路をもちつつ、脱近代の志向のなかでその輪郭を動かしてきたが、その動向には、さまざまな立ち位置からカメラが向けられてきた。そうした映像作品のなかには、記録写真を含む注目すべきドキュメンタリー映画や映像人類学作品がみうけられる。例として、次のフィルムが挙げられる。*Paris is burning, Jennie Livingston and Off White Proaictions*（Livingston,

J. 1990, Video: Prestige, Vision of Miramax)。同作品の邦題は『パリ、夜は眠らない』（ジェニー・リヴィングストン、字幕訳：神田政典）。この作品はクイア文化世界のドキュメンタリー映画であるが、映像人類学的作品との近接性を宿している。この作品も製作過程の情報があると異なる解釈が生まれる余地があることが間接的関係者であるドラッグクウィーンを撮るフランス人写真家に聞いてわかった。なお、筆者は、この作品をグレゴリー・ベイトソンの遊びと儀礼の理論を援用して分析したことがある［宮坂 一九九七：二七一—三一四］。

（3）文化によって異なる非言語的行動の研究では、映像手法を用いた研究が不可欠であるが、この流れで行われている映像記録とその分析も、映像人類学の一分野をなす。レイ・バードウィセル（Ray Bird-whistel）は、シカゴ大学常勤の心理人類学者時代にベイトソンとミードと交流し、院生であったアーヴィン・ゴッフマンを指導するなどしたあと、トロント大学で量子力学の修士を修め、ホワイトヘッド流の科学認識論の見地から、非言語的コミュニケーション研究を先駆的に開拓した。彼の研究の端緒となったのは、グレゴリー・ベイトソンが開拓した映像手法であった。ベイトソンその人は、バリ島において、結婚式の場面などで人々の間でみられた一〇分弱程度の相互作用を一連の組写真や一六ミリフィルムで記録し、それを分析する手法を開拓した［Bateson & Mead 1942］［宮坂 一九八四：二三〇—四九］。バードウィセルの映像手法は、ベイトソンによるバリ島人の相互作用記録手法を下敷きとして発展させたものとみなすことができる。こうした映像手法は、短い時間の相互作用の中にあらわれたミクロ文化事象を同定するために開拓されていったわけだが、そうした短い映像記録を特定の文化理論——この場合はミクロ文化事象の分析枠組——の視座から構成して映像作品にする場合、それは映像人類学の作品とみなされるべきものである（解説の項の末尾に記した映像人類学作品の要件を参照）。

　なお、バードウィセルが開拓した映像手法とその研究は講義形式のかたちで、*Microcultural Incidents in Ten Zoos*（34 minutes, 1971, J.D.Van Vlack 撮影）に収録されているが、このフィルムには、彼が用いた調査映像が復元編入されている。この点があるため、このフィルムは、映像人類学作品の基本リストに挙げられている［Heider 2006: 78-82; 116-117］。しかし、この方向での映像人類学は、一九五〇～一九七〇で終熄したとしている［Heider Forthcoming］。

（4）伝統社会の古典的研究期を経て変転してきた現代人類学では、特有の重点課題があらわれてきているが、それは三群に分類できると次の論文では述べられている［Fischer 1991: 525-537］。すなわち、科学技術の文化社会研究、フィルムとマイクロ・チップの世界の研究（映画・広告・ヴァーチャルリアリティを含む電脳空間の研究）、そして虐殺記憶等のトラウマ以後に立ち上がってくる市民諸社会の成立過程の研究がそれである。ポール・ラビノーの人類学研究の転回は、この現代人類学の重点課題の推移を映し出しているわけである。

（5）マスメディアと人類学、映像記録の担い手の変遷については、飯田卓論文を参照［二〇〇七：二二七—二八五］

（6）たとえば北米とくらべると、人類学会会員数でも十分の一程度ではないかと思われる。これは人口比からみるなら、極端に少ないといえる。

（7）日本の場合、映像のプロとしての映像・映画作者とプロでない研究者との距離感が特徴的に大きいと思われる。学者的な前提で映像人類学を話題にしても、日本の映像・映画作者とはすれ違いに終わってしまい、以前とおなじ議論がくりかえされてしまう場合が多い。前者は究極的には職人的芸術家的自己表現者、後者は、理屈だけの学者というかたちで、分裂してしまう。そのため、本来映像人類学的であるべきドキュメンタリー映像制作の場合でも、必要な情報や前提が欠落したまま、作品が作られる状況がなかなか改善されない。とくに欧米で再帰的映像人類学が現れた七〇年代およびそれ以降も日本のドキュメンタリー映像は人類学・映像人類学との緊張ある関係を欠いていたため、その創造的革新の可能性を狭めてしまったように思われる。日本では、トリン・T・ミンハのような、人類学・映像人類学にインパクトを与えたドキュメンタリー映像作家がみあたらないのも、そうした事情によると思われる。

たとえドキュメンタリー映像をかなり作成している作者の場合でも、六〇年代に特徴的に見られた〈映像〉観の影響をよい意味でも悪い意味でもひきずっていて、研究者側の学術的期待にはのってこないところがある［ファビアンヌ、前田、宮坂 二〇〇六：二一—六八］。他方、研究者の側も大概の場合、彼らの日本流実存主義的映像観を了解する感性的基盤を持たないのみならず、映像手法や映像人類学的理論に照らして研究者側が実践例を深く検討しているわけではないから、プロとしての映画作者の現場能力に負けてしまうばかりで、映画作者をうならせるような議論の基盤を持たないといえよう。映像のプロとしての映像・映画作者と研究者が共同で関与する学術映像作成の機会は近年自然科学畑で増える傾向がある。そうした協働作業を通じて両者の関係のなかに創造的相互作用が現れることを期待したい。

（8）こうした作品のいくつかをゼミ学生と一緒に視聴したとき、普通の生活者の視点に近い感覚から入っていく作品なので、興味をずっともって見続けることができた、という感想があった。

（9）たとえば、『同居とカメラ』（新井一寛、四二分、二〇〇七年――（完結することはない））。この作品では、撮影者＝調査者が被写体＝被調査者を挑発しつつ、後者のさまざまな反応をてこにして映像撮影過程をすすめていく。そこでは、人間を映像で捉えるということとはなにか、映す行為とはなにか、カメラと映し手の暴力性、調査者と被調査者との関係に潜在する力関係の非対称性とゆらぎ、など、ポストモダニスト人類学で問い直された根本的問題群がやや諧謔的に掘り下げられている。さらには、その作品を見る視聴者の立ち位置も問われることになる。この作品は、一見通常の人類学映画にみえない。とはいえ、描写される被写体は自分の研究グループに連なる同僚であり、自分の所属する若手研究者の生活世界を描く自己民族誌にもなっていることが了解される。この点があるために、現代的な映像民族誌としての価値が認められる。なお、この作品は、註10で触れる学会で発表され、その諧謔的再帰性が映像社会学・人類学者サラ・ピンクに強い印象を与えた。

（10）この問題の一端を以下の学会発表で行った。"Visual Turn in Contemporary Japanese Academia", Kazuhiro Arai, Gen Masuda, & Keizo Miyasaka, *The 1st International Conference on Visual Methods*, University of Leeds, Day3, Session 7: 9.00~10.30, Clothworkers Hall, September 17, 2009. なお、本稿では映画技術革新を主軸にした特殊な問題設定と臨床映像民族誌、日本の若手の動向に焦点を当てたので、日本も含めて映像人類学全般をバランスよく論じてはいないが、その点は今後の課題としたい。

【解説】

非西欧世界の文化を映画で撮影する試みは一九世紀末に西アフリカのウォロフ族等の壷作りの様子や彼らの動作・運動を活動写真化したフランス人の解剖医師フェリックス・ルイ・レニョーに始まり、リュミエール式カメラをいちはやく使ってオセアニアのトーレス海峡付近の諸民族を撮影した英国人類学者アルフレッド・ハッドンを経、一九三六年からマーガレット・ミードとのバリ島調査で映像記録をおこなったグレゴリー・ベイトソンに至って、それまでの断片的記録法を超えたかたちで、異文化の自覚的記録呈示構成法として写真・映画記録がはじめて基礎づけられた――バリ島世界が形づくる自然・社会・文化の場面を一〇〇項目に分類し、それぞれにみられる人々の関わりかたのパターンを、組写真を用いて提示したものが、調査の六年後に出版され、憑依儀礼場面等を無声一六ミリ映画に編集した作品群が、さらに一〇年後に発表されている――。ベイトソンによる映像人類学は、ドゴン族を映画技術者のチームとともに撮影した時期のマルセル・グリオールやマダガスカルや南米インディアンを撮影したハンガリー人映画監督パワル・フェヨスの作品と比べると、商業主義的迎合が皆無で、学術記録のための独創的作品となっている。文字で記述する人類学調査書で、写真映像が添付されることは、一九世紀後半に始まり、長期間の民族誌調査が盛んとなる一九二〇年代以降広く行われてきたが、そのような補助的資料としてではなく、ベイトソンの構想のように、映像自体を系列的に組織編集して異文化を表現・理解しようとする試みから次第に発展してきた分野が映像人類学となったのである。映像媒体は視覚的に現実喚起力や非言語的高密度情報、多数視聴者への反復再生性をもつ点で文字情報を凌駕するため、まず、実証主義的リアリズム観にたったドキュメンタリー映画や伝統民俗記録、民族誌映画制作のための方法が探られた。そこでは映像は価値中立客観性をもち、映画内への解釈を含まないのが理想とされたが、これはミードの映像記録客観論と共振する立場であった［宮坂：一九九七b、一六五―一六六］。他方、ベイトソンは、彼自身が最適なアングルを直観的に選ぶ場合に一番異文化の相互作用場面の実質が捉えられると考えたが、そこには実体論的でない関係論的事実生態観、さらにいえば観察者が美的志向を通して対象と相互作用しては認識把握しうるような、文化精神生態単位という発想が宿っていた。後者は、一面ではアートとしての映像記録というテーマとも呼応しあう。一九三〇年代は、銀幕映画発展期であり、それに反応した映像人類学作品の出発点の時代であり、それらが文学と芸術、文化相対主義興隆期の文字民族誌とも交互に作用して独特の問題群を胚胎させていた時代でもあった。日本においても渋沢敬三らが支援して奥三河花祭りの民俗が映像で記録された時代であり、今日の視点からみて、パフォーマンス・エスノグラフィーの映像化の原点が作られた時期にあたっている。感性的概念実験的芸術としての映画志向と事実記録としての映像志向とが文字民族誌・人類学を媒介にしつつ、交錯重層的に、相反重合的に、映像人類学に絡み合って揺れ幅を示す原風景――それがこの時代に発することが了解されるのである（この揺れ幅の軌跡を断片的に例示するが、六一年のオスカー・ルイスの民族誌が参考にしたのは、黒澤明の『羅生門』であったし、オルークの映像作品が人類学者によって様々に論じられてポストモダン人類学映像批評の様相を示したのが八〇年代後半である［Dennis O'Rouke, *Cannibal Tours*, Institute of Papua New Guinea Studios, 70 min, 1988］。ガードナー（Robert Gardner）の一九八六年の試み、*Forest of Bliss* では、冒頭にイェーツの詩を二行ほど引用した以外は、ナレーションもいれず、映像中にも意味ある会話部分は皆無で、映像自体でメッセージが伝わるとしていた。だが、後に民族誌家（Ákos Östör）と共著で *Making of Forest of Bliss* を出版、これによって、言語記述による民族誌的註釈がなければ、映像だけでは民族誌たりえないと証明したが［Heider 2009, Forthcoming］、このいきさつも彼自身による映像人類学の歩みのなかで示した揺れ幅の軌跡なのだ）。近未来の展開では、表象としての映像の背後にある認識前提言説脱構築の志向と交錯しつつ、グローバル化文化ネットワークにより変容しつつある人間のイメージ感性経験の把握方法としての映像制作志向が重要となるであろうし、また、その揺れ幅のなかで学術映像への再志向が、科学映像と人類学映像の共振とも相まって一定の創造性を示すのではなかろうか。ジェイムズ・クリフォードの民族誌的シュールレアリズム論に対応する映像民族誌的シュールレアリズム論を超える地平がみえてくるものと思う。なお、アートも含め、performance の現場の臨場感・リアリティを、その時々に利用可能な写真や映画等の映像録音技術と記述を用いて、文化の文脈に即して記録してきた人間知の営みを総体として捉え、その中で映像人類学を位置づける立場も可能であろう。ただそこでは、扱う文化の全体像に照らしてまとまりある範囲が映像で示され、依拠する人類学的文化理論が映像描写のなかで了解され、また、調査法や映像制作法が開示され、人類学的語彙が裏付けとして使用されていなければならないわけだ。

【参考文献】

飯田卓　二〇〇七「昭和30年代の海外学術エクスペディション——「日本の人類学」の戦後とマスメディア」、国立民族学博物館研究報告、三二巻、二号、二二七—二八五頁

北村皆雄、新井一寛、川瀬慈編著　二〇〇六『見る、撮る、魅せるアジア・アフリカ！——映像人類学の新地平』新宿書房

ファビアンヌ・デルピ＝アドラー、前田富士男、宮坂敬造　二〇〇六「一九六〇年代日本の〈映像〉芸術と倫理」、慶應義塾大学二一世ＣＯＥ人文科学拠点〈心の統合的研究センター〉*Newsletter*, No.15, pp. 2-6

宮坂敬造　一九八四「写真による実験的民族誌」『現代思想』、青土社、一二巻、一二号、二三〇—二四九頁

——　一九九七a「言説と実践のはざまにあらわれる身体をめぐって——ジェンダー、ダンス、身体化にかかわる儀礼の考察から」『儀礼とパフォーマンス』（岩波講座・文化人類学・第九巻）、岩波書店

——　一九九七b「映像人類学」「クイア・カルチャー」『コンサイス二〇世紀思想事典—第2版』（木田元・

栗原彬ほか編）、一九九七　三省堂：一六五―六六、二八五―八六頁
――　二〇〇二「他者性をめぐる学的言説の構図――ディアスポラとグローバリゼーションの時代の新しい他者像の局面」『三田社会学』、七号、二五―五六頁
――　二〇〇四「文化を超える位相と多文化間臨床過程にやどる根本問題――人類学者にならうシャーマンと多文化間臨床」『こころと文化』（多文化間精神医学会学会誌）、一三巻、六―七頁
Bateson, G & Mead, M. 1942, *Balinese Character : A Photographic Analysis*, Special Publications of the New York Academy of Sciences, Vol.2..
Fischer, Michael. M. J. 1991, "Anthropology as Cultural Critique : Inserts for the 1990s Cultural Studies of Science, Visual-Virtual Realities, and Post-Trauma Polities." *Cultural Anthropology*. Vol. 6, No. 4. 1991, pp. 525-537.
Heider, Karl G. 2006. *Ethnographic Film*. Revised Edition, University of Texas Press.
――. Forthcoming. "Introduction", *The Critical Camera: Explorations in Visual Anthropology*.
Hinton, Devon. E., Howes, David and Kirmayer, Laurence. J. 2008, "Toward a Medical Anthropology of Sensations", Transcultural Psychiatry, Vol. 45, No. 2, pp. 142-162.
Kuper, Adam. 1994, "Culture, Identity, and the Project of a Cosmopolitan Anthropolcgy", *Man, New Series,* Vol. 29, No.3, 1994, pp. 537-554.
Miyasaka Keizo. 2009, "Challenges for Issues Concerning the Filming of Visual Sensibilities : The Case of Clinically- Oriented Ethnographic Filming", *CARLS Series of Advanced Study of Logic and Sensibilities*, No.2, Keio University, pp. 311-329.
Pink, S. 2006, *The Future of Visual Anthropology : Engaging the Senses*. Rutledge.
――. 2009, "Walking, Anthropology, Art and Documentary Practice : Thinking About Movement In Ethnographic Representation", Submitted for the International Conference on *Frontiers of Anthropological Expression : Towards a New Relationship between Observation and Expression Using Visual Images and Other Art Forms*, Keio University, December 15, 2009. 慶大アートセンター年報（No.17, 2009/10 : 35-37）参照
Sol Worth & John Adair. 1969, *Through Navaho Eyes : An Exploration in Film Communication and Anthropolog*, Indiana University Press.

対談　映像表現の最前線と宗教体験

松木靖明×蛭川立

松木靖明（右）——ＶＦＸスーパーバイザー、株式会社アイデンティファイ代表取締役。制作に関わった作品に、SPAWN THE MOVIE（一九九七年、映画）、ISSEY MIYAKE MEN（一九九八年／東京コレクション）、HINOKIO HOTAKA（二〇〇二年／Juno Reactor PV）、『鶴と日本庭園』（二〇〇五年／ＴＶ―ＣＦ）など、ほか多数。ＣＧＩアートディレクションを務めた映画『白痴』が、一九九九年ヴェネチア国際映画祭にて、FUTURE FILM FESTIVAL DIGITAL AWARD VENEZIA 1999を受賞。二〇〇四年、ＪＲ東日本ＴＶ―ＣＦ ＳＫＩキャンペーン Triple Jump 篇にて、ＡＣＣベスト映像技術賞を受賞。十数年前、チベットのラサで取材中に高山病（肺水腫）で倒れ、その際に臨死体験を経験する。以来、不可視の存在やスピリチュアリティに強い興味を持ち、その影響もあり独自の映像論を有している。EYEdentify のホームページ　http://www.eyedentify.jp

蛭川立（左）——京都大学大学院理学研究科修士課程修了。東京大学大学院理学系研究科博士課程単位取得退学。タイ・チェンマイのワット・ラム・プンで一時出家、アチャン・スパンに師事。現在、明治大学情報コミュニケーション学部准教授。専門はコスモロジーの人類学と意識研究の境界領域。著書に『彼岸の時間——意識の人類学』など。自らの瞑想体験などにもとづいて、宗教現象の体験的理解の必要性を一貫して主張している。

蛭川　僕は自分の論文で、内的体験の映像化の可能性ということを書きました。儀礼を外部から撮るのではなくて、彼ら／彼女ら自身が体験している世界自体を映像化したいわけです。でもそれはカメラでは撮れませんよね。そこを何とか映像化、いや、別の手段ででも、とにかく他人にも追体験できる仕組みができないのかと。そこでCGがご専門の松木さんにお話を伺おうと思ったわけです。

　でも、ただ高度なCGの技術を持っているというだけではなくて、ご本人自身にある種の宗教的といってもいい体験があり、なおかつそれを表現できる技術を持っていて、さらにそれを実現しようとしているという稀有な人物として、松木さんにはかねてから注目していました。

　テレビのCMなんかは別にして、僕が、そういうことを表現しようとしている松木さんの作品をはじめて見たのは、八年前ですかね。プラネタリウムで雅楽とファッションショーのコラボレーションがあって、その時にドームに投影されていたのが松木さんの映像だったんです。正直、これはただものではない、と思いました。それで、そのあと松木さんご本人にお会いして、チベットで臨死体験をされた時のお話を伺いました。それで非常に納得したわけです。

松木　そうでしたね。

蛭川　それで、京大で研究会[1]をやった時に、内的体験の映像化について語れる最適任者だと思って。

松木　最近、僕はいくつかの大学で映像について講演させていただいているのですが、そこで気づいた事は、皆さんが映像と呼んでいる事象の定義が曖昧だなということです。当然、僕は映像の専門家なので、「映像」について正確に語らなければなりません。そこでまず提案したいんですが、「映像」の定義を対談の前にさせてもらえないでしょうか？　その上で話さないと、お互いの「映像」に関する認識がぶれるなと思うのですが。

蛭川　むしろその定義の内容について語ってもらうこと自体がまず今回のテーマになるでしょうね。松木さんには以前も伺いましたけど、映像というものは、そもそも、もっと共感覚的[2]なものなんじゃないかと、そういうお話でしたよね。

松木　そうですね。解りました。それでは宗教という枠組みはどうでしょうか。個人的には発達し終わってしまった宗教ではなくて、原初的段階からの映像体験についてお話したいのですけれど……。

蛭川　ここでは宗教については、特に何々教という枠組みでは考えていません。

松木　ちなみに僕は無神論者です……。

蛭川　それは告白して頂いても、頂かなくても結構なんですけど（笑）。

松木　いや、神という言葉を便宜上、使わせて頂きますが、神の持っていた役割といいますか機能というか、それが時代を通じて変化してきたように思うのです。我々が神と呼んでいるある種の存在、あるいは人間にとっての「しかけ」というか……。

　見えない世界に対する畏敬の念が形骸化したものが、我々にもたらす効果としては否定致しません。

蛭川　僕も自分の論文に書きましたが、松木さんも宗教とか神とかいうものを映像的に表現する場合に、見えたものをそのまま、いわゆるヴァーチャル・ドラッグ(3)のような映像をつくればいいということではなくて、何か見る人にきっかけを与えて、見る人自身がそこで体験をつくりだすようなものをつくりたいと。そして最終的には死を体験できるツアーや、人間の存在理由を示すことが目的だと言っていましたよね。

松木　その通りです。死の体験を映像技術で再現するのが僕の夢ですね。死というものを擬似的にせよ体験し理解する事は、死を乗り越えた存在の洞察にも繋がると思うのです。それを映像による視覚体験によって実現できないかなと考えているんです。

　映像を見るという行為は、上映環境とそれを視聴する人の体験で決定します。たとえば、同じ映画を観ても人によって感動する箇所が異なっていることを実例として挙げる事が出来ます。映像制作に対して僕の仕事のテーマはシンプルです。それは存在していないものを、または存在するが眼に見えないものを、実際に存在しているかのように体験させるというものです。

　そのためには、存在を感じさせるための視聴覚的条件を制作者の側で用意しなくてはなりません。

　それが、ある種の映像体験として視聴者の心に届けば成功という事になります。ほとんどのクライアントからはその効果の是非でお仕事を発注してもらっているんです。例えば、実際に商品がないはずの所にあるとか、行っていない所に行っているように見えるとか。

蛭川　松木さんがつくったＣＭでありましたね。ちっちゃい飛行機が飛んでいるとか、ダチョウがスキーするとか（笑）。でも、それはある意味では、我々が常識と考えているこの物質界に存在するものですよね。ダチョウだって飛行機だって……。

松木　仕事とは別に、探求したいテーマとしては、映像そのものの成り立ちと、映像が今後どう変わっていくか。例えば、宗教体験や超現実的な体験を完全に記録して相手にその体験を追体験させるに至るための装置なり、記録手法はまだ存在しません。もちろん僕自身制作者としての葛藤もあります。例えば、僕自身が体験したものを何かに記録できても、それは体験そのものではないという事実。そして、どんな映像装置をもってしても完全に再現できない。それでは、その体験をいかにして他者に伝達するか、映像として表現する前に、そもそもその体験とは何だったのかなと考えてしまいます。

宗教の発生当初、当然ながらその時代には映像はもちろんその記録装置も上映装置もなかったわけですが、シャーマンたちは体験を共有する試みを行っています。最初の頃は洞窟壁画のような原始的なものだったでしょうが、次第にそれを体系的にかつ大規模に伝達するために神殿が作られた。シャーマンとはいうなれば超越知覚能力者なわけですが、シャーマン以外の一般の人もシャーマンの神託を、身を持って体験したかった。ただ、一般の人々はその能力がないために何か別の方法で体験しなくてはならない。恐らくそのために、神殿が機能していたのではないでしょうか。映画のシアターとかオーディトリアル[4]だとかもある種の神殿装置で、共感覚とか共経験するための現代的な仕掛けだと思うのです。

近年、宗教のような強烈な目的が喪失した中で現代の映像がどこに向かっていくのか……。

今はとにかくテレビがつまらない。番組の陳腐化ということがよくいわれていますけど、解像度が増えたりとか、カメラが特殊になったりとかといったことではなくて、そもそも伝えるべきテーマが欠如してしまっている。テーマの欠如は自我の欠如とも密接に関係しています。それに対して現代人の映像に向かう姿勢は、概ね受動的であるといっていいでしょう。メディアを通じて得られる疑似体験は、他者の視点を基にした、ある種の代理体験を反芻しているにすぎません。そこには視聴者の身体も、自我も介在していません。テレビから印象や感動は得られますが、それは自らの体験とはかけ離れたものです。

とはいえ、テレビジョンという仕掛けが近代文化に果たした影響は多大なものがあります。同時にそれは数

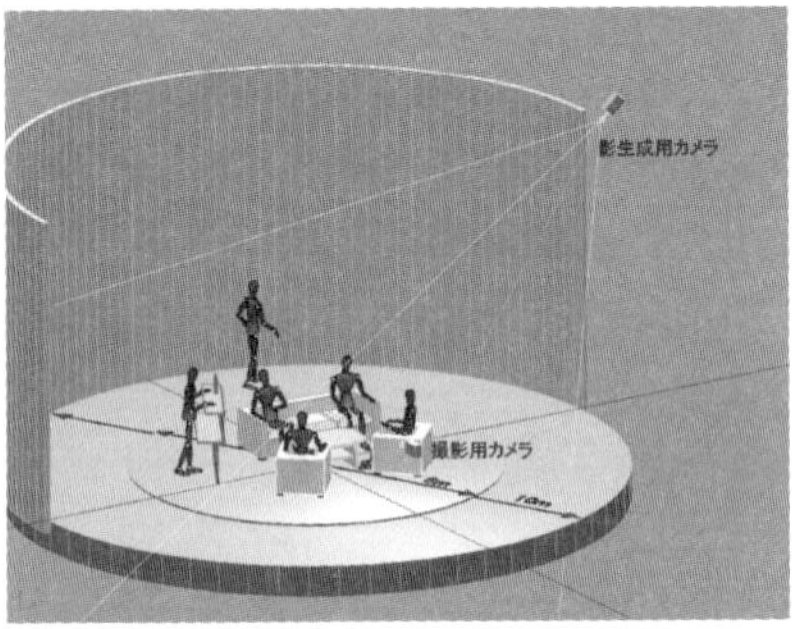

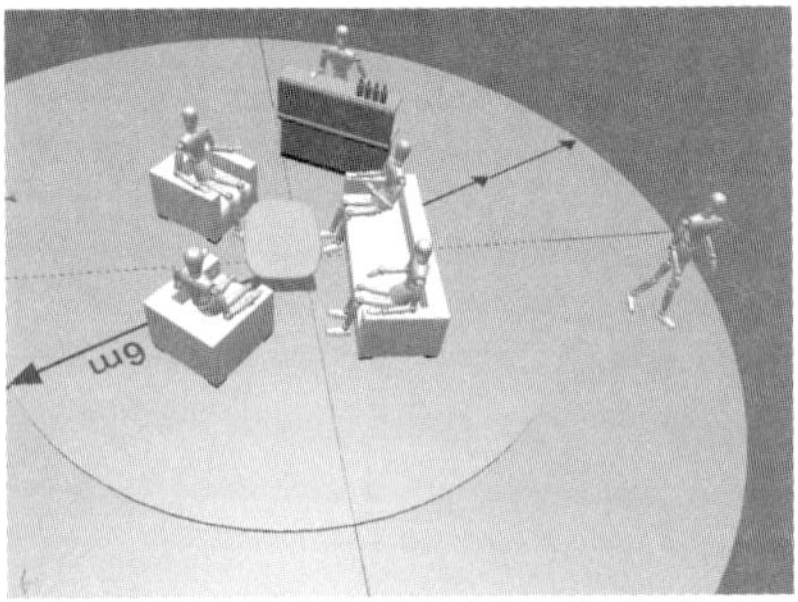

360°全周囲背景を利用した没入型映像制作スタジオの実例（右上「Fig.1」、左上「Fig.2」、右下「Fig.3」）©EYEdentify, BS11, TBS-V

多くの視聴者の体験の代替システムとして成り立っているともいえるのです。ここで言う代替システムとは、本当の体験ではなく、類似する体験の記憶や想像力を喚起して、体験した気になってしまう事。または、映像における架空世界の代理体験を、メディアを通じて、視聴者に提供するという意味です。映画もテレビも誰か他人の視点を再現したもので、本質的には自分の身体性が投影され、実感されている訳ではありません。それでは自分自身が体験を共有するために、どのような仕掛けがありえるかということですが、私個人としては、これまでのメディアが扱ってこなかった三つの要素を挙げたいと思います。第一に一人称の自分とその身体性を実時間ベースで映像に投影できること、第二にその映像が実空間と空間整合性と時間連続性を保って存在している事（それが仮に表示されていなくても）。第三に、視聴体験者本人がその映像に関与でき、その機能を感覚的に確認する仕掛けが施されている事。そのために、いま僕らが研究開発として行っているのは、三六〇度の全天周映像撮影技術です。具体的には、自由視点を確保するための、マルチカメラアレイと呼ばれる複数台のカメラを設置して空間撮影を実施しています。三六〇度全天周（プラネタリウムのようなもの）と、三六〇度全方位（自由視点）からの内向きの撮影。そしてカメラを並列に並べて立体的な情報を映像から取得する実験等を行っています。またその背景を使って実時間でライブ放送できるヴァーチャルスタジオも設計しました。
しかし、本格的な体験のメディア化の実現には音像体験の再現ですとか視覚情報以外の数多くの課題もまだ存在します。

蛭川　なるほど。それに似たものだと、科学未来館(5)がアトモスという装置を開発していて、そのコンセプトは、ドームに映像を映してはいるのですが、やはり共感覚的体験なんですね。これはたんに映像を表現しようとしているのではなくて、空間そのものを表現しようとしているのだと。映像というのはあくまで視覚情報だけですから。

松木　最近僕が注目している番組があります。NHKの番組で、世界中の路地を歩きまわるというシンプルなものですけど。ステディカムという振動を除去する特殊なカメラを担いで、延々と撮る、あとでナレーションをつけるのですけども、余計な編集はしない、ずっと長回しで、説明的なナレーションが一切ない。レポーターもいない。そういったテレビ的な様式は踏襲していない。
カメラマンの視点を持つ一人称の私が、おもむろに待ち行く人々に話しかける。ごくごく自然に入ってくる。視聴者自身を代弁している。モノローグとして頭の中にある独り言も映像とリンクしている。没入感の演出がうまくいっている。相手との距離が変わると、声も大きくなる。撮影者と被撮影者との距離感を正確に認識させながらも、旅をする人自身は画面には決してでてこない。

蛭川　よく俳優が一人旅をするなんていう番組はありますけど、それって、おまえ誰がカメラ撮ってんねん、って（笑）。

松木　カメラマンの視点というのは、実は身体の構造を反映しています。腰で回転する。また、首が回転する。目も動く。その自由度があって軸が三つある。そのような人間の持つ運動条件を様々な撮影機材で再現する訳です。歩行するように移動し、それに伴いカメラの軸が変化する。ただ、カメラの視点というのは、撮影者自身の作画を実現するための視点でもありますから、あくまで他者の視点として視聴者には捉えられてしまいます。でもそういった撮影条件やルールを全部忘れてまるで普段の自分のように自由に振舞ってみる。路地を散歩するように。要するに、実際に自分の身体の感覚で見るものを表現する。もし自分の脳に記録装置があって、それを再生録音する装置があったらこう見えるだろうというものに挑戦する。

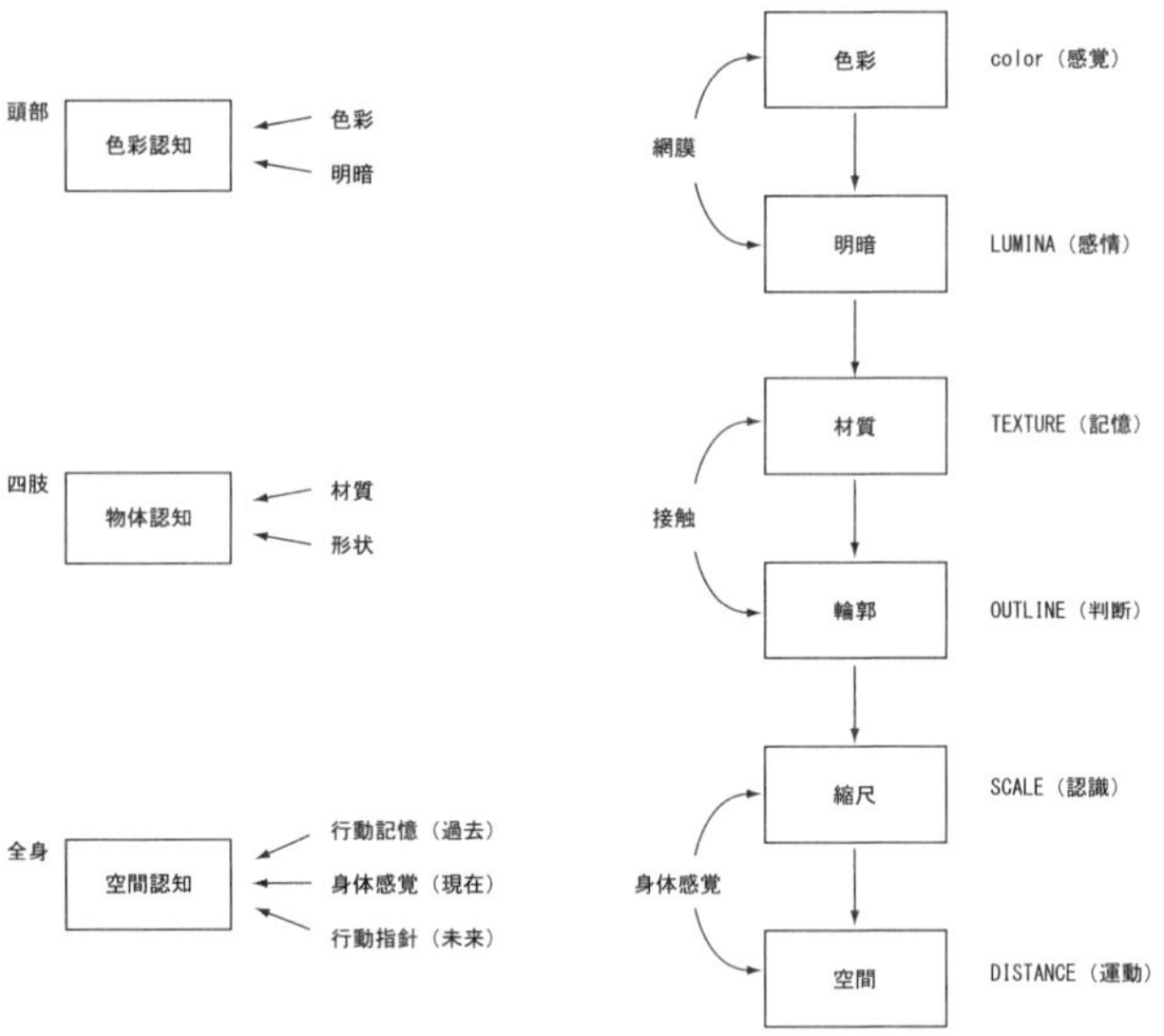

身体の各感覚部位における視覚体験の捉え方

ジグ[6]のようにカメラを支える装置、関節みたいなもので、人間の頭部と肩や腰などを再現して、体験を記録する装置をつくるとか。ダミー・ヘッド、ダミー・ボディ[7]みたいなロボットをつくるとか。見る者に没入感が生まれるようにする。最終的にはドッペルゲンガーのような、

身体感覚の遊離から再結合に至るような霊的な神秘体験を本当に体験できる技術が実現する日も遠くないかもしれません。

　実際、身体を超越した脱三次元的な体験は筆舌尽くしがたいものがあります

蛭川　技術的にどうこうとか、それが内的体験とか宗教体験とかといったこと以前に、絵を作ろうという発想とか文法が陳腐化していますよね。

松木　最近、テレビを観ると文字テロップが頻繁に入りますよね。あれはよくない。光や音などによる感覚の醸成、受け取る側の感性が阻害されてしまいます。あれは感覚的に映像を受け取るという機会を視聴者から奪っています。テロップによる注釈はなるべく入れないほうが良い。実際の体験には注釈は入らない。

蛭川　まあ聴覚障害者への配慮はあるかもしれませんが。

松木　聴覚障害者が説明を求めているとは限らない。絵の上にデカデカと文字テロップを出して、映像に関する解釈を強要している。感覚的にじっくり映像に触れる事を拒絶しているようにすら見える、これこそ問題です。

蛭川　確かに耳が聞こえない人の世界にはそもそも音がないし、テロップもない。それを他の感覚で補ってリア

リティをつくっているわけですからね。

松木　視聴覚メディアが陥りやすい過ちのひとつに情報の詰め込み過ぎがあります。日本の伝統芸術（能や茶道の所作）等を観る時、表現しない事が真の表現なんだと思う事があります。

この対談を通じて、新たに実験的な映像をつくりたくなってきました。以前から自分が体験した臨死体験をどのように映像で表現しようかとこれまでずっと考え続けてきました。

長い間、言語と書物というものがあっても、まだ説明しきれていないことはたくさんある。これまであらゆる聖職者、哲学者たちが書物という方法で、その思想や霊的体験を人々と共有してきました。映像という手法はまだ歴史も浅いのでこれからやれることがたくさんあると思います。

内観の行などで内部世界に没入できたり、身体を滅却したりできる高僧のような人をのぞいて、通常、僕たちはこの世に生を受けてから持つ自らの身体を基準にものを考え行動し、そして自我を形成しています。

私という存在は身体なしにはありえない。私は身体によるという存在表現だとすると、身体のない人も自我を持つためには身体を持たねばならない。とすれば内的体験も、私というものの身体を通じて得られた情報の再構築といえるかもしれません。あるいは身体という楽器を使って奏でられた音楽と表現してもいいかもしれません。

蛭川　臨死体験の中でそういうことを感じた…。

松木　はい。身体という制限領域を明確に知るからこそ、超身体的感覚や体験により敏感になれます。

例えば解りやすい例として、僕たちが何となく普段感じる気配があります。気配を感じる時、おや、これは何かな?、と。存在しないものの気配。見えないものの放つ光、そこにいないはずの存在を感じてしまうなどです。感じてしまうものはしょうがない。宇宙は感覚器で私たちが知る事を許されていない要素で満たされています。しかし、見えないから存在しないということではない。

観念的なことをいうようだけど、愛とか友情とか、存在するけど形はないし、存在を証明する方程式もない。愛を形で示せといっても、ダイヤモンドを何個買っても表せない。友情もおなじ。物質化しているものは確証があって、そうでないものはないなんてことはない。

だから映像の表現でも、眼に見えないものを見せるというのが、僕にとってとても重要なことなんです。なかったものを存在していると思わせる。これは心地よい驚きですよね。ダチョウにスキーを履かせてというのは、なかったことをあったことにすること。実際にやるのはかなり大変なことであっても、映像の技術ではそれが実現できるんです。

ここで制作する際にそれをどういう手順で構築しているのかを説明します。デジタル加工された特殊な技術でつくった映像を、人が本物と誤認するポイントがある。リアルにつくればいいというのはその通りですが、ではいったいなにがリアルなのか、人がなにをもってそれをリアルと感じるのか。

まずひとつめに光学的な整合性を考えます。レンズを通した実在感。もしその物体がレンズに映っていたらどう見えるかを光学的に計算します。例えば実在しない鉄の球を空中に浮かばせるとします。それが実際に存在しているように見せるには、その周辺を注意深く変化させます。鉄の球体の光がテーブルに当たったら影ができますよね。鉄の球体にはその周辺が映りこみます。つまりその物体自体だけでなく、周辺の環境がどのように影響を受けるかを正確に表現するのです。

ふたつめは物理的な整合性。鉄という実在する物質の持つ物理的特性、材質、比重、運動特性等を、存在しないはずの虚構の物体に与えるのです。ここでもやはり重要なのはその周辺です。鉄の球体が接触したり、接地したりした時、周囲はどのように変化するか、もしガラスのテーブルであれば勢いよく落下させれば割れてしまいます。

最後に、演出としての整合性です。これが一番映像的です。最近映像技術が発達しすぎてとかく忘れがちな要素ですが、僕はこれが映像制作にとって最も重要な要素であると思っています。例えば役者の眼の前にもし鉄球が浮かんでいたとします。役者当人が心の眼でそれを見て、まるで見えているかのように振舞うことによってその鉄球は存在する事が出来るのです。もしすばらしい役者だったら、そこに何もなくてもイメージでそこに鉄球があると観客に伝える事が出来るでしょう。そして、映像に映っていないすべての制作スタッフも同様に、そこに鉄球が存在するものとして、それぞれの立場で映像を制作しなくてはなりません。このような多くの人々の思いが、非実在を実在化させるのです。明らかに存在すると振舞ったら、存在してしまう。世の中には似たような例はたくさんあります。神が居ると振舞うことで神が存在しちゃう。ＵＦＯも天使も悪魔もその存在を信じる人たちの共同幻想によって支えられ存在しているのではないでしょうか。映像も同じでそれが本当か嘘かというよりも、その存在を認めることで存在しちゃうというのがある。ガンダムなどはアニメ作品でありながら（虚構が大前提であるという事）その世界観は多くの熱狂的なファンにいまだに支持されています。その人たちにとっては、ある意味で存在している世界であるとも言えます。

産業革命以前は、そのようなものの受け皿が神話というかたちであったのではないでしょうか。人々が自分を投影したり、自分が共感したりする人格として神様なり、神話世界のヒーローが存在していた訳です。そこにストーリーがあって物語として多くの人に共有されてきたのです。今日ではそのストーリーに様々な実体が備わっている。技術の力でディテールというか世界観の設定が多視点的でより空間的になってきています。映画の『スターウォーズ』。あれこそナラティブなものではないですか。ストーリーがまずありきで、それを映画以外のフィールドにもどんどん展開している。

蛭川　まさに現代の神話ですね。ユング派(8)はそういう考えですね。

松木　肉体を実体、精神を非実体と仮に仮定した時、精神が作り出す内的な光や音は物理世界の常識内に留まっていません。このような精神の作り出す非物質的な事象を可視化するための技術を得るために、多くの芸術家や職人たちが研究を重ねてきました。

そしてコンピュータの発明はそれらを劇的に進歩させたのです。個人的には、コンピュータ自体、人類のもつ身体では得る事の出来ない様々な情報を人類に提供するために生まれてきたのではと思えるぐらいです。そもそもコンピュータが生成する画像は、写真等とは違い、物理的には存在しない事象なのです。ちょうどそれはシンセサイザーが自然界には存在しない純粋な音の波形を作り出す事と似ています。

不可視なものを可視化するという意味の例として、例えば、天気図があります。気圧の谷とか言うでしょう？　科学技術が明らかにした龍の姿とでも言いましょうか。

でも肉眼では気圧の谷を見る事は不可能なのです。

蛭川　なるほど、空気の濃淡を山や谷という地形のように可視化できますね。

松木　学者は言語や数式で表現するのが仕事ですよね。でも数式でしか示せない高次元の空間も、映像化技術を使えば感覚が機能する低次元に落として可視化し理解できるでしょう?

蛭川　超弦理論みたいな十次元の高次元世界だって表現できるでしょうね。例えば四次元の超球を輪切りにスキャンする様子を、三次元的に表現すれば、なにもないところに点が出現して、小さな球から大きな球に膨らんで、また小さくなっていって、最後は点になって姿を消す、とか。これはひとつの比喩ですけど、ぜひそういう仕掛けをドーム映像で実現してもらえたらなあと……。

松木　それはぜひ空間を再現できる音響効果とあわせてやってみたいですね。一見、普通の映像の中にさりげなく不可視な要素を織り交ぜたいんですよ。

蛭川　もろに「チベットの臨死体験再現映像」なんていう番組を作ってしまったら、かえって出来の悪い「お化け屋敷」になってしまいますよね。

松木　お化け屋敷!　それはある意味で的確(笑)。出るぞ出るぞ、ほら出たア、みたいな感じでしょうか。

蛭川　これは、僕のオリジナルじゃなくて、「愛・地球博」のときに、宗教体験的な映像のパビリオンなんかを作ったらいいんじゃないかと話していたら、毒舌の中沢さん(9)に、そういうのってヘタすると出来の悪いお化け屋敷になっちゃうからねえ、と、指摘されてしまいまして(笑)。なるほどと思ったんですよ。

松木　(机の上のグラスを指差して)このグラスの隣にもうひとつ架空のグラスをリアルに存在するかのように見せる技術はすでに開発されています。やはり、この現実とあの現実を組み合わせて表現することが重要になってくるわけで。拡張現実ARと言ったりしますが。このジャンルがもたらす、ヴァーチャルとリアルのハイブリッド空間にしばらく注目したいと思っています。そういう意味では映画 *Matrix* のコンセプトは当時としてはかなりいい線をいっていたかも。

蛭川　あれは、表面的なアクションシーンはともかく、インド哲学的ともいえる深い認識論的な問いかけをしていますよね。

松木　僕はクッキーを焼く伯母さんが出てくるシーンが気になりましたね。ああいうなんでもないシーンになぜか霊的なメタファーの存在を感じてしまうんです。

蛭川　あのおばさんなんてまさに沖縄あたりにふつうにいそうなシャーマン……べったりした日常性の中にさりげなく非日常性が混在していますね。

今までのお話をまとめると、カメラで撮影する技術があっても、解像度が上がるとか感度が上がるとか、そういう進歩は本質的な問題ではなくて、むしろ考え方の問題であると。そこで、もう一度元に戻ってお聞きしたいのは、やはり、松木さんは臨死体験をした。それを映像で伝えられるのかどうか。追体験は可能なのかどうか…。

松木　僕たちが疑ってやまない「私」という存在の外殻がある。自分と外を分別する境界。そこに自分は暮らしていて、それが自分であるという定義のもとに安心して生きている。その『私』が消滅するんですよ。たぶん死というのは、そういう機能がなくなって存続できなくなっちゃう。カメラでいうとカメラマンがカメラを置いてもう撮ることをやめちゃうみたいなこと。それは驚きであり恐怖であり、そして感じたことのない平安でもある。虫とか小動物みたいに動き回っていて、止まるということをしなかった自分があるときに止まる。

蛭川　ヨーガでも心が止まるといいますよね。僕自身の瞑想の体験なんかにひきつけて臨死体験を考えていますけど。その超越的な世界を体験のある人にぜひ再現してほしいなと、あらためて素朴に、そう思います。平安時代の人は浄土庭園をつくって極楽浄土を映像化して、生きている人がそれを見て「死」をイメージできた。今ならCGがあるからもっとリアルな映像を期待してしまいます。

松木　でも、ダンテの『神曲』の挿絵とか宗教画における地獄の細密描写とかを見ても、どうもピンとこないんです。表現、手法としては素晴らしいのでしょうけれど。自分の体験と照らし合わせて、共感できるものが見えてこないんです。迫ってくるものがないというか……。

僕がチベットへ旅した時に特に感動したのは、マンダラなんですよ。あれは普通の絵画と違って機能する芸術なんですよね。自分がそこに座って、鏡のようにその絵画を通じて、自分の意識を探しに行く。僕は高僧ではないのでマンダラを機能させる訓練は受けたことはないのですが、ピンときました。これは見せるための絵ではないなと。僕はこの精神に対する鏡としての機能というところに興味があるんです。マンダラの描き手はその絵の柄とか特定のデザインを表現したかったわけではなくて、明らかに自分が観た見えない何かをその中に込めている。同様の体験を見た人が得られる仕掛けです。そこには物理的にはないはずの奥行きであるとか、顔料によって表現不可能な色とか光とかがあるのではないかと。

蛭川　あれは自分が中に入っていくものですよね。みんぱく[10]の展示でマンダラの中に入り込んでいくという立体CGがありました。それはそれで素晴らしいものでしたし、最近は高野山大学に法界宇宙の立体映像シアターができたとも聞きましたが、それにしてもあくまでも基本は視覚映像ですからね。

松木　これまでの映像技法では制限された表現範囲の中で、特定の解釈を表現せざるを得ないんです。ぼくたち映像のプロは色々な方法で伝達する技術をつくってしまったから、逆に伝え方を忘れてしまった。最新技術のグーグル3Dよりも原始的な舞台表現とか祭りとかのなかに隠された深い意味がある。意味がわからず踊っていたとしても、型が本質をなすということがある。リアルにCGをつくるのは簡単だけど、それだとCGっぽいですねっていわれちゃう。やはり伝えるべき内容と存在の密度が潜在的にその映像に備わってなくては、伝わらないのでしょう。見えない事象の再現という意味では音も重要な要素のひとつです。

特殊な音響装置によって、音がつくりだす空間描写というのもあるのです。真っ暗で光がまったく入らない闇の中に、誰かが入ってくる足音をつける。それだけで脳内には明確な歩く人物のイメージが成立する事もあります。感覚を研ぎすますと、その人の性別、体の大きさ(空間に対する体積)、移動する気配まで感じる事が出来ます。

蛭川　真っ暗だとそれ以外の手がかりがなくなるから、逆に音から映像が再現できてしまう。それも一種の共感覚ですよね。でも、それで「死」をどう表現しますか?

松木　死というのは自己という殻を超えることだと思うんです。一番わかりやすいのはアイソレーション・タンク[11]。重力の制約がなくなるというのが最大のポイント。宇宙飛行士も同じ。

蛭川　宇宙ステーションに真っ暗な部屋をつくって浮いてみれば……、似たような試みはもうありますよね。

松木　でもそこで坐禅を組んだりとかする必要はないですよね。わかるでしょ。あれは背筋を重力影響下で垂直方向に伸ばして、クンダリニー[12]を覚醒させるためのものだから。

蛭川　無重力では意味がないですよね。暗い部屋でただ浮いていればいい。「何もしない」という実験。それ、JAXAに提案しましょう！

松木　自己の肉体を超えるというのはそんなに神秘的なことでもないんですよ。いつの間にか日常的になりつつあること。たとえば携帯電話だってそうでしょう？

蛭川　ああ、なるほど。いまの大学生で、携帯電話が当たり前なものとして育ってきた世代と話をしていると、ヒマラヤの行者が修行してシッディ（超能力）を得て、遠く離れた人物とテレパシー的に意思疎通できるようになったとしても、そんなのケータイと同じでフシギなことじゃない、と言われてしまったりします。確かに考えてみれば電磁波はなにもない真空でも電磁場という、場という不思議なものの波動として伝わるわけだから、それだけで十分に神秘現象ですよね。

今はヒマラヤなんかの田舎で電話回線も来ない、地上波のテレビ電波も届かないという場所にかぎって、携帯電話や衛星放送が先に普及するという逆転現象も起こっていますしね。

松木　それに、チベット人なんかは、日常的に肉親の鳥葬などを見ているので、死によって肉体がバラバラになるというイメージがごく身近にありますから。

蛭川　死ということの持つ意味も違う。

松木　技術が進歩するということは、結局、人類という種が、何世代にも渡り自らの存在を、外部に投影し内在する非物質的要素を確認する事ではないでしょうか。そしてその行き着く先として肉体を持ち物質を操る種としての、終焉（死）があるのではないかと思うんですよ。

蛭川　それは、もちろん人類絶滅というような意味ではないですよね。テイヤール・ド・シャルダン[13]のいう、生物圏から精神圏への進化のようなものでしょうか。

松木　クラフトワーク[11]なんかは当時、案外そういう深い意味を音楽で表現していたかも。

蛭川　クラフトワークは先駆的でしたね。まだ、「ボクは音楽家、電卓片手に〜」の時代ですから。「放射能」ではミューテーション（突然変異）なんて歌っていましたから、進化についてもかなり考えていたのかも。

松木　去年は虹を見ることが多かった。たんに天気が悪かったときに外出することが多かっただけかもしれないけど。それを共時性（シンクロニシティ）[15]という言葉で語るのは簡単ですが。このような実証が困難な事象を分析検証する蛭川さんのお仕事も大変ですね。敬服致します。学者は言葉の精度を上げてこれらを論証していかなくちゃならない。

ユングはいきなり自分でマンダラを描きはじめちゃいましたけど（笑）。

蛭川　とりわけ超越的な体験を論理的な言語、とくに文字で記述するというのは、学者というのは本当にいちばん損な役回りだと思って、嫌になることもありますよ（笑）。体験をそのまま言語にしても、それは神話にしかならない。だから、ユングも言語の限界を感じてマンダラを描いたり、塔を建てたりしたんでしょうね。僕も、一時期は、今は亡きパブロ・アマリンゴ[16]に弟子入りして、アクリル画を教えてもらったりしましたが、やはり才能不足で挫折しました……。

パブロの遺した言葉で印象的だったのは、設備があればこれはCGで表現したいんだと……松木さんにはそれを期待しています。学者が中途半端に絵を描いたりするより、アートの専門家との共同作業のほうが現実的だと思うんです。

松木　確かにコンピューターというのは、人類の作り出した最高の道具だから、今後もあらゆる側面で活用していきたいと思っています。

蛭川　ぜひ共同作業を進めていきたいですね。もっとも今回は、内的体験を再現するCGのもっと細かい技術的な部分についてお聞きしたかったんですけど、そうならなくて、もっと大枠の思想の話になってしまいました。でも、むしろその方がよかったと思います。

松木　これは言語による対談ですからね。だから自分の思想を中心に語らせてもらいました。映像そのものを対象にした話だったら、実際に現物を見てもらったほうが手っ取り早いですから（笑）。

【注】

（1）二〇〇九年三月十四日に実施された、京都大学地域研究統合情報センター全国共同利用研究「映像実践による現代宗教復興現象の解明を通じた地域研究手法の開発」の第六回研究会。発表者は、蛭川立と松木靖明、コメンテーターは、中牧弘允（国立民族学博物館）、土佐尚子（京都大学学術情報メディアセンター）、東畑開（京都大学大学院教育学研究科）。研究会のキーワードは、内的体験の映像化、変性意識とイメージ、CG・アニメーションの活用、宗教研究における研究／応用・実践であった。

（2）異なる種類の感覚が相互作用し、文字に色を感じたり、音に色を感じたりする特殊な知覚体験。

（3）視覚や聴覚などを刺激し、快感を誘発する映像。

（4）多数の聴衆を収容するための室内空間。劇場や講堂、音楽堂など。

（5）国立の科学博物館で、東京・お台場にある。各種イベントを通じて、先端の科学技術を国民に広く紹介。アトキスとは、同館で体験することができる、プラネタリウム型の全天周の超高精細立体視映像システム。

（6）機械工作において、工作物を固定するための道具。

（7）マネキンの耳に録音機をつけて、音を録音し、人間が実際に聴いているのに近い音を再現する録音方法（バイノーラル録音）がある。

（8）スイスの精神科医、心理学者。深層心理を研究。分析心理学の基礎を築く。集合的無意識や元型理論を提示、晩年には共時性に関する共著を発表。

（9）中沢新一。人類学者、思想家。多摩美術大学芸術人類学研究所所長。著書に、自身の修行体験も綴った『チベットのモーツァルト』、映画と宗教について論じた『狩猟と編み籠』など。

（10）国立民族学博物館。民族学・文化人類学の博物館として日本では最大の規模を持つ。

（11）人間が浮かぶ液体（通常、人の皮膚と同じ温度に調整された、濃度の高い硫酸マグネシウム溶液）を入れ、光や音を遮蔽したタンク。一九五四年、感覚遮断の効果を実験するために、ジョン・C・リリーが考案。現在では、心理療法や代替医療にも使用されている。

（12）ハタ・ヨーガにおいて悟りを得るのに必要なシャクティー（力）のこと。

（13）古生物学者、地質学者、カトリック思想家。キリスト教的進化論を展開。主著に、『現象としての人間』など。

（14）Kraftwerk。ドイツのテクノ・グループ。電子楽器を用いたテクノ・ミュージックのパイオニア的存在。一九七〇年頃から実験的な楽曲を多数創作。多くのミュージシャンに影響を与えている。文中の曲は、Dentaku（1981）、Radioactivity（1975, 1991）。

（15）意味のある偶然の一致のこと。ユング派の心理学で使われることが多い。

（16）ペルー・アマゾン生まれ。農業、通訳など、様々な職業を経て、アヤワスカ（サイケデリック作用を持つ薬草茶）を使うシャーマンとして活躍。引退後、独学で画家となる。二〇〇九年、七一歳で逝去。

大学教授。多文化社会における芸能と医療の文化人類学。ベイトソンの実験的民族誌・精神生態学研究。近年は、カナダの医療人類学・文化精神医学者グループと交流し、映像資料も絡んだ比較文化調査を構想中。共編著に『ユートピアの期限』(慶應義塾大学出版会)。

松木　靖明(まつき　やすあき)
長野県出身。ＶＦＸスーパーバイザー。ＮＨＫエンタープライズＣＧルームのディレクターを経て、株式会社アイデンティファイ設立。ＣＧＩアートディレクションを務めた映画『白痴』が、一九九九年ヴェネチア国際映画祭で、FUTURE FILM FESTIVAL DIGITAL AWARD VENEZIA 1999を受賞。

【コラム】
飯田　卓(いいだ　たく)
国立民族学博物館准教授。専門は視覚コミュニケーションの人類学、生態人類学。

石倉　敏明(いしくら　としあき)
多摩美術大学芸術人類学研究所助手。専門は芸術人類学・比較神話研究。1997年より東部ヒマラヤを調査。

内田　順子(うちだ　じゅんこ)
国立歴史民俗博物館研究部准教授。文化伝承の観点から民俗音楽や記録映画を研究。

大石　高典(おおいし　たかのり)
京都大学こころの未来研究センター特定研究員。専門分野は、アフリカ熱帯林の人類学。

小田　雄一(おだ　ゆういち)
京都大学大学院農学研究科博士課程・日本学術振興会特別研究員。専門は食育の比較社会学。

菊地　暁(きくち　あきら)
京都大学人文科学研究所助教。専門は民俗学。日本における民俗誌表象の成立と展開を包括的に研究中。

木村　成人(きむら　しげひと)
天理教道友社在職中、映像制作を担当。テレビ・ラジオ番組の企画制作も担当。同社音声映像課課長も務める。

小島　敬裕(こじま　たかひろ)
京都大学地域研究統合情報センター研究員。専門は中国雲南省とミャンマーにおける上座仏教徒社会の研究。

高尾　賢一郎(たかお　けんいちろう)
同志社大学大学院神学研究科博士後期課程。専門は現代イスラーム 世界におけるスーフィズムの変容。

田邊　尚子(たなべ　なおこ)
一橋大学大学院社会学研究科博士後期課程在学中。専門は社会学、社会心理学、コミュニケーション論。

並川　汎(なみかわ　ひろし)
東京大学・理学部化学科卒。長年労働運動に従事。昭和電工、安田火災を経て、現在、㈱精神文化映像社社長。

新田　義貴(にった　よしたか)
ユーラシアビジョン代表。ＮＨＫで第三世界を舞台にドキュメンタリーを多数制作。二〇〇九年に独立し現職。

分藤　大翼(ぶんどう　だいすけ)
信州大学全学教育機構准教授。専門は応用映像人類学とアフリカ地域研究。

柳沢　英輔(やなぎさわ　えいすけ)
青山学院大学総合文化政策学部・日本学術振興会特別研究員。専門は地域研究における音響・映像情報の活用。

山内　隆治(やまうち りゅうじ)
一般社団法人記録映画保存センター研究員。専門は、記録映画のアーカイビングの実践と理論。

山下　俊介(やました　しゅんすけ)
京都大学大学院文学研究科修士課程修了。京都大学総合博物館研究員、京都大学研究資源アーカイブ担当。

レナト・リベラ
京都大学大学院文学研究科博士課程単位取得退学。現在、明治大学特任講師。専門は、社会学、移民研究。

和崎　聖日(わざき　せいか)
京都大学大学院アジア・アフリカ地域研究研究科・日本学術振興会特別研究員。専門は人類学、嫉妬の研究。

執筆者略歴

【編者】

新井　一寛（あらい　かずひろ）
埼玉県出身。京都大学大学院アジア・アフリカ地域研究研究科一貫博士課程修了、博士（地域研究）。現在、関西大学非常勤講師、京都精華大学非常勤講師。共編著に『見る・撮る・魅せるアジア・アフリカ！――映像人類学の新地平』（新宿書房）。実験的民族誌映画に『同居とカメラ』。スーフィー教団研究、地域研究、宗教社会学、映像人類学。

岩谷　彩子（いわたに　あやこ）
鳥取県出身。広島大学大学院社会科学研究科准教授。京都大学大学院人間・環境学研究科修了、博士（人間・環境学）。主な研究テーマは、ジプシー／ロマ、移動民社会の人類学的研究。主著に『夢とミメーシスの人類学』（明石書店）。

葛西　賢太（かさい　けんた）
東京都出身。宗教情報センター研究員。東京大学大学院人文社会系研究科修了、博士（文学）。上越教育大学教官を経て、現職。『現代瞑想論』（春秋社）、『断酒が作り出す共同性』（世界思想社）、『宗教学キーワード』（有斐閣）等、現代人の宗教意識を問う仕事を重ねる。

【論文】

榎本　香織（えのもと　かおる）
神奈川県出身。東京大学大学院人文社会系研究科宗教学宗教史学専攻博士課程単位取得退学。二〇〇六年に韓国国際交流財団（Korea Foundation）奨学生として留学中、メガチャーチのフィールドワークや白南準の研究を行う。主なテーマは宗教者のメディア実践。共著書に『バラエティ化する宗教』（青弓社）。

髙岡　豊（たかおか　ゆたか）
新潟県出身。上智大学大学院外国語学研究科地域研究専攻修了。在シリア日本国大使館専門調査員、財団法人中東調査会客員研究員、同調査会研究員を経て、現在は、同調査会協力研究員。専門は、東地中海地域の政情分析、イスラーム主義団体の広報モニター。

寺戸　淳子（てらど　じゅんこ）
東京都出身。東京大学大学院人文社会系研究科（宗教学宗教史学）博士課程修了。文学博士。現在、専修大学等非常勤講師。主著に『ルルド傷病者巡礼の世界』（知泉書館、二〇〇六年度渋沢クローデル賞本賞受賞）。専門は宗教人類学、ヨーロッパ・キリスト教文化。

古川　優貴（ふるかわ　ゆたか）
東京都出身。一橋大学大学院社会学研究科博士後期課程（人類学）。ケニア西部リフトバレー州ナンディ県に所在する初等聾学校にてフィールドワークを実施。現在の研究トピックは、ケニアの聾学校の子供たちの日常を例にした、ダンス、音楽、おしゃべり。

見市　建　（みいち　けん）
兵庫県出身。神戸大学大学院国際協力研究科博士課程修了（政治学博士）。京都大学東南アジア研究所非常勤研究員、在シンガポール日本国大使館専門調査員などを経て、現在、岩手県立大学総合政策学部准教授。主著に『インドネシア　イスラーム主義のゆくえ』（平凡社）。専門はインドネシアを中心としたイスラーム政治運動。

横田　貴之（よこた　たかゆき）
京都府出身。京都大学大学院アジア・アフリカ地域研究研究科博士課程修了、博士 (地域研究)。（財）日本国際問題研究所研究員を経て、現在、日本大学国際関係学部准教授。主著に『原理主義の潮流――ムスリム同胞団』（山川出版社）。中東地域研究、現代中東政治。

【寄稿・対談】

石原　香絵（いしはら　かえ）
愛知県出身。L. ジェフリー・セルズニック映画保存学校卒業。学習院大学人文科学研究科博士後期課程在学中（アーカイブズ学）。ＮＰＯ法人映画保存協会代表。名古屋学芸大学映像メディア学科非常勤講師。翻訳に全米映画保存基金（編）『フィルム保存入門――公文書館・図書館・博物館のための基本原則』。

蛭川　立（ひるかわ　たつ）
大阪府出身。京都大学大学院理学研究科修士課程修了。東京大学大学院理学系研究科博士課程単位取得退学。タイ・チェンマイのワット・ラム・プンで一時出家、アチャン・スパンに師事。現在、明治大学情報コミュニケーション学部准教授。専門はコスモロジーの人類学と意識研究の境界領域。著書に『彼岸の時間――意識の人類学』（春秋社）。

宮坂　敬造　（みやさか　けいぞう）
東京都出身。東京大学大学院修了。慶應義塾

映像にやどる宗教、宗教をうつす映像

2011年6月10日　第1刷発行

編　者　新井一寛・岩谷彩子・葛西賢太
発行者　船橋純一郎
発行所　株式会社 せりか書房
〒101-0064　東京都千代田区猿楽町1-3-11 大津ビル1F
電話 03-3291-4676　振替 00150-6-143601　http://www.serica.co.jp/
印　刷　信毎書籍印刷株式会社
装　幀　木下　弥

ISBN978-4-7967-0305-5